房价波动

对金融风险的影响研究：
理论分析与经验证据

FANGJIA BODONG
DUI JINRONG FENGXIAN DE
YINGXIANG YANJIU
LILUN FENXI YU JINGYAN ZHENGJU

夏贝贝◎著

中国财经出版传媒集团
中国财政经济出版社
·北京·

图书在版编目（CIP）数据

房价波动对金融风险的影响研究：理论分析与经验证据／夏贝贝著．--北京：中国财政经济出版社，2025.5． -- ISBN 978-7-5223-3955-9

Ⅰ．F299.233.5；F832.1

中国国家版本馆 CIP 数据核字第 2025VG9522 号

责任编辑：麦丽斯　　　　　　责任印制：史大鹏
封面设计：孙俪铭　　　　　　责任校对：徐艳丽

房价波动对金融风险的影响研究：理论分析与经验证据
FANGJIA BODONG DUI JINRONG FENGXIAN DE YINGXIANG YANJIU：LILUN FENXI YU JINGYAN ZHENGJU

中国财政经济出版社 出版

URL：http://www.cfeph.cn

E-mail：cfeph@cfeph.cn

（版权所有　翻印必究）

社址：北京市海淀区阜成路甲 28 号　邮政编码：100142
营销中心电话：010-88191522
天猫网店：中国财政经济出版社旗舰店
网址：https://zgczjjcbs.tmall.com

涿州汇美亿浓印刷有限公司印刷　各地新华书店经销
成品尺寸：170mm×240mm　16 开　16 印张　216 000 字
2025 年 5 月第 1 版　2025 年 5 月河北第 1 次印刷
定价：68.00 元
ISBN 978-7-5223-3955-9
（图书出现印装问题，本社负责调换，电话：010-88190548）
本社质量投诉电话：010-88190744
打击盗版举报热线：010-88191661　QQ：2242791300

前　言

改革开放40多年来，伴随着国有土地制度和住房制度改革的推进，我国房地产业得到了空前的发展。尤其是2008年世界金融危机后，受宽松的财政政策和货币政策的双重影响，我国各地区房价呈爆发式增长，脱离经济基本面，房价泡沫化趋势逐渐显现。然而，2020年以来，在宏观经济形势变化、行业周期性调整和新冠疫情冲击等多重因素叠加影响下，房地产市场供求关系发生重大变化，市场整体处于胶着状态。一时间，由房价波动引发的信贷违约风险问题引起了社会各界的关注。当前，伴随着全球政治经济形势的严峻复杂化以及新冠疫情冲击的影响，世界各国经济面临着前所未有的挑战。我国目前正处于转变发展方式、优化经济结构、转换增长动力的关键时期，为避免国内经济和金融市场受到波及，实现中国经济健康可持续发展，防范化解重大风险成为我国现阶段经济工作的重要问题之一。而房价快速波动引发的信贷风险问题会给经济发展带来较大的负面冲击，甚至会引发系统性金融风险的发生。那么，房价波动是如何影响金融风险的？其影响机制是什么？其影响效应如何？这种影响是否具有时变特征和空间溢出效应？应该如何应对房价波动带来的金融风险问题？本书拟围绕上述问题进行深入探讨。

本书基于房价基本面与异质性泡沫成分的分解视角从全国的宏观层面和局部的地区层面两个维度系统地研究了房价波动对金融风险的影响。具体而言，首先，从探寻我国房地产市场

房价波动对金融风险的影响研究：理论分析与经验证据

与政策 40 多年来发展的历史脉络出发，结合我国改革开放的各个发展阶段，从我国经济市场化整体进程的角度挖掘我国房价持续走高的内在原因；其次，剖析房价波动偏离其基本价值的程度，识别经济学意义上的房价泡沫水平，分析在我国土地制度体系下，房价泡沫的产生机制，并对其产生机制进行实证检验；再次，分别从房地产开发企业和购房者两个方面刻画了房价波动影响金融风险的特征事实，并进一步从直接影响和空间溢出效应两个角度深入探究房价波动对金融风险的影响机制；从次，从全国的层面出发，在测度我国金融风险水平的基础上，分析金融支持作为房价波动影响金融风险的中介作用，探讨在不同的宏观调控政策背景下，房价波动对金融风险影响的时变特征；最后，以我国局部的地区层面为切入点，在分析各地区金融风险水平时间变化趋势和地区分布特征的基础上，实证检验房价波动对金融风险的空间溢出效应，并进一步分析收紧的宏观调控政策的调节作用。本书主要研究结论如下：

第一，基于经济市场化整体进程的角度研究了我国房地产市场与政策 40 多年的发展历程，研究发现：（1）我国房地产市场与政策发展经历了商品化的开启、拉动经济增长的产业化以及回归住房的居住本质三个历史时期，其发展历程凝缩了我国从"摸着石头过河"走向"顶层设计"的中国经验。（2）我国房地产市场与政策在改革初期忽视了多层次住房供应体系的构建，过急地推进了住房的全面商品化。（3）"分税制"后地方财政收入相对积弱而地方财政支出相对增加，导致了地方政府对房地产业的高度依赖，也是中央房地产市场调控政策效果出现波动曲折的重要原因。

第二，基于制度因素和市场因素的双重视角阐明我国房价波动偏离其基本价值的根本原因，探究房价泡沫的产生机制，并采用动态面板模型和面板门槛模型实证检验土地财政与金融支持对房价泡沫的影响特征和区域差异。研究发现：（1）2002

年以来我国各地区房价偏离其基本价值，房价泡沫呈波动上升趋势，并呈现出东部地区高于全国、东北部地区高于中部和西部地区的"阶梯式"的空间分布形态，且后金融危机时代房价泡沫具有显著的正向积累效应。（2）土地财政和金融支持对房价泡沫均具有显著的正向影响，且二者在房价泡沫产生机制中具有显著的正向相互促进作用，过度的金融支持可通过开发商和消费者两个渠道进入房地产业，对房价泡沫产生正向影响。（3）土地财政和金融支持对泡沫的影响均具有鲜明的基于房价水平的双重门槛特征，突破双重门槛值后，土地财政和金融支持的正向促进作用明显跃升。（4）突破土地财政对房价泡沫影响的双重门槛值的省份主要集中在东部地区，大部分中西部地区仅突破了第一重门槛值。

第三，从特征事实和影响机制两个层面阐述房价波动对金融风险的影响。研究发现：（1）我国房地产开发企业面临着过度依赖银行信贷、存在资金链断裂风险、企业资产负债率上升及信贷融资风险逐渐显现的风险现状；与此同时，购房者面临着过度依赖银行贷款、家庭部门负债风险持续升高、购房者偿还贷款能力不足及个人住房按揭不良贷款显著增加的风险现状。（2）房价波动既可通过财富效应、抵押品效应、挤出效应、逆向选择与道德风险以及再融资的棘轮效应对金融风险产生直接影响，也可通过资本流动效应和金融机构网络关联效应对金融风险产生空间溢出效应，进而造成金融风险的传染。（3）在直接作用机制中，对金融风险产生负向影响和正向影响的效应是同时存在的。但是，在我国房价波动的"膨胀式"泡沫时期，正向效应更可能占据主导地位，即房价泡沫的积累和扩张不利于金融风险的控制。

第四，从全国的宏观层面出发，通过构建金融风险综合指标测度体系和 TVP-SV-VAR 模型，基于房价基本面与异质性泡沫成分的分解视角分析房价波动对金融风险直接影响的时变特征。研究发现：（1）自2003年以来，我国的金融风险水平呈现先下降后波动上升的趋势，后金融危机时期，我国金融风险水平显著降低。但是2020年的金融风险水平显著高于2008年金融危机时的水平，我国整体上依然面临着较大的金融风险问题。（2）金融支持是房价波动影响金融风险的重要渠道，房价波动中的泡沫成分是引发金融风险的关键原因，而符合基本面的房地产基本价值部分则会对金融风险产生一定的抑制作用。（3）异质性泡沫时点下，房价波动的泡沫成分对金融风险的影响系数具有明显的时变特征，表现为先波动上升后波动下降，且"膨胀式"泡沫对金融风险的影响要显著大于"衰退式"泡沫。（4）不同宏观调控政策时点下，房价波动的泡沫成分对金融风险的影响具有明显的异质性，在"膨胀式"泡沫时点，随着外部调控政策的收紧，房价泡沫对金融风险的正向冲击力度变弱，但在"衰退式"泡沫时点，房价泡沫对金融风险的正向冲击力度则随着外部宏观调控政策的放松而减弱。（5）不同提前期下，房价波动的泡沫成分对金融风险的影响具有显著的差异特征，随着提前期的延长，房价泡沫对金融风险的影响呈先渐强后渐弱的趋势特征。

第五，以我国局部的地区层面为切入点，通过构建动态空间杜宾模型实证检验房价波动对金融风险的空间溢出效应。研究发现：（1）我国东部地区、中西部以及东北部地区的金融风险在时间变化趋势上存在明显的异质性。且后金融危机时期，我国金融风险形成东西部地区高、中部地区低的"两极分化式"的空间格局。（2）各地区的金融风险在空间上存在显著的正相关性，且具有明显的正向积累效应。（3）房价波动对金融风险的直接影响和空间溢出效应主要源于房价泡沫部分，房地产基本价值对金融风险的直接影响和空间溢出效应并不显著。在地理、经济和金融三种空间权重矩阵下，本地区的房价泡沫均可显著提升本地区的金融风险水平。与此同时，房价泡沫对金融风险的影响具有显著的正向空间溢出效应，即相邻地区的房价泡沫可显著提升本地区的金融风险水平。(4) 在"膨胀式"泡沫期间，2017 年起中央政府出台的持续收紧的宏观调控政策不仅减弱了本地区房价泡沫对本地区金融风险的正向影响，同时也抑制了邻近地区房价泡沫对本地区金融风险的正向空间溢出效应。

基于上述分析与研究结论，本书针对房地产市场健康可持续发展以及防范金融风险问题提出如下政策建议：(1) 完善土地使用政策，构建多层次住房供应体系。在供给端从不同的层面和渠道增加住房供应，落实"住有所居"的政策目标。(2) 推进房地产税收制度改革，抑制房地产市场投机行为。围绕需求端开展税收制度设计，限制住房市场的投机行为，防止过度的资金流入到房地产业。(3) 理顺中央与地方关系，健全地方官员考核评价体系。破除地方政府与银行的利益牵连，平衡地方财权与事权，改变对地方官员在"晋升锦标赛"中的单一评价体系，转变地方政府依靠土地财政的短视型增长思路。(4) 保持宏观调控政策粘性，谋求不同层级政府间、不同区域间调控政策的协同联动。(5) 完善金融风险监测预警机制，健全房地产金融风险处置机制。充分利用"大数据+互联网"等新兴的科技化手段，密切监测房地产市场交易及风险状况。(6) 推动金融机构的金融产品创新，加强金融科技应用，积极参与监管政策制定，完善其科技化监管体系建设，提升风险评估技术，实施精细化风险管理。

与已有文献不同，本书的创新点主要体现在以下三个方面：

第一，本书基于制度因素和市场因素的双重视角全面考察土地财政和金融支持在房价泡沫产生机制中的关键作用。现有关于房价泡沫产生机制的研究往往单独考察土地财政或金融支持对房价泡沫的影响，忽略了土地财政和金融支持在泡沫产生机制中存在的相互促进作用。本书在阐明二者对房价泡沫影响机制的基础上，通过构建动态面板模型确证了土地财政和金融支持对房价泡沫的正向影响以及二者之间显著的正向促进作用。此外，本书还尝试通过构建面板门槛模型，探究土地财政和金融支持对房价泡沫影响的地区差异特征。本书的研究有助于更为全面地认识和评价土地财政和金融支持在房价泡沫产生机制中的作用。

第二，本书基于带有随机波动的时变参数向量自回归模型考察房价波动对金融风险直接影响的时变特征。尽管目前一些文献研究了房价波动对金融风险的直接影响，但相关研究局限于线性分析。一方面，忽视了房价波动中的异质性成分（如房地产基本价值或"膨胀式泡沫"和"衰退式泡沫"等不同性质的泡沫成分）对金融风险的影响。另一方面，也忽视了房价波动对金融风险的影响可能会随着外部宏观调控政策环境的变化而发生改变，缺乏从非线性的视角考察不同宏观调控政策背景下房价波动对金融风险的时变影响研究。此外，本书还通过变量间影响关系的时变特征揭示了金融支持是房价波动影响金融风险的重要途径。研究结论有助于明晰房地产市场调控政策的方向和作用，对现有房价波动与金融风险的研究也是一个有益的补充。

第三，本书基于空间经济的视角研究房价波动对金融风险的空间溢出效应。现有关于房价波动与金融风险的研究多数忽略了房价波动中的泡沫成分对金融风险的空间溢出作用。在阐明其影响机制的基础上，本书通过构建动态空间杜宾模型确证房价波动对金融风险的正向空间溢出效应。此外，本书还探讨了持续收紧的宏观调控政策对这一空间溢出效应的负向调节作用。研究结论有助于对房价波动与金融风险间关系的全面评价，可为"膨胀式"泡沫期间实施持续收紧的宏观调控政策以及防范区域间房价波动与金融风险的传染问题提供事实依据。

本书受到河南财政金融学院博士科研启动费支持项目"基于时空异质的房地产金融风险演化特征、驱动因素与处置机制研究"（项目编号：2023BS005）的资助。房价波动和金融风险问题极易受到外部复杂多变的政治和经济环境影响，是一个面临着较大不确定性的复杂课题，本书尝试探讨了部分问题，但仍存在一定的不足之处，敬请各位学者专家批评指正。

目 录

第一章 导 论 ... 1
　第一节 问题的提出 ... 1
　第二节 研究思路与理论框架 ... 12
　第三节 研究内容与研究方法 ... 15
　第四节 研究的创新点 ... 19

第二章 文献综述 ... 21
　第一节 房地产市场与政策 ... 21
　第二节 房价泡沫的识别与产生机制 ... 28
　第三节 金融风险的识别与产生机制 ... 34
　第四节 房价波动与金融风险 ... 46
　第五节 房价与金融风险的传染效应 ... 52
　第六节 文献研究评述 ... 56

第三章 我国房地产市场发展的历史脉络与房价泡沫产生机制 ... 58
　第一节 我国房地产市场与政策发展历程 ... 59
　第二节 我国特有的制度体系下房价泡沫的产生机制 ... 88
　第三节 我国房价泡沫产生机制的实证检验 ... 96
　第四节 本章小结 ... 115

第四章 房价波动对金融风险的影响机制 ... 118
　第一节 我国房地产业对金融风险影响的特征事实 ... 119
　第二节 房价波动对金融风险的直接影响机制 ... 129
　第三节 房价波动对金融风险的空间溢出效应机制 ... 137

第四节　本章小结　　　　　　　　　　　　　　　　141

第五章　房价波动对金融风险直接影响的时变特征　　143
　　第一节　金融风险综合指标体系构建　　　　　　　　145
　　第二节　TVP-SV-VAR 模型构建　　　　　　　　　　150
　　第三节　房价波动影响金融风险的时变特征　　　　　157
　　第四节　本章小结　　　　　　　　　　　　　　　　169

第六章　房价波动对金融风险的空间溢出效应　　　171
　　第一节　我国各地区金融风险测度　　　　　　　　　174
　　第二节　动态空间杜宾模型构建　　　　　　　　　　178
　　第三节　房价波动对金融风险的空间溢出效应实证
　　　　　　回归结果　　　　　　　　　　　　　　　　182
　　第四节　空间溢出效应的稳健性检验　　　　　　　　190
　　第五节　持续收紧的宏观调控政策的调节作用　　　　194
　　第六节　本章小结　　　　　　　　　　　　　　　　198

第七章　结论与政策建议　　　　　　　　　　　　　200
　　第一节　研究结论　　　　　　　　　　　　　　　　200
　　第二节　政策建议　　　　　　　　　　　　　　　　206
　　第三节　研究展望　　　　　　　　　　　　　　　　213

参考文献　　　　　　　　　　　　　　　　　　　　215

第一章 导 论

第一节 问题的提出

一、研究背景与意义

2020年以来,由于全球政治经济形势的严峻复杂化和新冠疫情的严重冲击,各国实体经济发展陷入困境,进入金融风险易发多发期。在此关键时期,党和国家高度重视金融风险的防范和化解。早在2016年12月,中央经济工作会议就提出"要把防控金融风险放到更加重要的位置,下决心处置一批风险点,着力防控资产泡沫,提高和改进监管能力,确保不发生系统性金融风险"。2017年7月,习近平总书记在全国金融工作会议中指出,"防止发生系统性金融风险是金融工作的永恒主题"。2017年12月,中央经济工作会议把防范化解重大风险作为"三大攻坚战"之首,且强调重点是"防控金融风险"。2021年"十四五"规划又一次明确提出"要健全金融风险预防、预警、处置、问责制度体系,守住不发生系统性风险的底线"。多年来,房地产业作为我国经济发展的支柱性产业,资本快速涌入,金融业不断

"脱实向虚"，房地产市场与金融市场深度捆绑，已成为金融风险传染的重要载体。房地产已成为我国现阶段金融风险方面最大的"灰犀牛"（骆晓强等，2017；郭树清，2020）。

  20 世纪 80 年代初，我国首先在东南沿海开启了土地使用制度和住房制度改革，其中，面向外资及外籍人士的别墅、高级住房及商用设施的不动产投资揭开了我国房地产制度改革的先河（张跃庆和杨小泽，1991）。1994 年国务院发布《关于深化城镇住房制度改革的决定》（国发〔1994〕43 号），提出要深化城镇住房制度改革，实现住房商品化、社会化。住房建设投资由国家、单位统包的体制改变为国家、单位、个人三者合理负担的体制，引起了第一次住房投资的高潮（中国人民银行等，2003）。与此同时，1995 年国有企业改革进入"抓大放小"阶段，作为"三大包袱"之一的住房随着中小型国有企业民营化改革的大潮被迅速推向市场。1998 年，国务院发布《关于进一步深化城镇住房制度改革加快住房建设的通知》（国发〔1998〕23 号），标志着我国城市住房进入全面商品化阶段。自此，我国房地产市场成为新的经济增长点，在一系列改革措施的推动下逐渐走向繁荣。1998 年住房制度改革后，我国房地产业开发投资额呈阶梯式增长，其占 GDP 的比重也呈爬坡式增长，最高占比高达 14.77%（如图 1.1 所示）。

  随着房地产业的快速发展，房价增长速度过快的问题逐渐显现。尤其是 2008 年世界金融危机后，受宽松的财政政策和货币政策的双重影响，我国各地区房价呈现急速上涨的态势。根据国家统计局公布的商品房平均销售价格计算，2008—2020 年的 12 年间，东部和中部地区城市房价的平均涨幅高达 237.34% 和 202.21%，西部和东北部地区城市房价的平均涨幅也达到了 191.91% 和 153.97%，该轮房价波动具有显著的"膨胀式"泡沫化特征。然而，2020 年以来，在宏观经济形势变化、行业周期性调整和新冠疫情冲击等多重因素叠加影响下，房地产市场供求关系发生重大变化，市场整体处于胶着状态。从空间上来看，各地房价涨跌交织，大部分二、三线城市房价大幅回落，更有头部房企暴雷，烂尾楼频出现象的发生。根据国家统计局数据，2023年11月70个大中城市中有59个城市的新建商品住宅销售价格指数环比下降，仅11个城市环比上涨，总体上看该轮房价波动具有更明显的"衰退式泡沫化"特征（陈小亮和李诚浩，2022）。由房价波动引发的金融风险问题逐渐凸显，具体表现在以下三个方面：

图1.1　1998—2020年房地产开发投资额（左轴）及其在国内生产总值中的占比（右轴）

数据来源：国家统计局《国家数据》。

（1）房价呈爆发式增长后呈下跌趋势，脱离经济基本面。随着房地产业的发展，住房价格不断攀升，全国商品房平均销售价格年均增长率超过7.5%①。我国部分地区商品房平均价格走势，可以看出自1998年以来各地区房价均呈不断上涨趋势，尤其在2005年之后房价迅速上涨，并保持持续增长的态势（如图1.2所示）。随着房价的不断上涨，其增速远超过GDP增速，逐渐脱离经济基本面。如图1.3所示2003年后，房价增长率普遍高于GDP增长率，其中，2009年商品房平均销售价格同比增长率高达24.69%，远高于同年GDP增长率9.4%，2016年和2018年的同比增长率也相继超过了10%，均高于同期的GDP增长率。但是，在2020年之后，可以看到北京、江苏、江西和重庆等地区的房价出现了下跌趋势（如图1.2所示）。随着房价

---

① 根据国家统计局《中国统计年鉴》数据计算所得。

的下跌，金融系统中积累的与房地产相关的风险问题逐渐暴露。

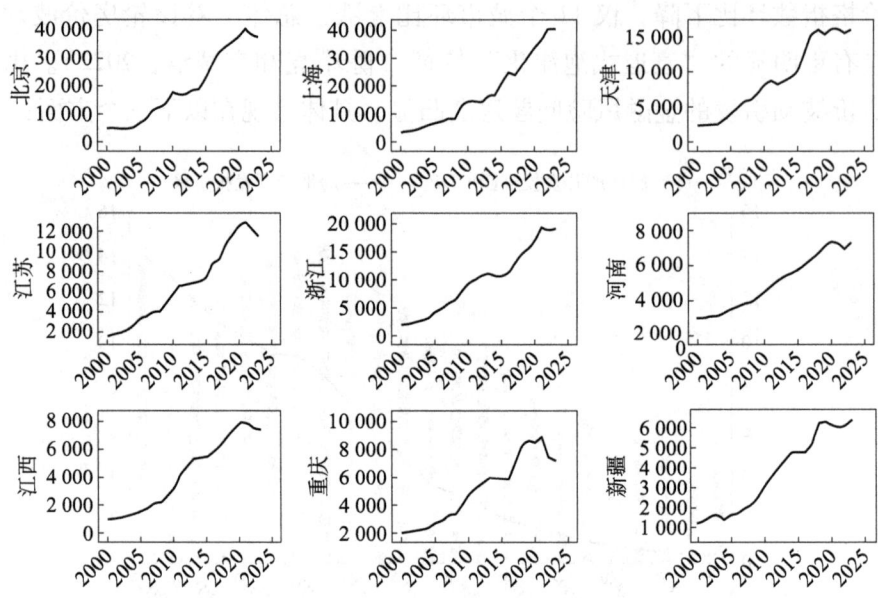

图 1.2　我国部分地区商品房平均销售价格（元/平方米）

数据来源：国家统计局《国家数据》。

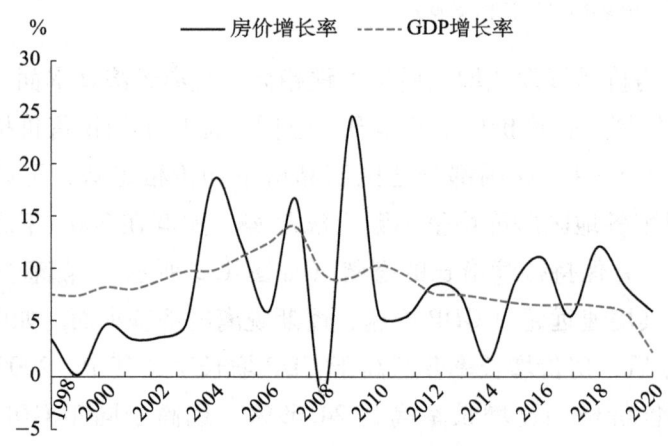

图 1.3　1998—2020 年房价增长率与 GDP 增长率

数据来源：根据国家统计局《国家数据》的相关数据计算所得。

（2）房价与家庭收入比居高不下，远超泡沫化警戒水平。房价收入比反映了住房价格偏离居民收入水平的程度，是衡量居民购房难易程度和房价泡沫化的重要指标。按照国际惯例，一般认为房价收入比在4—6属于合理范围，在城镇化发展程度较高的国家这一比值一般在2—4（郭克莎和黄彦彦，2018）。表1.1列出了我国35个大中城市2010—2020年的房价收入比情况，可以看出各城市自2010年房价收入比逐渐升高，2020年35个大中城市的平均房价收入比水平已达到16.6，其中北京、上海、广州、深圳等一线城市的房价收入比分别高达30.8、30.7、20.7和48.1，这意味着对于一位工薪阶层来说，如果要在一线城市购买一套符合当地人均住房面积标准的住房需要其30到40年的收入。即使是在兰州、西宁和乌鲁木齐等西部偏远地区的城市也需要八至十几年的时间，我国房价收入比已远超国际公认的4—6合理范围。各地区的房价已经严重偏离了居民的收入水平，房地产市场泡沫化现象凸显。

表1.1　　35个大中城市2010—2020年房价收入比　　单位：倍

地区/时间	2010	2011	2012	2013	2014	2015	2016	2017	2018	2019	2020
北京	23.5	22.2	20.3	20.4	22.1	21.2	23.0	24.1	22.8	23.0	30.8
天津	12.2	12.4	10.9	11.7	11.4	10.6	11.5	12.7	12.4	12.8	19.8
石家庄	9.1	8.6	7.8	8.1	8.7	8.5	8.9	10.0	10.1	11.1	16.3
太原	9.1	9.0	8.3	8.5	8.8	8.6	8.3	8.6	9.6	10.1	12.8
呼和浩特	7.2	7.4	6.8	6.5	6.7	6.0	5.6	5.5	5.8	6.5	9.6
沈阳	8.1	9.1	8.7	8.4	7.3	6.7	6.2	6.3	6.8	7.6	10.2
大连	15.0	14.0	12.6	12.1	11.3	9.8	9.3	9.5	10.0	11.2	13.4
长春	10.0	9.6	8.6	8.4	9.6	7.9	8.7	8.0	8.8	9.5	11.9
哈尔滨	11.1	10.3	9.4	9.3	8.2	7.8	7.5	7.9	8.7	9.5	11
上海	23.4	23.0	20.9	20.6	21.6	21.8	25.0	26.6	25.2	25.3	30.7
南京	12.6	11.7	10.6	10.8	10.8	10.3	12.2	13.0	13.1	13.7	18.6
杭州	16.4	16.4	14.3	13.7	12.7	11.2	11.9	13.2	13.5	14.9	21.4
宁波	13.6	11.9	10.5	10.1	9.6	8.7	8.4	9.3	9.9	10.1	16.7
合肥	9.7	9.1	7.8	7.8	8.2	8.0	9.4	10.3	10.4	11.2	14.6
福州	15.2	16.7	14.0	14.4	15.2	12.6	11.9	13.2	12.9	13.9	23.6
厦门	13.4	13.2	11.9	13.0	16.7	16.9	19.5	20.8	19.9	19.4	31.1

续表

地区/时间	2010	2011	2012	2013	2014	2015	2016	2017	2018	2019	2020
南昌	12.7	12.6	11.0	11.5	10.5	9.3	9.4	10.2	10.5	11.1	13.9
济南	9.2	9.1	8.2	7.8	7.4	7.3	7.5	8.4	8.3	8.8	13.9
青岛	10.3	9.9	8.9	8.6	8.2	7.5	7.2	8.0	8.9	9.7	15.8
郑州	10.7	10.8	9.8	10.8	10.4	10.0	10.5	11.1	10.9	11.2	13.9
武汉	10.2	9.8	8.7	8.5	8.0	7.7	8.7	9.3	9.0	9.3	14
长沙	6.6	7.3	6.6	6.4	6.0	5.3	5.3	5.7	5.8	6.1	8.5
广州	12.5	12.3	11.3	12.6	13.8	12.4	12.3	13.4	13.1	13.3	20.7
深圳	20.7	20.2	18.3	20.0	24.5	27.0	36.9	36.2	34.2	34.4	48.1
南宁	13.0	12.8	10.7	9.8	9.6	8.5	8.5	9.7	10.5	11.2	14.3
海口	24.5	20.7	16.1	13.8	12.5	11.0	10.6	12.5	14.3	14.8	16.8
重庆	11.5	10.9	9.5	10.4	10.0	8.7	8.4	9.5	10.3	11.1	14.2
成都	10.4	10.3	8.5	8.8	8.6	7.9	7.5	7.9	8.0	8.8	13.7
贵阳	8.9	8.2	7.2	6.8	6.6	5.8	5.3	5.4	6.2	7.0	10.3
昆明	12.5	11.8	10.4	9.5	8.8	7.9	7.2	7.8	8.5	9.2	12.4
西安	8.9	8.6	7.3	7.0	6.5	6.7	6.4	7.2	8.4	9.3	14.9
兰州	13.7	13.3	11.7	11.1	10.4	8.8	8.7	9.1	9.1	9.2	14
西宁	10.2	10.0	9.5	9.3	9.1	8.5	7.4	7.2	7.3	7.7	11.5
银川	8.3	7.8	7.1	6.9	6.5	6.0	5.6	5.4	5.5	6.0	7.7
乌鲁木齐	10.1	11.6	11.4	11.3	9.3	7.8	7.2	7.0	7.1	7.5	8.6
平均值	12.4	12.1	10.7	10.4	10.7	10.0	10.5	11.1	11.3	11.9	16.6

数据来源：Wind 数据库、诸葛找房数据研究中心。

（3）房屋空置率持续攀高，住房投资属性占主导地位。房屋空置率是判定房地产市场是否过度发展以及存在泡沫的关键指标，根据国际惯例，通常认为该指标在 5%—10% 属于合理范围，在 10%—20% 之间属于危险区域，超过 20% 则认为商品房出现了严重的空置现象，房价泡沫化程度较高。近年来，随着房价的攀升，众多房地产开发商和住房投资者纷纷投资于房地产市场，以从中获得更多的投资收益。在住房的投资属性占据主导地位的情形下，大量的住房在购置后均处于闲置状态，以待房价进一步上涨后进行转售。如表 1.2 所示，2017 年我国城镇地区住房空置率已达 21.4%，其中，商品房的空置率高达 26.6%。根据贝壳研究院发布的《2022年中国主要城市住房空置率调查报告》我国二、三线城市的住房空置率普遍高于 10%，整体住房空置率水平仅次于日本，远超美国、加拿大和法国等国家。可见，我国住房空置率远超过 10% 的警戒线，其中蕴藏着巨大的泡沫风险。此外，表 1.2 显示，2017 年空置住房的家庭未偿抵押贷款占抵押贷款总额的比例高达 47.1%，资金预估为 10.3 万亿元。可以看出，空置的住房占用了银行大量的信贷资源，这不仅是信贷资源配置的一种浪费，更是引发金融风险的潜在因素。

表 1.2　　　　　　　　我国城镇地区商品房空置情况

时间	城镇地区住房空置率	商品房空置率	空置住房未偿还抵押贷款总额（万亿元）	空置住房未偿还抵押贷款占比
2011	18.4%	—	—	—
2013	19.5%	22.3%	3.8	41.9%
2015	20.6%	22.8%	7.3	51.8%
2017	21.4%	26.6%	10.3	47.1%

数据来源：西南财经大学中国家庭金融调查与研究中心。

　　房价的快速上涨引发了众多学者围绕我国房价问题进行了广泛探讨。不少学者认为我国房价存在泡沫成分（Liu 等，2016；Zhao 等，2017；Mao 和 Shen，2019）。在房价快速上涨的过程中，产业资本大量涌入房地产业这一非实体经济领域，家庭部门和银行部门杠杆率大幅度攀升，金融业"脱实向虚"问题日趋严重，导致金融体系内积累了大量的风险。对此，部分学者指出房价中的泡沫成分不仅是影响我国经济高质量发展的关键因素（郭文伟和李嘉琪，2019），更是引发系统性金融风险的要因（蔡真，2018；李伟等，2018；Brunnermeier 等，2020；白鹤祥等，2020）。因此，在上述研究背景下，基于房价基本面与泡沫成分的分解视角探讨我国房价波动对金融风险的影响问题，对调控房地产市场、推动我国经济高质量发展以及防范化解系统性金融风险具有重要的理论价值和实践意义。

二、提出问题

（一）问题一：改革开放40多年来，我国房地产市场与政策发展的历史脉络是什么？

改革开放40多年来，我国房地产市场经历了翻天覆地的变化，在快速发展的同时也造成了一系列的社会经济问题，由高房价引发的贫富差距（况伟大等，2018）、投机炒房（高波等，2014）、低生育率（李江一，2019）、金融业"脱实向虚"（中国银行国际金融研究所，2016）、实体经济陷入低迷（张馨月，2019）以及企业融资难融资贵等问题逐渐凸显，且已成为影响我国实现"坚持在发展中保障和改善民生""住有所居""经济高质量发展"的主要阻力。因此，研究我国房价波动与金融风险问题，首先须厘清改革开放40多年来我国房地产市场与政策的发展历程，从中寻找改革进程中房价持续走高的内在原因，为构建房地产行业调控机制与市场长效机制提供政策建议，以贯彻习近平新时代中国特色社会主义思想，实现"住有所居"的思想目标。基于上述背景，本书提出第一个研究问题。

（二）问题二：我国房价中的泡沫水平有多高？在我国特有的土地制度体系下，房价泡沫产生的机制是什么？

从经济学的角度而言，房价波动源于两个方面，一是房地产基本价值的波动。房地产的基本价值一般是由市场供需双方以及经济发展等众多经济基础因素（如可支配收入、建造成本、利率等）决定的（姜春海，2005）。当决定房地产基本价值的众多经济因素发生变化时，房地产基本价值会随之波动。二是源于房价泡沫。房价泡沫是指房地产市场价格对其基本价值（fundamental price）的偏离（Stiglitz，1990；Joyeux和Milunovich，2015；Liu等，2017）。而高房价本身并不直接意味着房价泡沫，如果房价高企的城市拥有足够坚实的经济基础面指标，那么其房价波动并不会引发金融风险，经济学意义上的房价泡沫也无从谈起（郑挺国等，2021）。那么，我国房价中可被称为经济学意义上的泡沫究竟有多大？其产生的内在机制又是什么？这对于后续研究房价波动中的泡沫成分对金融风险的影响至关重要。

众多国际研究表明房价泡沫从宏观层面上是由宽松的货币政策催生（Zhu 等，2017；Muñoz 和 Cueto，2017；Gomez-Gonzalez 和 Sanin-Restrepo，2018），而从产业的中观层面上是由过度的金融支持所引起（Huang 等，2015）。同样，我国房价泡沫的产生也离不开过度的金融支持。我国自 1978 年实施对内改革、对外开放的政策以来，大量的外资引入，伴随着住房制度改革，房地产业逐渐成为投资的主要领域。加之 1997 年之后两次外在的金融危机冲击①，使关联度较高、带动力较强的房地产业迅速成为国民经济的支柱产业②，以拉动经济增长。过度的资金涌入使我国房价不断高涨，泡沫随之产生。但众所周知，我国实施土地二元所有制，农村地区土地归集体所有，城镇地区土地归国家所有，且城镇土地使用实行招拍挂制度。这种特有的土地制度使地方政府成为城镇建设用地的唯一供给者。与此同时，1994 年的"分税制"改革造成了地方政府财权与事权的不匹配，地方政府为了弥补财政缺口以及实现宏大的"政绩工程"，一方面通过不断推高土地价格来获取巨额的财政收入（Zhang 等，2016），另一方面通过干预各地银行的放贷使得大量的资金流入到房地产行业（Deng 等，2015），来推动房价和地价的上涨，以从中获取更多的土地财政。因此，土地作为房地产开发建设的空间载体，地方政府的"土地财政"行为势必会对我国房价泡沫产生影响。那么，在我国特色的土地制度体系下，考察房价泡沫的形成机制将变得复杂化，不仅要考虑金融支持、供求等市场因素，同时也应考虑我国特有的土地制度下土地财政在房价泡沫形成机制中的关键作用。基于上述背景，本书提出第二个研究问题。

---

① 1997 年亚洲货币危机和 2008 年美国次贷危机引发的世界金融危机。
② 1998 年 7 月，国务院下发《关于进一步深化城镇住房制度改革加快住房建设的通知》（国发〔1998〕23 号），指出停止住房实物分配，促使住宅业成为新的经济增长点；2003 年 8 月，国务院下发《关于促进房地产市场持续健康发展的通知》（国发〔2003〕18 号），明确指出房地产业已经成为国民经济的支柱产业。

（三）问题三：房价波动对金融风险的影响机制是什么？

受新冠疫情冲击的影响，世界经济发展面临前所未有的巨大挑战。当前，我国经济发展正处在重要的结构转型期，为避免国内经济和金融市场受到波及，实现我国经济健康可持续发展，防范化解重大风险成为我国现阶段重要经济工作。国际经验表明，房价泡沫是影响经济发展和金融稳定的重要因素。无论是日本的泡沫危机还是美国的次贷危机，均与房地产市场的过度繁荣紧密相关。Reinhart 和 Rogoff（2013）的研究也指出，自 19 世纪以来，无论是发达经济体还是新兴市场国家，历史上发生的主要银行危机都与房地产市场过度繁荣密切相关。可以说，缺乏足够宏观经济基本面支撑的房价波动尤其是快速飙升所催生的房价泡沫将会引发巨大的系统性金融风险（郑挺国等，2021）。房价泡沫的持续膨胀终将会对我国金融稳定产生不利影响（张宝林和潘焕学，2013；沈悦等，2019；沈悦等，2020）。因此，基于房价基本面与泡沫成分的分解视角，厘清房价波动中对金融风险的影响机制，对维护金融稳定、克服宏观经济异常波动、有效防范金融风险尤为关键。基于上述背景，本书提出第三个研究问题。

（四）问题四：房价波动的不同组成部分是否对金融风险存在异质性影响？不同的宏观调控政策背景下，房价波动对金融风险的直接影响是否具有时变特征？

房价的快速上涨带来的一系列经济社会问题引起了中央政府的重点关注。党的十九大报告以来，在"房住不炒"的宏观调控政策方针下，一系列收紧的房地产市场宏观调控政策相继颁布并实施。2021 年"十四五"规划更是明确提出要"实施房地产市场平稳健康发展长效机制，促进房地产与实体经济均衡发展""坚持房子是用来住的、不是用来炒的定位，加快建立多主体供给、多渠道保障、租购并举的住房制度，让全体人民住有所居、职住平衡""坚持因地制宜、多策并举，夯实城市政府主体责任，稳定地价、房价和预期。建立住房和土地联动机制，加强房地产金融调控，发挥住房税收调节作用，支持合理自住需求，遏制投资投机性需求"。在收紧的宏观调控政策背景下，伴随着新冠疫情冲击和全球经济结构的调整，我国房地产业供求关系发生重大变化，房地产市场下行趋势明显。对此，2024年的党中央经济工作会议和金融工作会议强调：要持续积极稳妥化解房地产风险，促进金融与房地产良性循环，构建房地产发展新模式。那么，随着房地产市场发展情况的转变，由房价波动引发的"膨胀式"泡沫和"衰退式"泡沫对金融风险的影响是否存在异质性？外部宏观调控政策方向的转变，房价波动中的泡沫成分对金融风险的影响是否具有时变特征？这些问题的探讨不仅为房价波动带来的市场风险提供经验证据，而且将有利于进一步明晰我国房地产业宏观调控政策的方向和作用。基于上述背景，本书提出第四个研究问题。

（五）问题五：房价波动对金融风险的影响是否存在显著的空间溢出效应？

区域间金融风险的传染和扩散是引发系统性金融风险的重要原因。伴随着改革的深化、户籍制度的完善、互联网金融的发展以及以国内大循环为主体、国内国际双循环相互促进的新发展格局的构建，区域间要素流动加速，各地区的房地产市场和金融市场紧密关联。在此背景下，一方面，部分地区的房价波动可能会对邻近地区的房价波动产生影响，进而对邻近地区的金融风险产生空间溢出效应。对此，众多研究均表明房价或房价波动中的泡沫成分具有一定空间传染效应。张卓群和张涛（2021）的研究表明，受城市地理位置和经济地位的双重影响，中国城市之间房价联动上涨的传染风险较大。孙焱林和张攀红（2016）通过构建空间计量模型发现，区域间的房价泡沫在地理因素、经济因素和信贷因素的传播渠道下存在区域间联动效应和空间传染效应。刘海云和吕龙（2018）也指出"城市圈""经济带"等区域经济协同发展机制使得各地区之间的经济发展紧密关联，为区域间房价泡沫的传染提供了经济基础。另一方面，部分地区的房价波动对本地区的金融风险产生影响后，可进一步通过金融风险的空间溢出效应对邻近地区的金融风险产生影响。正如王营和曹廷求（2017）所指出的，我国省级区域间的金融风险具有较强的传染性，且随着省际间距离的增加，传染效应逐渐减弱。因此，在上述研究的基础上，进一步探究房价波动对金融风险的空间溢出效应对有效防范区域间房价波动和金融风险的传染至关重要。基于上述背景，本书提出第五个研究问题。

综上所述，本书基于我国房地产业的发展历程探寻房价波动中的泡沫成分产生的深层次原因，从房价基本面与泡沫成分的分解视角考察房价波动对金融风险的影响。本书的研究目标主要体现在以下三个方面：第一是明晰我国房地产市场与政策的发展历程，从中探寻我国房价持续走高的内在原因，为房价波动中泡沫成分的产生机制研究奠定理论和实践基础；第二是正确认识我国现阶段面临的房价泡沫问题，阐明在我国特有的土地制度体系下，房价泡沫的产生机制，为房地产行业长效调控机制的构建提供政策建议；第三是厘清房价波动对金融风险的影响机制，明确持续收紧的宏观调控政策作用，为有效防范区域间房价波动和金融风险的传染提供理论支撑和经验支持，进而防范系统性金融风险的发生。

第二节　研究思路与理论框架

一、研究思路

本书所提出的五个研究问题之间的关系如图1.4所示，各问题之间存在如下关系：（1）问题一为本书研究的实践和理论基础，且厘清我国房地产市场与政策的发展历程可为研究问题二提供强有力的理论支撑；（2）问题二是问题三、问题四与问题五的前提，在验证我国房价泡沫存在和产生机制的基础上进一步分析房价波动中的不同成分（房地产基本价值和房价泡沫）对金融风险的影响；（3）问题三是问题四与问题五的理论基础，问题四和问题五是对问题三的实证检验，在明晰房价波动对金融风险影响机制的基础上，进一步对影响机制进行实证检验;(4)问题四与问题五分别对房价波动影响金融风险的直接作用和空间溢出效应进行了实证检验,且问题五是在问题四的基础上,对研究对象的进一步细分,从对全国层面的研究细分到对地区层面的研究。

具体来说,本书的研究思路为:首先,从探寻我国房地产市场与政策40多年来发展的历史脉络出发,结合我国改革开放的各个发展阶段,从我国经济市场化整体进程的角度挖掘我国房价持续走高的内在原因;其次,在上述分析的基础上,识别我国经济学意义上的房价泡沫水平,分析在我国特有的土地制度体系下,房价泡沫的产生机制,并对其产生机制进行实证检验;再次,分别从房地产开发企业和购房者两个方面刻画了房价波动影响金融风险的特征事实,并进一步从直接影响和空间溢出效应两个角度深入探究房价波动对金融风险的影响机制;从次,从全国的层面出发,基于房价基本面与泡沫成分的分解视角,在测度我国金融风险水平的基础上,考察房价波动的基本面因素和异质性泡沫成分对金融风险的差异化影响及作用路径,探讨在不同的宏观调控政策背景下,房价波动对金融风险影响的时变特征;最后,以我国局部的地区层面为切入点,在分析各地区金融风险水平时间变化趋势和地区分布特征的基础上,实证检验房价波动对金融风险的空间溢出效应,并进一步分析收紧的宏观调控政策的调节作用。

二、理论框架

本书围绕图1.5所示的理论框架开展研究。房价在制度因素和市场因素的双重作用下偏离由经济基本面因素决定的房地产市场基本价值,并且形成了"房价泡沫产生→房价进一步偏离基本价值→房价泡沫积累……"的正向反馈过程。在此基础上,基于房地产市场局部均衡理论,测度房地产市场基本价值,以识别房价泡沫。进一步,基于房价基本面与泡沫成分的分解视角,以房地产业贷款为中介变量,从直接影响和空间溢出效应两个层面剖析房价波动对金融风险的影响机制,并对影响机制进行实证检验,以反映房价波动中的泡沫成分自产生到积累,再到增加银行风险资产敞口以及引发贷款违约,最终导致金融风险的全过程。

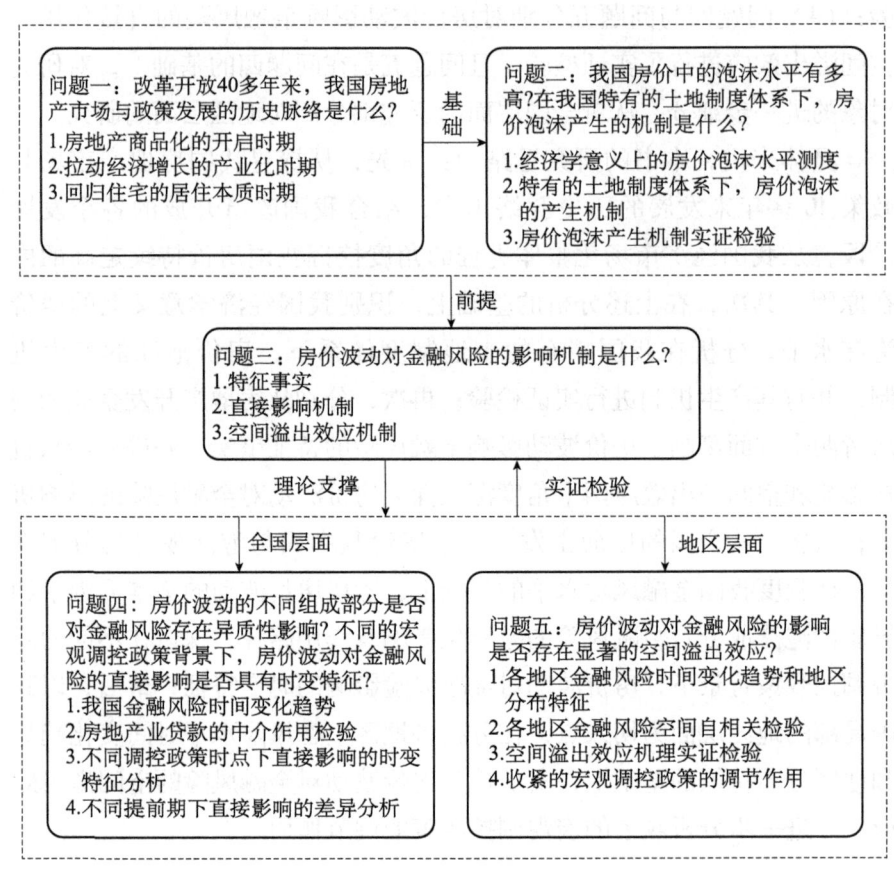

图 1.4 研究问题关系图

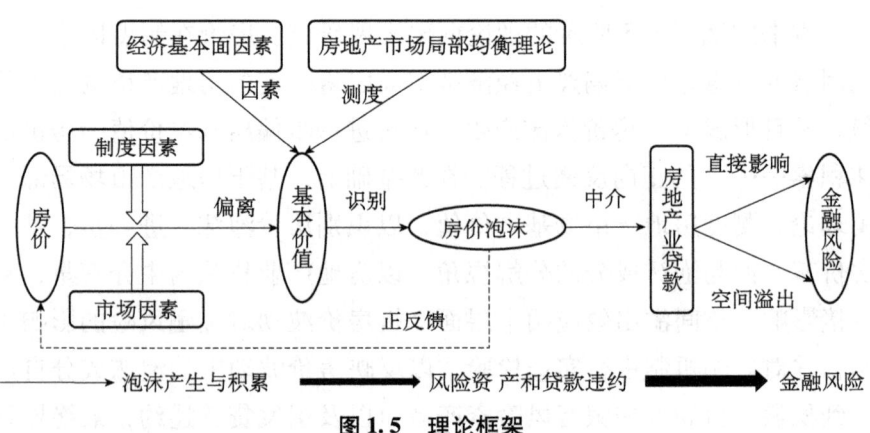

图 1.5 理论框架

第三节 研究内容与研究方法

一、研究内容

本书沿着图1.6所设计的技术路线展开研究,具体来说,本书的研究内容共分为七章:

第一章为导论。首先明确我国房地产市场发展现状及房价波动并泡沫化所导致的金融风险问题,以阐明本书的研究意义,并据此提出五个关键研究问题。在此基础上,明确研究思路与理论框架,并对研究创新点进行总结。

第二章为文献综述。主要围绕五个研究问题进行文献回顾,对相关理论和实证研究进行综述。在此基础上,对本书涉及的关键核心概念进行界定。通过对上述文献进行梳理,明确现有研究的不足之处,明晰研究目的和边际贡献。

第三章为我国房地产市场发展的历史脉络与房价泡沫产生机制。主要围绕本书提出的研究问题一和问题二展开研究,首先,分析了我国房地产业从商品化到产业化再到回归住房的居住本质40多年来的发展历程,揭示了改革开放40多年来我国房地产业快速发展下房价过快上涨的内在原因;其次,从制度因素和市场因素两个视角剖析了我国房价泡沫的产生机制;最后,在采用房地产市场局部均衡模型对我国各地区房价泡沫进行测度的基础上,通过构建动态面板和面板门槛模型分析土地财政和金融支持对我国房价泡沫的影响特征和地区差异。

第四章为房价波动对金融风险的影响机制。主要围绕本书提出的研究问题三展开研究,分别从特征事实和影响机制两个层面来阐述房价波动对金融风险的影响。首先,基于特征事实从房地产开发企业和购房者两个市场主体的角度来剖析我国房地产市场面临的风险现状;

其次，从财富效应、抵押品效应、挤出效应、逆向选择与道德风险、再融资棘轮效应五个方面分析房价波动对金融风险的直接影响机制；最后，从资本流动效应和金融机构网络关联效应两个方面分析房价波动对金融风险的空间溢出效应机制。

第五章为房价波动对金融风险直接影响的时变特征。主要围绕本书提出的研究问题四展开研究，首先，从全国的宏观层面出发，构建了金融风险综合测度指标体系，以测度我国目前的金融风险水平；其次，通过构建带有随机波动的时变参数向量自回归模型实证检验房地产业贷款作为房价波动影响金融风险的中介作用，并探讨房价波动的不同组成部分（房地产基本价值和房价泡沫）是否对金融风险存在异质性影响，以及异质性泡沫成分对金融风险的差异化影响；最后，分析在不同的宏观调控政策背景下，房价波动对金融风险的直接影响是否具有时变特征，以判断我国实施收紧的宏观调控政策的有效性。

第六章为房价波动对金融风险的空间溢出效应。主要围绕本书提出的研究问题五展开研究，以我国局部的地区层面为切入点，在第五章所构建的金融风险综合测度指标体系的基础上，首先，测度我国各地区的金融风险水平，并对测度结果进行深入剖析；其次，通过构建动态空间杜宾模型（DSDM），引入空间权重矩阵来研究各地区之间房价波动与金融风险的区域联动以及空间溢出效应的传播渠道和媒介，以实证检验房价波动对金融风险的空间溢出效应；最后，在 DSDM 的基础上，通过设置政策调节变量来实证分析持续收紧的宏观调控政策是否有利于抑制房价波动对金融风险的直接影响和空间溢出效应。

第七章为结论与政策建议。主要对全书的研究结论进行总结，并据此提出针对性的政策建议。进一步指出本书目前研究的不足之处，并对未来的研究方向进行展望。

二、研究方法

本书在借鉴国内外相关研究成果的基础上，基于房地产市场局部均衡理论、房价波动和金融风险、计量经济学和空间经济学相关理论和方法，采用文献研究与理论归纳、统计分析与计量分析相结合的方法，对房价波动与金融风险问题进行了系统而深入的探讨。各研究方法及在对应章节中的应用情况如图1.6所示，具体分析如下：

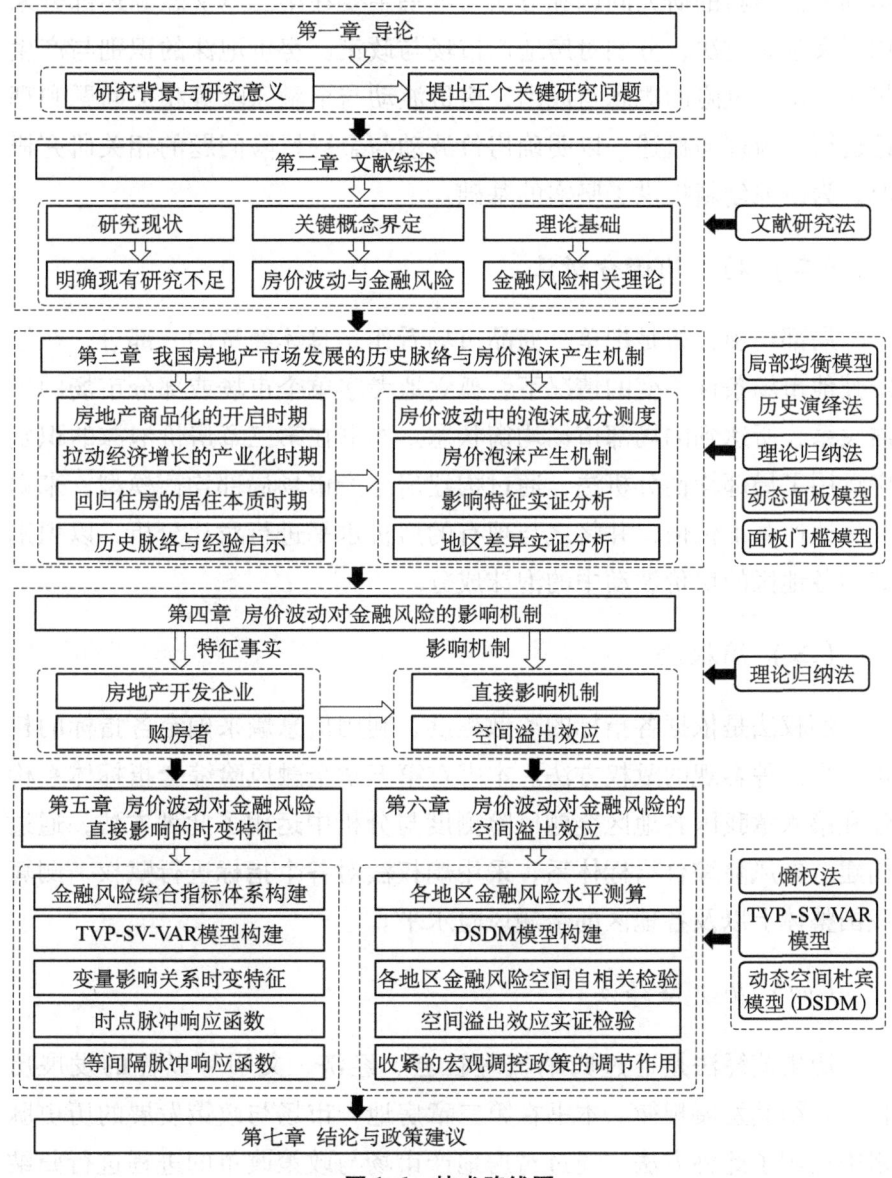

图1.6 技术路线图

（一）文献研究法

文献研究是对研究领域现有的研究概况进行梳理、分析和概述，以明确关键研究问题和相关理论的研究现状和研究不足之处，并在此基础上提出新的研究问题和方法。本书主要在第二章文献综述部分采用了文献研究法，分别对房地产市场与政策、房价泡沫的识别与产生机制、金融风险的概念与成因、房价波动与金融风险等相关问题和理论进行了梳理与概述，以明确房价波动与金融风险问题的相关研究概况，为研究创新提供了坚实的基础。

（二）局部均衡分析法

局部均衡分析是把单个商品市场看作是总体经济的一部分，在假定其他市场条件不变的情况下，孤立地考察单个市场或部分市场的供需关系，所达到的局部市场均衡状态。本书在第三章房价泡沫的识别中运用了局部均衡分析法，通过构建房地产市场局部均衡模型，来识别房地产基本价值，并将之与现有的房价水平进行对比分析，以识别我国各地区的房价波动中的泡沫成分。

（三）熵权法

熵权法是依据各指标的离散程度，利用信息熵来确定各指标的权重，是一种客观的赋权方法。本书在第五章金融风险综合指标体系构建和第六章我国各地区金融风险测度与分析中运用了此种方法，通过构建金融风险综合指标体系，采用熵权法对各个指标进行赋权，测算我国整体上以及各地区的金融风险水平。

（四）历史演绎法

历史演绎法是通过归纳梳理社会、经济、文明等以往的发展历程，总结其发展规律。本书在第三章房地产市场与政策发展的历史脉络中运用了此种方法，通过对房地产市场与政策改革的进程进行归纳总结，并将其划分为三个具有典型特征的发展阶段。

（五）理论归纳法

理论归纳法是通过对研究问题的相关理论分析进行梳理、剖析与归纳，从而总结出的一般理论框架。本书在第三章房价泡沫的产生机制以及第四章房价波动对金融风险的影响机制分析中运用了此种方法，通过对以往相关理论进行分析和归纳，阐明了房价泡沫的产生机制以及房价波动对金融风险影响的内在机制。

（六）计量经济模型分析法

计量经济模型是运用概率统计对各个经济变量之间的关系进行定量分析的方法。本书采用的计量经济模型包括动态面板模型、面板门槛模型、带有随机波动的时变参数向量自回归（TVP-SV-VAR）模型以及动态空间杜宾模型（DSDM）。其中，第三章采用动态面板模型和面板门槛模型实证分析土地财政和金融支持对房价泡沫的影响特征和地区差异。第五章采用 TVP-SV-VAR 模型考察房价波动中的异质性成分对金融风险的时变影响。第六章采用 DSDM 模型实证检验房价波动对金融风险的直接影响和空间溢出效应。

第四节 研究的创新点

本书的创新点主要体现在以下三个方面：

第一，本书基于制度因素和市场因素的双重视角全面考察土地财政和金融支持在房价泡沫产生机制中的关键作用。现有关于房价泡沫产生机制的研究往往单独考察土地财政或金融支持对房价泡沫的影响，忽略了土地财政和金融支持在泡沫产生机制中存在的相互促进作用。本书在阐明二者对房价泡沫影响机制的基础上，通过构建动态面板模型确证了土地财政和金融支持对房价泡沫的正向影响以及二者之间显著的正向促进作用。此外，本书还尝试通过构建面板门槛模型，探究土地财政和金融支持对房价泡沫影响的地区差异特征。本书的研究有助于更为全面地认识和评价土地财政和金融支持在房价泡沫产生机制中的作用。

第二，本书基于带有随机波动的时变参数向量自回归模型考察房价波动对金融风险直接影响的时变特征。尽管目前一些文献研究了房价波动对金融风险的直接影响，但相关研究局限于线性分析。一方面，忽视了房价波动中的异质性成分（如房地产基本价值或"膨胀式"泡沫和"衰退式"泡沫等不同性质的泡沫成分）对金融风险的影响。另一方面，也忽视了房价波动对金融风险的影响可能会随着外部宏观调控政策环境的变化而发生改变，缺乏从非线性的视角考察不同宏观调控政策背景下房价波动对金融风险的时变影响研究。此外，本书还通过变量间影响关系的时变特征揭示了金融支持是房价波动影响金融风险的重要途径。研究结论有助于明晰房地产市场调控政策的方向和作用，对现有房价波动与金融风险的研究也是一个有益的补充。

第三，本书基于空间经济的视角研究房价波动对金融风险的空间溢出效应。现有关于房价波动与金融风险的研究多数忽略了房价波动中的泡沫成分对金融风险的空间溢出作用。在阐明其影响机制的基础上，本书通过构建动态空间杜宾模型确证房价波动对金融风险的正向空间溢出效应。此外，本书还探讨了持续收紧的宏观调控政策对这一空间溢出效应的负向调节作用。研究结论有助于对房价波动与金融风险间关系的全面评价，可为"膨胀式"泡沫期间实施持续收紧的宏观调控政策以及防范区域间房价波动与金融风险的传染问题提供事实依据。

第二章 文献综述

第一节 房地产市场与政策

一、房地产市场发展

自1998年我国实施住房商品化政策以来,针对房地产业的空前发展状况,不少学者从我国房地产市场的供求规律、演变历程以及其存在的主要问题等角度进行了广泛的研究。在房地产市场供求方面,部分学者认为房地产市场的运行是在供求理论的基础上进行的。因此,房地产市场同其他商品一样也符合一般均衡模型和局部均衡模型的设定。中国城镇住房公共政策选择研究课题组(2001)研究指出住房市场同其他商品市场一样,在不受外界因素干扰和影响的情况下,可以通过供求双方的相互作用最终实现市场的自动均衡。但是,此时部分居民可能因支付能力问题而无法获得住房,而在政府间接调控下达到的市场公平均衡状态则可以实现住房市场效率最大化。陈华飞和王秀兰(2008)也采用供求均衡模型分析了武汉市的住宅市场,研究发现通过一定的宏观调控政策手段可以使得住房市场达到均衡状态。

王金明和高铁梅（2004）定量分析了我国房地产市场的供求函数，得出收入、价格和利率分别是影响需求和供给的关键因素的重要结论。刘波和刘亦文（2010）基于供求理论构建了房地产市场供给与需求的均衡模型，并认为在房地产市场供求理论体系中，价格对供给和需求起调节作用，而人均收入、预期利率和价格、建造成本以及住房存量是影响房地产均衡价格的主要因素。赵洋（2017）通过在房地产市场局部均衡模型中引入投资者适应性预期等假设分析认为我国各地区房地产短期价格波动与购房消费者对未来房价的预期以及消费者的购买水平紧密相关，二者的变化对房地产市场的供求变化有着重要的影响。

但是部分学者认为房地产市场供给调节的滞后性、需求的消费投资属性以及房地产的不可移动性等因素，往往导致房地产市场很难达到市场出清的状态，这就导致了市场均衡时的房价和实际房价产生一定的差别。对此，部分学者相继提出了非均衡的住房市场模型、蛛网模型、价格－租金模型等动态的房地产市场供求价格模型。非均衡的市场模型认为市场均衡状态是一种理想的和短暂的状态，而市场非均衡状态才是常态。谢波和施建刚（2013）通过构建房地产市场非均衡模型对上海市的房地产市场进行分析，研究发现上海市的房地产市场一直处于一种有效供求的非均衡状态，如1998—2002年的供过于求的状态和2005—2008年的供不应求的状态，此时，政府应该根据市场的非均衡度给予一定的政策干预，以确保房地产市场的平稳发展。蛛网模型则是基于均衡的经典动态模型，它具有收敛、发散和封闭三种基本动态均衡模型，该理论最早由美国的舒尔茨、意大利的里西和荷兰的丁伯根于1930年提出，主要用来描述市场中商品价格和供需变动的循环往复现象，这种产品价格和需求不断变化的过程形似蛛网，故称蛛网模型。部分学者将此模型应用于房地产市场的分析。杨建平等（2008）利用蛛网模型研究我国房地产市场价格持续走高的原因，并认为我国房地产市场价格表现出发散型蛛网模式的原因在于房地产市场融资制度的安排。翟帅等（2017）基于经典的蛛网模型，对我国35个大中城市的商品房市场的供求规律进行了研究，发现在

2003—2016年，35个大中城市的房地产市场均未达到价格均衡状态，而是处于蛛网模型中的发散模式，房价极易受到外界因素的干扰而出现大幅度波动。翟帅和殷宇飞（2017）利用蛛网模型对中部地区的6个省份的房地产市场进行了研究，发现这6个地区的房地产市场蛛网模型具有较强的发散性，房价具有明显的外部性特征。王利（2008）则进一步基于状态空间模型构建了房地产市场供需的修正蛛网模型，研究了北京市房地产市场的供给、需求以及房价持续偏离均衡价格后的波动趋势，结果显示房价和居民可支配收入是影响房地产市场供需的决定性因素，蛛网模型的最终求解结果是发散的，说明房价持续偏离其均衡价格导致房地产供求市场难以达到出清状态。价格-租金模型则是在考虑房地产商品的特殊性的前提下分析市场价格与市场供求之间的关系，将房地产市场价格与其租赁市场通过资本还原率相关联的模型。Clayton于1996年提出房价应该等于未来服务期内住房服务价格（即"租金"）每年的现值之和，房价波动与预期未来租金的增长率以及投资收益率密切相关（Clayton，1996）。此后，国内学者将此模型应用在我国房地产市场的分析中。俞海平（2014）通过构建住房市场价格-租金模型分析了我国住房市场的供求规律，并深入剖析利率、通货膨胀以及税收等因素对住房供求的影响。刘晓君等（2019）对房价与租金的关系进行研究认为住房租赁市场的有序发展可有效地促进住房销售市场繁荣，二者之间呈现正相关且资本化率为其调整系数。

然而由于中国特殊国情的存在，尤其是地方政府对城镇建设用地使用权的控制使房地产市场运行规律具有其自身的特殊性。陈建东等（2014）指出地方政府具有福利性质的住房供给行为造成我国住房市场供需的严重不均衡，并通过构建基于地方政府收益最大化的房价局部均衡模型，研究发现地方政府行为以及供求变化会影响各地区的房价波动。牟玲玲（2007）在考虑政府垄断土地供给的制度下，基于非线性蛛网理论建立了符合中国国情的非线性动态房价博弈模型，研究政府行为对房地产市场的影响，深入揭示政府与房地产开发商之间的博弈关系，研究发现房地产开发商会根据住房需求的变化调整自身的经营策略，土地价格也会随之进行不断调整，政府和房地产开发商之间就会出现循环往复的动态博弈过程，且随着模型设定参数的变化，该系统的纳什均衡解将会发生分岔，进而失去均衡结果的稳定性，并最终出现混沌行为。

其次是在房地产市场发展的历程方面，不同的学者根据其分类标准的不同，对房地产市场发展历程的划分也不尽相同。邬文康（2005）从房地产的属性出发将我国房地产业的发展历程分为四个阶段，新中国成立之前，房地产是一种私有财产，只掌握在少数人的手中；新中国成立后到改革开放前，该阶段的土地和房产归国家所有，实施分配和划拨制度，不允许买卖和转让，因此，房地产市场基本消失；1978—1992 年，房地产市场多样化，譬如允许转让土地使用权、出租出售、独资营建等；1992 年之后是完全市场化阶段，这一时期住房分配制度取消，房地产市场得以迅速发展，房地产的商品属性逐渐显现。刘铁军（2007）指出我国房地产的发展是伴随着改革开放的进程同步进行的，且经历了理论突破和试点起步、非理性炒作与调整推进、相对稳定协调发展以及多项调控措施出台四个阶段。唐志军等（2011）则是根据房地产市场供给主体变化以及住房保障制度的建立和发展过程将我国房地产市场发展分为四个阶段：1998 年之前国家作为住房的主要供给者的计划分配阶段、1998—2003 年的市场化改革初期阶段、2003 年底至 2005 年的商品化主导阶段以及 2006 年至今的市场机制与行政手段相结合配置资源阶段。丁祖昱（2013）则结合我国城镇化的发展情况将房地产市场发展分为 1978—1992 年的起步发展阶段、1993—1998 年的平稳发展阶段以及 1999 年至今的加速发展阶段。成立（2016）也结合我国城镇化发展速度，从房地产市场供给角度将其分为新供给形成阶段、供给扩张阶段、供给成熟阶段以及供给老化阶段。

最后是在房地产市场存在的主要问题方面，不同的学者对我国房地产市场高房价、房价泡沫化、高风险以及土地财政等问题达成了共识。张雪涛（2010）研究指出房地产价格在短期内快速上升引致了产业结构层面上资源的不合理匹配，房价的暴涨会对金融稳定以及国民经济的平稳运行产生严重的负面影响。聂梅生（2012）指出当前我国房地产市场面临着房地产企业资金链紧张、库存量过高、银行放贷风险增加等问题，并提出应重新定位房地产行业，弱化其投资作用，改革"土地财政"，建立多元化的房地产金融体系，鼓励民间资金合法有序进入房地产市场。杜丽群和张晓云（2016）认为新常态下我国房地产市场面临着融资环境趋紧、供求关系转变、区域分化严重、缺乏风险管控以及法律体系不健全等重要问题，并指出地方政府应改变"一刀切"的调控策略，重视地区分化，在综合考虑地区特点、人口总量以及城市承载力的基础上进行差异化调控。郭克莎和黄彦彦（2018）对我国房地产市场的主要问题进行国际比较分析，研究发现地方政府对土地供给的控制以及过度的信贷资金流入推高了我国房价，各城市的房价收入比已远超日本房地产泡沫时期的峰值，我国房地产市场的发展规模与我国经济发展阶段不匹配，并指出应重新正确认识我国房地产市场在经济发展中的作用与地位。丁如曦和倪鹏飞（2018）指出长期以来，我国房地产业基础性制度和长效机制建设的缺乏导致我国房地产市场出现投机炒作、发展结构矛盾以及局部市场过热等问题。

二、房地产调控政策

在房地产调控政策方面，众多学者围绕房地产调控政策的演变过程和变迁动力以及房地产调控政策的效力等方面进行了深入的剖析和研究。首先在房地产调控政策的演变过程方面，欧江波（2012）对我国 2003 年以来的房地产调控政策的变迁情况进行分析，发现我国房地产调控政策 2003 年以后经历了"紧缩调控—全球金融危机背景下的宽松调控—突出行政政策的紧缩调控"的变迁过程，调控政策表现出明显的演化和深入的过程。娄文龙和张娟（2018）研究指出我国房地产政策围绕住房制度改革进程中的不同主题表现出明显的变迁过程。黄燕芬和张超（2017）对我国"十二五"规划和"十三五"规划期间的房地产调控政策进行了对比分析，揭示我国政府在房地产调控政策上的思路变化。王京滨和夏贝贝（2019）对 40 多年来中国房地产市场与政策的演变以及改革开放进程之间的关系进行了探究，研究发现房地产市场与政策的演变不但反映了中国特色社会主义市场机制的渐进发展过程，还凝缩了中国从"摸着石头过河"走向"顶层设计"的中国经验。

其次，在政策变迁动力方面，范广垠（2010）基于间断－平衡模型研究指出我国房地产政策的变迁始终围绕着政治、经济以及社会等因素的变化而发生改变。柏必成（2010）通过构建我国房地产政策变迁的动力模型，研究发现住房问题的存在以及政治窗口的打开为改革开放以后我国住房政策的变迁提供了契机，需同时满足问题源流、政策源流以及政治源流三种条件，我国住房政策才能实现变迁。而吴宾和杨彩宁（2018）对中央政府的 40 份工作报告进行分析发现，中央政府注意力强度变化导致"房地产政策选择倒转"现象，而且过度地依赖短期调控政策，导致住房调控目标难以实现。

最后，在房地产调控政策的效力方面，众多学者针对不同的调控政策效应持不同的观点。一方面，部分学者认为我国目前的房地产市场调控政策效果欠佳，难以抑制过快上涨的房价，部分学者还对其失效原因进行了分析。杨玉珍和文林峰（2005）认为 2004 年以后实施信贷和利率调控政策并没有达到抑制投机炒房和平稳房价的目的，且相关土地调控政策的实施反而加剧住宅供需矛盾，进一步推高商品房价格。张小宇和刘金全（2015）研究发现在我国经济发展进入新常态时期后，货币政策对房地产市场的调控影响强度减弱，持续时间也变短，单独依靠货币政策调控房地产市场的难度增大。易宪容（2018）指出地方政府对房地产市场的干预使得当前各地的房地产市场调控效果十分有限，甚至朝着反方向走。而项卫星和李宏瑾（2007）研究指出 2003 年以后的房地产市场宏观调控政策没有有效抑制房价快速上涨的势头，主要原因在于各项调控政策基本上均从供给的角度出发的，忽略了对需求侧的抑制，导致市场供求矛盾加剧，房价迅速上涨。葛扬和贾春梅（2011）分析认为 1997 年的亚洲金融危机、2003 年的"非典"疫情以及 2008 年世界金融危机这三次外力的推动使得房地产业成为国民经济的支柱性产业，并最终使房地产市场陷入"调控—供给减少—再调控—供给再减少"的怪圈,而调控政策的被动性、短期性、土地财政的膨胀等因素放大了这种怪圈。袁韶华等(2014)指出地方政府对中央房地产市场调控政策的抵触以及政策内在的缺陷,导致2003年以后中央政府出台的房地产市场调控政策失效。毛丰付等(2014)从金融管制的视角分析我国房地产市场调控政策的有效性,他们认为房地产市场的快速发展与市场参与者的预期高度相关,与对利率的管制以及对开发企业自有资金的限制等措施关系很弱,因此从金融管制的视角来看我国房地产市场的调控政策基本是无效的。

但也有部分学者对上述观点持反对意见,他们认为房地产市场调控政策虽然具有一定的滞后性,但仍然可以在一定程度上抑制房价的过快上涨。如潘慧峰和刘曦彤(2017)发现我国房地产政策调控效果有一定的滞后性,调控效果只有在中长期才会体现出来。蔡明超等(2011)通过分析宏观调控政策绩效,认为居民对贷款首付比例这一宏观调控政策变化最为敏感,其次为利率政策、税收政策。张占录和张远索(2011)认为"限购"政策和保障性住房的大规模建设可以有效地抑制投机性需求以及过度投资性需求。李玲等(2012)研究发现在政策宽松期,北京市的房价呈现出上升的趋势,相反,在政策收缩期,呈现出下降的趋势。周文文等(2017)采用自回归分布滞后模型法研究指出租售同权和贷款利率均可对房价产生长期影响。方兴(2018)基于双重差分模型研究发现,在房价快速上涨的过程中,房地产限购政策显著降低了新建住宅的价格。马草原和李宇淼(2020)基于新的凯恩斯DSGE模型研究发现关联到"首付款"比例的宏观审慎政策LTV工具(贷款价值比)可以有效地降低房价波动幅度,抑制房价泡沫,尤其是与货币政策搭配实施可以起到"控房价"和"稳增长"的双重作用。董兴等(2021)以2009—2015年间的房地产限购和限贷政策为研究样本分析地方政府对房价的调控效应,研究发现短期内限购政策是抑制普通住宅价格快速上涨的最有效政策,而在长期内,增加土地供应面积是抑制普通住宅价格上涨的最优调控政策。丁杰等(2015)在商业信用再分配理论的基础上,分析连续性的调控政策对房地产企业信贷的影响，指出调控政策可以通过降低商业信用对银行信贷的替代作用这一渠道影响房地产企业信贷。

第二节　房价泡沫的识别与产生机制

一、房价泡沫的概念与识别

20世纪60年代 Samuelson（1967）以及 Shell 和 Stiglitz（1967）的"理性泡沫论"开创性地对泡沫进行了研究，众多学者对泡沫才逐渐有了本质上的认识，并从不同的层面和角度给出了泡沫的定义。1978年经济学家 Kindleberger 给出泡沫的经济学定义："泡沫是指一系列资产价格在一个连续的过程中出现的陡然上升，且最初的价格上升使得人们对价格的进一步上涨产生预期，这种预期会吸引新的买主（投机者只想通过买卖差价赚取利润）进入该市场进行投机行为，从而导致资产价格进一步上涨，而当这种预期出现逆转时，价格陡然下降，最终引发金融危机"。该定义描述了泡沫产生、膨胀和破灭的过程。Stiglitz（1990）指出如果投资者预期未来某种资产价格将会上涨，那么当下的资产价格将会大幅度上涨，而这种大幅度的价格上涨并非经济基本面能够解释，此时资产价格泡沫就产生了。Rosser（2000）认为除随机冲击以外的原因导致的资产价格在一段时间内偏离其长期均衡价格，这部分偏离即为资产价格泡沫。Garber（2001）进一步指出资产价格出现不断上涨，但上涨中的一部分不能用现金流、折现率等基本面因素来解释，那么这一部分就称之为泡沫。Joyeux 和 Milunovich（2015）也指出当资产市场的基本面因素不能反映真实的市场价格时，资产泡沫就产生了。20世纪90年代日本的泡沫经济产生并破灭，部分日本学者也展开了对泡沫的深入研究。日本金融学会会长三木谷良一（1998）将资产价格（具体指股票和不动产价格）泡沫定义为资产价格偏离实体经济而出现的暴涨和暴跌的一系列过程。铃木淑夫（1995）认为经济学上的泡沫是指地价、物价等资产的价格持续出现猛烈的上涨或下跌现象，而这种现象无法用经济基础条件来解释。

国内学者王俊（2003）指出泡沫就是资产在一个连续的过程中出现的陡然涨价，而市场中参与交易的双方对资产本身的使用并不感兴趣，他们仅仅只是想通过买卖这一资产的中间差价来从中牟取利润，以此导致的资产价格暴涨暴跌并最终以金融危机而告终的过程。曹振良和高晓慧（2002）将泡沫定义为由市场投机者导致的资产价格不断上涨并最终偏离市场基础的部分。此外也有学者不仅给出了泡沫的定义，还对其度量方法进行了探讨，如王子明（2002）将泡沫定义为某种价格水平相对于经济基础条件决定的理论价格（一般均衡稳定稳态下的价格）的非平稳性向上偏移，且这种偏移的数学期望可以作为泡沫的度量。

在上述有关泡沫研究的基础上，部分学者给出了房价泡沫的定义。Diba 和 Grossman（1988）提出在理性预期的假设下，房地产价格持续上涨并与其基本价值发生偏离，泡沫产生，且实际房地产价格与其基本价值的相对货币差额即为房价泡沫值。Case 和 Shiller（2003）将房价泡沫定义为由消费者行为决策导致的一种价格失衡现象，居民对房地产价格的过高预期导致房地产价格过快上涨，其预期价格与实际价格之比即为房价泡沫。上述文献同时还为房价泡沫的识别奠定了基础。国内学者刘洪玉等（2003）将房地产泡沫定义为由房地产市场投机引起的房地产价格偏离其使用价值的现象。刘维新（2003）认为房地产泡沫是由投机等因素导致的房地产价格无限制的大幅度上涨，脱离其市场基础，是价格背离其合理价值的一个过程和状态。张红利（2013）也认为房价泡沫是由不断强化的房价上涨预期所引发的，是由投机性购房需求的快速增长引起的房价虚高，并超越自主性购房所支撑的真实房价。张馨月（2019）也同样认为房价泡沫是由房地产市场投机所导致的房价脱离经济基本面而持续上涨的现象。姜春海（2005）进一步指出房价泡沫的产生是由于开发商和购房者对未来的房价产生上涨预期，进而各自采取群体性投机行为，从而使得房价脱离市场基础所决定的基本价值。而赖一飞等（2012）则认为房价泡沫是房地产价格对其基本价值的双向偏离。

鉴于房地产具有投资和消费的双重属性，加之其市场供给的滞后性和土地供给的垄断性，因此房地产市场极易因预期、投机等行为滋生泡沫。在参考上述文献研究的基础上，本书将房价泡沫定义为：在预期、投机等行为因素的驱动下，房价出现大幅度波动，导致实际房价脱离经济基本面相对其基本价值的持续偏离，并将房地产市场局部均衡状态下的价格视为其基本价值。

伴随着学术界对泡沫的不断认识，针对房价泡沫识别的文献研究也相继出现。现有关于房价泡沫识别的方法主要有以下三种。第一种方法是指标警戒值法，是指根据国内外认可度较高的房价收入比、租售比、空置率、投资住房与自住购房之比等指标来衡量房地产市场是否存在泡沫。该类研究方法通常会根据指标的长期均值来设置一个警戒值，如果房地产市场的房价收入比、租售比、空置率、投资住房与自住购房之比等指标的真实值超过警戒值，则认为房地产市场普遍存在泡沫，否则泡沫不存在（吕江林，2010；钟晓兵等，2011；李莉和付兵涛，2011；王志刚，2017）。如钟晓兵等（2011）基于投资评价、价格评价和资金信贷评价标准三个层面，采用房地产投资增长率与GDP增长率之比、房价收入比以及房地产贷款总额与金融机构贷款总额之比来测度我国的房价泡沫水平，并得出我国近十年的房地产市场存在泡沫的结论。李莉和付兵涛（2011）以住宅空置率、房地产投资与固定资产投资之比、房地产贷款与金融机构贷款之比等指标对北京市的房价泡沫进行分析，研究认为各指标均反映了北京房地产市场存在泡沫的现象。但吕江林（2010）认为租售比、空置率、投资住房与自住购房之比、房地产贷款占比、房地产业利润率等指标在判断我国房地产市场是否存在泡沫方面均存在一定的局限性，只有房价收入比能够合理地计量我国城市住房价格泡沫。然而，由于房地产不可移动性以及对土地的依赖性，导致房地产市场的区域性特征非常凸显，我国房地产市场在各省区甚至各个城市之间均具有明显的异质性（Mao 和 Shen，2019）。因此，国际上通用的指标警戒值并不一定适用于我国国情。同时，刘治松（2003）指出由于我国成套住房面积标准不统一、房屋置换率较高、实际居民可支配收入偏高等因素，房价收入比指标并不适合作为判断我国房价泡沫是否存在的标准。因此，"一刀切"的房价收入比指标警戒值法也不能准确地判断各个地区的具体泡沫情况。

第二种方法为统计检验法，一般是采用单位根检验、协整检验、前向及后向递归右侧单位根检验等方法来验证房地产市场是否存在泡沫。这种计量方法早在20世纪80年代就被提出并逐渐完善（Hamilton，1986；Diba和Grossman，1988），随后被广泛应用于房价泡沫的检验（Phillips和Yu，2011；曾五一和李想，2011；Phillips等，2015）。Phillips和Yu（2011）提出递归单位根检验方法对美国的住房价格、商品价格和债券价格进行研究，结果显示2002年以来房地产市场出现了泡沫，但2007年次贷危机的爆发使得房价泡沫破灭并随之转移至商品市场和债券市场。曾五一和李想（2011）采用横截面增广面板单位根检验和Pedroni面板协整检验对我国2003—2009年35个大中城市的房地产泡沫进行检验，发现房屋销售价格指数和租赁价格指数的单整阶数不同，房屋销售价格指数和租赁价格指数不存在协整关系，从而说明样本期间内我国的房地产价格存在泡沫。虽然此种方法能够判断房地产泡沫是否存在，但对于泡沫的程度以及泡沫的动态变化趋势的研究却无能为力。

第三种方法为模型法，主要有三种：一是根据商品交易的均衡理论，建立住房需求和供给的均衡模型，求出在供求双方效用最大化条件下的均衡价格，即为房地产基本价值，将其与房地产的市场价格相比较，从而判断房价泡沫水平（Gale，2000；袁志刚和樊潇彦，2003；姜春海，2005；刘海云和吕龙，2018；周京奎，2006）。姜春海（2005）认为房地产基本价值不是简单的房地产市场价格也不是简单的房地产供给成本，而是在假设不存在金融中介参与的条件下，考虑整个房地产市场的供给与需求，最终实现一般均衡状态下的市场价格，并按照此定义建立房地产市场的需求函数和供给函数，最终得出我国合理的房地产泡沫度应该控制在5%以内，而我国房地产泡沫度基本上在 10% 以上的结论。周京奎（2006）基于供求理论在房地产市场局部均衡模型的设定下，探讨了房地产价格对其基本价值的偏离，并指出房地产市场的群体投机行为导致过度的金融支持，催生了房价泡沫。二是根据资产定价法或贴现法，即房地产现在的价值应该等于未来各期收益的现值之和（Gürkaynak，2008；Ahuja 等，2010；Costello 等，2011；王锦阳和刘锡良，2014；刘海云和吕龙，2018）。王锦阳和刘锡良（2014）在资产定价法的基础上构建房地产基本价值模型，认为家庭持有的住宅报酬一是来自住宅价格的上涨，二是来自住宅所提供的服务流，一般用住宅租金表示，在此基础上推导出房地产的基本价值。以上两种模型方法符合前文对于泡沫的定义。但 Ren 等（2012）指出由于未来的租金收益很难预测，可能使得贴现法不那么可靠。三是基于经济基本面因素的回归建模法，即将影响房地产价格的经济基本面因素进行建模回归，得出各因素的影响系数，求出房地产市场由基本面因素决定的基础价格并与其实际价格进行对比。Otto（2007）对澳大利亚的房价进行建模分析，并考察其在多大程度上可以用通货膨胀、人口增长、抵押贷款利率、失业率等经济基本面因素来解释，进而否定澳大利亚房地产市场存在投机泡沫。梁云芳和高铁梅（2007）基于误差修正模型构建包含人口、收入、租金、通货膨胀等因素的长期房价均衡方程，对我国 28 个省或自治区的房价波动进行分析，研究发现 2005 年以后各省市房价均处于不同程度的向上偏离均衡的状态，从而得出部分地区存在房价泡沫的风险。

二、房价泡沫的产生机制

已有研究围绕我国高房价及房价泡沫的成因进行了大量的探讨。首先，从宏观层面，众多学者认为长久以来扩张性的货币政策是我国房价上涨的重要原因（Xu 和 Chen，2012；Ng，2015；陈彦斌等，2015；李杰等，2016；Zhang 等，2017；Zhi 等，2019；Su 等，2019）。Ng（2015）通过方差分解研究指出货币冲击可以解释我国 24%—32% 的房价波动。Xu 和 Chen（2012）指出货币供应量的增长可通过增加商业银行的贷款能力和影响公众的通胀预期来间接地影响房地产价格的增长。陈彦斌等（2015）通过构建一般均衡动态模型，分析认为金融危机后，信贷扩张中50%的资金均流入了房地产业和地方政府投融资平台，导致宽松的货币政策没有带来预期的通货膨胀，而是助推了房价上涨，加剧了房价泡沫的程度。李杰等（2016）通过定量分析得出过度宽松的货币政策将会导致房价泡沫的结论。但对此，仍有少数学者持相反的意见。Deng等（2018）利用混合数据分析方法研究北京和上海的房价波动时发现，货币政策对这两个城市的房价波动并没有起作用，且我国房价波动与房地产市场基本面的波动显著相关，对房价泡沫的担忧是毫无根据的。王柏杰和冯宗宪（2012）也指出货币政策在全国层面上对房价有着一定的影响，但对京津沪地区的房价影响作用并不明显。这可能是因为从宏观层面上考察货币政策对房地产市场的影响，极易忽略作为货币政策衡量指标的广义货币量不存在显著的省际或城市变动，不能贴切地反映宽松的货币政策下，具体到各个省级或城市层面，信贷资金流入到房地产业的绝对数量。

其次，从中观的产业层面，不少学者认为银行对房地产业过度的金融支持显著地推动了我国房价的上涨（周京奎，2005；Liang 和 Cao，2007；孔煜，2009；Huang，2015；李斌等，2017），是房价泡沫形成的重要诱因（周京奎，2006；王全良，2010）。周京奎（2006）提出金融支持过度假说，在房地产市场局部均衡的框架下，探讨金融支持过度与房价泡沫的生成和演化的过程。王全良（2010）分析认为金融业对房地产业的过度支持是我国房价泡沫产生的主要原因，尤其是在金融体制不健全的情况下，银行盲目追求信贷规模而忽略投资风险为泡沫的产生埋下隐患。孔煜（2009）通过省级面板数据分样本回归指出，大量的银行信贷资金通过房地产开发贷款、住房消费贷款以及土地储备贷款流入到房地产业，过度的金融支持使中东部地区的房价偏离了其基本面。但是这种东中西部的样本划分方式具有一定的强制性和外生性，可能会降低回归结果的准确性。胡东婉等（2016）通过构建房地产市场局部均衡模型研究发现金融支持是房改以后我国房地产市场量价齐升的重要原因，金融支持过度将会导致房价泡沫的产生和膨胀。但这些文献均未直接对房价泡沫与过度的金融支持之间的因果关系进行实证检验。

最后,从我国特有的土地制度方面,众多学者对高房价与土地财政之间的关系进行了广泛研究,认为地方政府越是依赖土地财政,就越会推动房价上涨,以便从中获得更多的政府收益(张双长和李稻葵,2010;王学龙和杨文,2012;郭珂,2013)。周彬和杜两省(2010)通过构建一般均衡模型也指出中国式的"土地财政"必然会推动房价持续上涨;杜江(2010)基于房地产市场供求失衡的视角研究发现土地成本过高是导致房地产市场价格偏离其均衡价格的重要原因;张富田(2011)基于房地产市场构建中央政府和地方政府的利益博弈模型,研究发现分税制改革后,房地产业成为地方政府获得财政收入的重要手段,刺激了房价泡沫的膨胀。宫汝凯(2012)进一步分析认为分税制背景下逐年扩大的财政分权制度是引发地方政府追求土地财政的制度因素,而地方政府的土地财政规模对我国房价有着显著的正向作用。此外,少数学者对房价泡沫与土地财政之间的关系进行了初步探讨。吕炜和刘晨晖(2012)采用面板数据对房价泡沫与土地财政之间的因果关系进行实证探讨,并指出土地财政对房价泡沫有显著的推动作用。

第三节 金融风险的识别与产生机制

一、金融风险的经济学理论

目前学术界关于金融风险相关的经济学理论主要有金融脆弱性理论假说、金融加速器理论与金融经济周期理论、复杂金融网络理论以及金融危机理论等。

首先是金融脆弱性理论,Minsky(1984)首先关注到金融系统的不稳定特性,并将其定义为金融脆弱性,他指出金融机构具有的资产负债期限不匹配和高负债经营的两种内生特性均极易引发金融风险问题。此后，众多学者对金融脆弱性进行进一步的分析，并给出了不同观点。Houben（2004）对金融脆弱性进行进一步的阐述，他认为金融凭借其可跨时期和地域进行经济活动的便利性，兼具增强货币现实购买力和将未来收入转换为当前购买力这两种功能，扩展和提升货币的支付手段和价值储藏职能。然而，金融交易的发生是以交易双方合约为基础，包含在未来某一约定期限交割的不确定性，这意味着金融交易在带来潜在收益的同时也产生潜在的不确定性成本。倘若多数金融行为都建立在不确定性极高的远期金融合约之上，金融内生的脆弱性则随之产生。曾诗鸿（2003）则认为金融脆弱性的形成因素可分为内因和外因。其中，因金融体系内部行业监管不当而形成的金融机构道德风险问题是最主要的内部因素。而外部宏观经济环境的复杂变动造成的企业大规模倒闭、员工大面积失业以及债务危机频发是重要的外部诱因，从而丰富了金融脆弱性产生的来源。也有学者对金融脆弱性的具体含义进行了解释，文凤华等（2012）指出广义的金融脆弱性泛指包含信贷融资和金融市场融资在内的所有金融领域内部的风险积聚状态，而狭义的金融脆弱性立足于金融体系自身，仅指金融体系较差的外部风险抵御能力。余湄等（2020）则认为金融脆弱性是反映一国金融部门稳定程度和风险承担水平的重要指标。

随着金融脆弱性理论的发展和广泛应用，部分学者逐渐关注到房地产市场与金融脆弱性的关联。文凤华等（2012）基于综合评分法构建我国金融脆弱性指标，并采用向量自回归模型分析房价波动对金融脆弱性的影响，研究发现短期内房价波动对宏观经济和银行部门产生一定的积极影响，但长期会加剧金融部门的脆弱性。Jordà等（2016）利用1870年以来17个发达国家的银行信贷数据研究发现，20世纪以来，金融部门向家庭部门发放大量的住房抵押贷款，许多国家的家庭杠杆比率大幅增长，住房抵押贷款的繁荣是二战后发达经济体金融脆弱性的根源。刘晓欣和雷霖（2017）认为房价上升可提升其抵押价值，房地产抵押贷款就会随之变得更安全，在短期内有利于维护金融稳定，但如若房价继续上涨，就会使市场各参与主体产生房价再上涨的预期，进而加大金融杠杆，产生购房的投机行为，加剧金融系统的脆弱性。

其次是金融加速器理论和金融经济周期理论，从理论内容上来看金融经济周期理论囊括了金融加速器理论。Bernanke 等（1999）正式提出金融加速器理论，该理论认为外部环境冲击会通过"资产价格—外部融资溢价—投资需求"的作用机制放大其对实体经济产生的持久影响。Kiyotaki 和 Moore（1997）基于企业与银行的微观行为视角研究经济周期问题，发现金融经济周期产生的根源是过度负债和外生冲击，而银行信贷则作为中介成为金融经济周期的重要传播机制，为早期金融经济周期理论提供了重要的依据。Mishkin（1999）将金融经济周期定义为在内外部冲击下，与经济长期均衡水平密切相关的金融活动经由金融体系传播而形成的经济周期性波动。Gertler 和 Kiyotaki（2010）全面分析美国大萧条背景下的信贷市场经营和经济活动情况，研究发现金融中介的冲击（如银行资产负债表状况、银行自有资本存量、存贷款利差、存款准备金水平、资本充足率以及银行业垄断竞争等问题）会经由信贷市场传播，进而对实际经济状况产生影响，因此他们在原始金融经济周期模型中进一步引入金融中介要素。因此，可以说，金融经济周期理论充分吸收了"金融加速器"理论的核心内容，认为在存在信息不对称问题的市场中，金融系统通过"银行信贷渠道"和"资产负债表渠道"的传导实现金融摩擦的放大效应。其中，金融摩擦是指由于信息不对称而产生的各种成本，如信息获取成本和监督成本等。银行信贷渠道是指银行作为信用中介为企业提供信贷资金的渠道。此外，由于金融加速器理论认为不同的融资结构会对企业价值产生影响，因此，在金融市场存在严重信息不对称问题的情况下，金融摩擦会损害企业价值，放大其通过金融体系传导而形成的持续性波动和周期性变化（Calomiris 和 Ramirez，1996）。

随后，部分学者将此金融加速器理论和金融经济周期理论应用于房价波动或土地市场对经济波动的影响分析。梅冬州等（2018）通过构建一个包含金融加速器效应的多部门动态随机一般均衡模型分析房价影响经济的作用机制和渠道，研究发现由外部冲击引发的房价波动导致房地产投资和土地价格波动，而土地价格波动则会对地方政府的财政收入产生影响,紧接着,地方政府的收入变化会对投资和资产价格产生冲击,在金融加速器效应下,这一冲击效应被放大,并最终影响总投资并导致经济波动。

再次是复杂金融网络理论,金融系统理论是在复杂系统理论的基础上发展而来。复杂系统理论萌芽于20世纪50年代前后,Von Bertalanffy(1950)提出的一般系统论为复杂系统理论奠定了基础。Holland(1996)提出复杂适应性系统理论(CAS),进一步补充和完善了复杂系统理论,该理论将系统中的每个单元定义为能够为实现特定目标而作出自主行为的独立个体,并将系统内所有个体间的互动视作系统发展的内在动因,而外部环境变化对个体行为的影响则是外在动因。也就是说,复杂系统发生变化从根本上说来源于系统内部个体为适应外部环境变化而发生改变的行为规律,即复杂性源于适应性。金融系统显然也是一个复杂系统,各个子系统在保留自身特性的基础上自主交互,逐步形成复杂程度极高的金融网络。这些主动交互行为通常表现为两种形式,一是直接连接,即不同金融机构间的相互借贷行为;二是间接连接,不同的金融机构一般依靠相似的投资组合来搭建与相同的存款人或贷款人的关系桥梁,从而形成其间接关联。基于复杂系统理论,保持系统稳定性需要具有稳定的系统组成部分和和谐的系统间关系,也就是说只有各个金融机构保持自身稳定发展,且各金融机构间的关系连接不被破坏,才能切实保障金融体系安全。此外,复杂网络理论是复杂系统研究的重要组成部分,复杂网络包含大量节点且每个节点间具有复杂的连接关系。对于复杂金融网络而言,各个金融机构即代表网络上的节点,由于复杂网络理论认为各个节点间存在重要性的差异,因此注重复杂金融网络中心即核心金融机构的风险防控是有效避免系统性金融风险的扩散和蔓延以及金融危机大规模爆发的主要方面和关键途径。

对此,部分学者将此理论应用于金融风险的相关研究。陶玲和朱迎(2016)研究指出金融机构之间的业务及资产负债关联性是金融风险的重要来源,且系统中重要性的金融机构已成为引发系统性金融风险的关键,其中,金融机构通过支付清算系统和银行间市场同业往来形成的相互敞口，以及金融机构因为持有相同的资产或资产结构而形成的共同敞口是风险在金融机构间传导的关键路径。杨子晖和周颖刚（2018）从金融机构网络关联的角度研究我国的金融风险现状，他们指出以往所提出的关于金融机构"大而不能倒"的传统观念正逐渐向"太关联而不能倒"的新观念转变。

最后是金融危机理论，自20世纪70年代以来，金融危机频发，据国际货币基金不完全统计，已经有约四分之三的成员国经历了不同程度的金融动荡。可见，金融危机已成为一个世界性问题，引发众多学者的关注，金融危机相关理论和预警机制被不断提出和完善，至今共发展有四代金融危机理论。Krugman（1979）基于20世纪70—80年代的拉美货币危机创造性地提出第一代危机理论，他认为货币危机与一国政府的外汇储备存量、信贷扩张幅度及整体预算赤字存在紧密联系。该理论强调的是内外部均衡的冲突对促使货币危机的发生起到关键性作用，加之外汇储备的缺乏、汇率制度的崩溃和宏观经济的下行的共同作用，最终会不可避免地引发金融危机。但Obstfeld（1996）提出第二代危机理论，对第一代金融危机理论只考虑经济因素的局限性进行批判，并指出危机具有自我促成的特性，且公众预期也是产生货币危机的关键性影响因素。该理论认为政府与市场交易主体之间存在博弈，政府在制定宏观经济政策的过程中面临多重目标和多重均衡问题，即政府一方面有限制汇率波动的意图，同时也有放弃汇率稳定的动机。而在外汇市场上开展货币交易的中央银行和广大投资者，则各自根据自身掌握的有关交易对手的部分信息对自己的选择进行修正，进而影响对方的下一次选择，从而陷入循环，最终形成一种自我促成机制。公众会对政府的宏观调控政策产生预期，当他们对交易市场的信心偏差累积至一定程度，抑制汇率波动的成本就会大于放弃汇率稳定的成本，此时中央银行就会选择后者，固定汇率制度随之崩塌，货币危机随之产生和蔓延。1997年亚洲金融危机爆发，在此背景下，Krugman（1997）在第一代和第二代理论的基础上，提出了道德风险问题。该理论认为政府对部分企业和金融机构提供的隐性担保和他们之间的裙带关系会产生严重的道德风险问题，即这些企业和金融机构在强有力的担保和联结之下会忽略审慎性原则而过度投资，使得大量资金在不恰当的引导之下流向股票和房地产市场，造成金融过度和经济泡沫。当泡沫破裂或者人们预期泡沫将要破裂而转移资金时，金融危机爆发。同时，该理论还强调金融危机的传染性很强，短时间内可以在多个国家和地区间扩散和蔓延，对经济发展造成严重的破坏。在上述三代危机理论的基础上，Krugman（2000）将外债这一重要因素引入到危机理论中，形成第四代货币危机理论。该理论的内在逻辑是，一国企业大量持有外债会损害外国债权人对本国经济的积极预期和信心，使得他们降低对该国企业的贷款，企业在面临财富缩水的同时，其持有的资产价格也随之下降，进一步加剧其贷款融资的难度，致使全社会的投资规模缩减，最终引发经济衰退和金融危机。

其中，第二代危机理论和第三代危机理论涉及的道德风险和金融过度引发危机的问题引发众多学者的关注，并将此理论应用于金融风险等问题的分析。Koetter 和 Poghosyan（2010）研究指出房价飙升导致银行以不合理的低利率过度放贷给高风险的房地产借款人，可能会加剧银行因道德风险和逆向选择问题而累积的风险。Niinimäki（2009）研究发现房价飙升助长了银行业的道德风险，银行通过抵押品为高风险项目融资，并依赖于不断上升的抵押品价值，而抵押品价值的提升会加速银行回报率的波动，这时银行的道德风险行为可能是有利可图的，但银行却因此忽略了对风险资产的监管问题，从而引发金融风险。周京奎（2006）提出金融支持过度假说，认为银行给予房地产开发商和置业者过度的金融支持催生了房价泡沫，如果房地产借款违约行为频发，最终将会引发金融危机。

二、金融风险的概念与识别

近年来，伴随着全球各地陆续出现的金融风险爆发事件，众多学者逐渐对金融风险有了较为清晰的认识，也提出了一定的度量方法，以提前感知其大小，防范金融风险。但学术界对于金融风险的概念界定并没有达成一致的观点。文婕（2016）将金融风险描述为经济主体在金融活动中遭受损失的不确定性或可能性，并将其分为系统性金融风险和非系统性金融风险。De Bandt 和 Hartmann（2000）给出了系统性金融风险的概念，认为系统性金融风险给众多金融机构和市场造成了较大的影响，严重损害了金融系统的整体良好运作，并指出其由传播和冲击两个要素构成，核心是传染效应，从狭义上来说是一个机构、市场或系统向其他机构、市场或系统产生的一种强烈的外部效应；而从广义上讲，这一概念中还包括广泛的系统性冲击效应，这些冲击本身会同时对许多机构或市场产生不利影响。Summer（2003）进一步对系统性金融风险进行剖析并强调系统性金融风险典型的两个特征，一是风险的分散传染性，银行机构之间复杂的信贷网络可使得单个机构的风险快速扩散，进而造成整个银行系统的风险；二是信息效应导致的信贷风险网络的脆弱性，在错综复杂的负有相互义务的银行系统网络中，人们会担心某些合同可能无法得到履行，这种担心可能会自我实现，并最终导致违约的连锁反应，进而造成系统性的风险。杨子晖和周颖刚（2018）将系统性金融风险描述为"可以感觉到却较难定义的概念"，并给出了系统性金融风险三个层面上的定义，首先是某个事件的发生影响了公众对整个金融系统的信心；其次是某一系统性事件的发生对大多数金融机构或者金融市场产生剧烈的冲击影响，妨碍经济增长，并造成社会福利的损失；最后是金融风险的传染效应，即当一个金融机构或市场面临风险和冲击时，会迅速地将这种风险和冲击传染至其他机构和市场。

王擎等（2018）认为目前我国主要面临的并非是系统性金融风险而是区域性的金融风险，区域性金融风险是介于宏观系统性风险和微观个体金融机构风险之间的中观风险，其本质是在某个经济区域内的系统性风险，并进一步对区域性金融风险进行界定："在不同的区域经济发展阶段、发展模式、经济结构以及外部环境等因素影响下所产生的区域性金融的脆弱性，这种脆弱性随着时间不断积累，导致区域内金融体系的系统性失衡而引发的风险"，并指出这种风险具有典型的区域性特征，在一定条件下，可引发风险的传染和扩散，进而导致系统性金融风险。陈守东等（2020）也指出目前我国境内所爆发的金融风险均为区域性的，尚未发展成全局的系统性风险，并进一步提出区域性金融风险既是微观金融风险在某一区域内的总和，又是宏观金融风险在某一区域内的具体体现，不仅是指某个金融机构的微观金融风险在某一区域内的传播和扩散，而且是指宏观经济政策引发的金融风险在本区域内的传播和扩散。张亮（2013）认为区域性金融风险是指在一定的地理区域范围内，部分金融机构的不当金融活动导致该区域内金融业出现大规模损失的可能性。沈丽等（2019a）从狭义上将区域性金融风险定义为"在参与金融市场的金融活动时我国区域内（一般指省域）金融机构面临的金融资产和声誉损失的不确定性"。王擎等（2019）指出区域性金融风险是由于不同区域间经济发展状况、资源差异等因素导致金融资源供求的区域不平衡并最终产生对区域经济发展的不利影响的可能性。刘军（2020）提出区域性金融风险的区域性是指国内某个特定经济区域，该区域因经济发展、政策环境等方面产生的严重外部性，导致特定经济区域内的部分和整个金融系统面临崩溃的可能性。李卓（2021）则指出国内学者大多将中国看作一个经济整体，将其中若干具有相似或相近经济地理特征的片区视为"区域"，或直接以行政区划分作为"区域"将区域的范围设定为省级行政单位，故区域性金融风险是某个经济区域内部的金融体系在参与金融活动时可能面临的风险大小。刘锡良和董青马（2018）研究指出国际上所指的区域性金融风险大多是针对较大的地理片区或某一个贸易联盟，如东亚、西欧或者经合组织、欧盟，其中的区域是相对于全球而言的，而国内学者所指的区域性金融风险大多是指国内的城市、省级行政区域或者东中西部等地理范围，并将区域性金融风险定义为"在一定的地理范围内（如某个城市、省级行政区、东中西三个大区），由于区域内金融体系的共同风险暴露，区域内因金融风险关联而产生强传染性，使得区域内整体金融体系运行困难且导致区域实体经济重大损失的情形"。

鉴于房地产市场的区域性特征，且目前由其引发的金融风险事件往往是区域性的金融风险事件，如海南的房价泡沫事件、鄂尔多斯的"鬼城风波"事件等。因此，在此将本书的研究对象界定为区域性金融风险，并在上述文献研究的基础上，结合本书的研究对象，将区域性金融风险定义为：某一特定区域内（如我国34个省级行政区）的金融风险，因该区域经济发展相关政策环境或微观金融机构产生的外部性而导致该区域内的金融系统面临风险的可能性或大小。

在金融风险的测度方面，以往研究大多基于银行系统出发对金融风险进行测量，常用的方法主要有VaR（在险价值法）、MES（边际期望损失法）、CoVaR（条件风险价值法）、CCA（或有权益分析法）等。杨子晖等（2018）采用VaR、MES、CoVaR风险测度方法对我国A股56家上市金融机构和房地产公司的系统性金融风险进行识别和测度。Brunnermeier等（2020）也采用MES风险测度方法对17个国家银行层面的金融风险进行测算。曹琳和原雪梅（2017）基于或有权益分析法（CCA）对我国16家上市银行的金融风险水平进行了测算。除此之外，陈守东和王妍（2014）采用极端分位数回归技术对我国各类金融机构的风险水平进行了度量。王辉和梁俊豪（2020）基于动态因子Copula模型对我国14家上市银行的金融风险水平进行了识别和度量。

而针对区域性金融风险的测度，其预警指标的设定是测度区域性金融风险的核心。对此，仲彬等（2002）以区域银行体系为研究对象，从微观审慎指标和宏观先行指标两个层面构建区域金融风险指标体系，并通过建立统计模型根据指标的显著性大小确定各个指标的权重。张宝林和潘焕学（2013）基于影子银行体系、传统银行体系、金融政策环境与宏观经济环境四个方面选取指标，采用层次分析法构造金融压力指数来测度我国的系统性金融风险水平。倪俊雄（2016）从实体经济和金融业两个层面出发，共选取区域GDP、房地产开发投资、通货膨胀、资本充足率、不良贷款率等24项指标构建区域金融安全指标体系，并采用主成分分析法对各指标权重进行赋权，以测算区域金融安全综合指数。沈悦等（2017）采用AHP-熵权法构建了一套测度我国31个省域系统性金融风险的指标体系，该指标体系涵盖宏观经济风险子系统、国际冲击风险子系统、银行信贷风险子系统以及资产泡沫风险子系统。沈丽等（2019a）也采用熵权法构建了一套测算区域性金融风险的指标池，囊括了保费深度、股票市场发育程度、不良贷款率、存贷比、信贷膨胀率以及住宅销售价格指数 6 项指标。陈守东等（2020）从保险市场、股票市场、债券市场、信贷市场以及房地产市场 5 个方面共选取 7 项重要指标构建了区域金融风险指标体系，并通过熵权法计算各指标的权重。但也有其他学者选取较为简单的代理变量以测度区域性金融风险的大小，如曹源芳和蔡则祥（2013）以资本市场银行日收益率指标作为各地区金融风险的代理变量。王营和曹廷求（2017）则以不良贷款率作为衡量区域金融风险的代理变量。

三、金融风险的产生机制

在金融风险的产生机制方面，以往文献研究指出金融风险的产生大多是在内因和外因的共同驱动下形成的。从内因来看，众多学者认为金融系统本身的脆弱性和不稳定性是造成金融风险的关键成因。Minsky（1984）提出的"金融不稳定性假说"指出金融机构天然的高负债特性是其内在脆弱性的导火索，进而由此引发金融风险，甚至是金融危机。左正龙（2018）基于明斯基的"金融不稳定性假说"详述了由于金融机构的资产负债期限错配和高负债经营特性导致的金融机构脆弱性以及由于金融市场的信息不对称和顺周期特性造成的金融市场脆弱性，并指出金融脆弱性是金融风险发生的内在根源。陶玲和朱迎（2016）指出金融体系内在的脆弱性是系统性金融风险产生的重要内部因素，而信息不对称、金融自由化以及资产价格波动均是金融体系脆弱性的根源。杨华（2013）指出金融体系本身的脆弱性、信息不对称以及资产价格波动是金融风险产生的主要原因。李卓（2021）研究指出金融机构期限错配、高杠杆运营、风险趋好相同等与生俱来的行业特性导致金融机构经营不稳定、金融体系脆弱性，进而引发金融风险问题。赵丹丹（2019）研究指出由互联网金融、金融科技以及金融过度创新引致的银行体系脆弱性是其金融风险产生的重要内生性因素。从外因来看，众多学者认为经济周期、政策干预或资产价格波动等因素是金融风险产生的重要外因。Kupiec 和 Nickerson（2004）研究认为金融风险的产生源于经济的周期波动，当经济发生动荡时，会进一步引发资产价格波动，导致流动性减少或潜在的资产损失，最终导致金融风险。陶玲和朱迎（2016）研究指出经济周期和政府的政策干预是系统性金融风险产生的主要外部因素。Allen 和 Carletti（2013）将系统性金融风险的产生归结为资产价格下跌、外汇错配以及传染等因素。总之，金融风险的形成过程是一个复杂的过程，在风险的形成过程中内因与外因相互作用，既有内在因素的主导作用，又有外部因素的冲击影响。

具体到我国金融风险产生的根源问题，很多学者认为房地产风险、地方政府债务风险以及影子银行风险是引发我国系统性金融风险的根源（骆晓强等，2017；魏伟等，2018）。首先是在房地产风险方面，宋凌峰等（2018）研究认为我国房地产风险主要是通过信贷行为从负债项传导路径影响银行的金融风险。杨海珍等（2020）通过文献挖掘法研究发现金融危机爆发的关键成因中有 54.84% 的观点认为与"资产价格泡沫"直接相关。白鹤祥等（2020）研究表明房地产市场已成为我国主要的系统性金融风险来源之一。Brunnermeier 等（2020）以 17 个国家近 30 年的股市和房地产泡沫以及银行层面数据进行实证分析发现，在房价泡沫的形成阶段，银行的系统性风险已经开始上升，而在泡沫破灭时期，系统性风险加剧。王京滨和李博（2021）对城市商业银行总行与房地产价格最为膨胀的四大城市之间的距离和金融风险之间的关系进行研究，指出城市商业银行在经济发展较为领先的城市过度集中将引发激烈竞争，竞争会在某种程度上激发规模较小、流动性较低的城市商业银行追逐高风险信贷的机会主义行为，导致系统性风险的发生，进而产生对房地产等领域的"过度信贷支持"现象，成为房地产市场"助涨助跌"和引发系统性金融风险的重要原因。

其次是在地方政府债务方面，陈守东等（2020）通过对各地区的金融风险进行测算发现，最突出的风险贡献来自于地方政府债务风险，且地方政府债务风险对区域性金融风险具有较强的空间溢出效应。马树才等（2020）则认为地方政府债务主要是地方政府通过融资平台以土地抵押、地方政府提供担保以及平台之间的互助担保形式从商业银行获得贷款,并主要投向对房地产市场发挥资本化效应、能够带动房价快速上涨的基础设施建设领域,且地方政府债务与土地出让金二者相互促进形成马太效应,使债务规模不断扩张,最终导致房价不断攀升。而在政治因素和逐利的驱动下,传统商业银行和影子银行对地方政府债务的大量认购最终将债务风险转移至金融体系内的信用风险。赵文举和张曾莲(2021)基于我国30个省份的面板数据从显性、隐性以及综合债务三个角度研究地方政府债务,通过构建空间杜宾模型实证分析发现地方政府债务的不断膨胀可显著提升本地区的区域性金融风险水平,财政风险最终转化为金融风险,且地方政府隐性债务风险可进一步引发区域性金融风险集聚现象。沈丽和范文晓(2021)进一步基于地方政府与金融机构间的非市场化关系研究发现地方政府债务扩张除对本地区的区域性金融风险产生正向影响外,还对与其地理位置邻近、经济发展水平相似和金融关联密切地区的金融风险产生显著的正向溢出效应。黎精明等(2024)在分析地方政府隐性债务风险对区域性金融风险影响机理的基础上,采用2012—2020年的省际面板数据,实证检验了地方政府隐性债务风险对区域性金融风险的影响情况,研究发现我国地方政府隐性债务风险对区域性金融风险具有正向影响,且在其作用过程中,金融机构的资产质量和流动性配置水平发挥了中介效应。宋寒凝等(2024)研究认为中国地方债务当前面临违约风险上升、财政可持续性较差、市场预期不稳定性加剧等多重隐忧,其可通过信贷风险、债券市场风险、土地财政依赖以及市场预期效应等渠道,分别与银行体系、资本市场、房地产市场和实体经济等领域产生风险的交叉共振。

最后是在影子银行方面,张宝林和潘焕学(2013)认为影子银行通过寄生于传统银行,以银行汇票、信托贷款或委托贷款等方式向房地产业提供了过多的信贷支持,其所引致的房价泡沫是诱发我国系统性金融风险的根源。刘佳丽和马庆(2021)基于省级面板数据的实证分析表明,影子银行作为游离于监管之外的信用中介体系,是造成系统性金融风险的重大隐患,其中民间借贷的影响尤为严重,且这种影响因地区发展水平和营商环境的不同而产生一定的差异。郭娜等

（2021）通过构建包含影子银行以及宏观审慎政策的动态随机一般均衡模型，实证分析发现影子银行高杠杆的经营方式加剧金融系统的脆弱性与风险积累。

针对上述三个方面，袁国方和宁薛平（2024）从理论层面深入剖析了影子银行暴涨、房地产泡沫加大、地方政府债务危机加大、杠杆率剧增等因素对金融风险生成、传导、爆发和扩散的影响。但是，随着数字金融、区块链金融等新的金融产品和技术的发展，金融风险的产生机制也愈加的复杂化。对此，刘宾（2024）探讨了互联网金融生态的演变发展过程及其对金融风险的影响，研究认为在互联网金融领域，主要面临的是流动性风险、信用风险、声誉风险以及网络安全风险等，这些均不利于金融系统的健康运行和发展。此外，张晓燕等（2025）选取2011—2022年中国30个省份的面板数据，运用空间杜宾模型考察了数字金融对系统性金融风险的直接效应和溢出效应，研究发现数字金融会引发本地区的系统性金融风险，且对周边地区产生正向的空间溢出效应。方意和王琦（2025）研究指出商业银行应用数字金融将会带来一定的金融风险，其主要表现在数字金融可通过行业积聚的风险共振渠道、银行资产和负债渠道、金融机构间的竞争、网络关联、数据信息过度收集、强制授权等形式对金融风险产生影响。

第四节 房价波动与金融风险

一、高房价对金融风险的影响

目前学术界在关于高房价对金融风险的具体影响方面存在着两种截然不同的观点。第一种观点认为房价上升会减少金融体系内的风险，即抵押品价值假说。这种观点认为房价上涨可以从两方面来降低金融机构的信贷风险，一方面，房价上涨使得现有借款人的住房权益增加，降低其违约的可能性；另一方面，对于银行来说，随着抵押品价值的升高,其面临的违约损失就越少(Shin,2008)。Daglish(2009)基于实物期权的方法研究次级抵押贷款人违约对银行风险的影响,并认为房价的上升能够通过提升借款人抵押品的价值来阻止次级抵押贷款人违约,从而降低了银行的信贷风险,即房价上涨具有抵押品效应。Pan 和 Wang(2013)利用美国 1990—2010 年 286 个地区的季度数据,通过构建面板门槛模型,研究发现房价对银行稳定的影响存在收入的门槛效应,其中房价变动对银行稳定的影响显著为负,并随着收入门槛的提高,这种负向效应逐渐减弱,支持了抵押品价值假说。

此外,也有部分学者基于房地产周期的视角,对房地产价格的抵押品价值效应进行深入地剖析,并进一步提出了新的观点。Zhang 等(2018)认为房地产市场的扩张对区域商业银行不良贷款率的影响并非是线性的,而是与房地产市场发展周期密切相关。他们使用 138 家区域性商业银行的微观数据研究表明,较高的房地产投资增长率降低了商业银行的不良贷款率。但当房地产市场活动下降时,将会显著增加银行的不良贷款,此时,即使房价处在高位,房屋销售因受市场周期波动的影响,导致房地产开发商很难及时收回投资成本,开发商利润下降降低了银行的贷款质量,从而增加银行的不稳定性。Moscone 等(2014)则通过构建空间误差模型,从房地产市场周期的角度入手,利用美国联邦住房金融机构提供的数据分别研究美国房地产市场繁荣(2000—2005 年)和房地产泡沫破灭(2006—2011 年)期间房地产价格与银行事后风险(不良贷款率)之间的关系,实证结果显示,无论是在泡沫破灭期间还是之前,房地产价格对事后风险均有显著的负面影响,并进一步指出在房价快速上涨的时期,住房财富可以在意外冲击的情况下起到缓冲作用,或者说住房财富可以用作抵押品,以方便获得信贷。在泡沫破裂期间,当房价开始跌破贷款的名义价值时,房地产价格对不良贷款的负面影响可以解释为,由于投机者和业主不愿意或无力偿还抵押贷款,并在短期内难以出售其房产,所以其违约率上升。但是,郭娜和梁琪(2011)的研究却与上述观点相背离,他们同样基于房地产周期的角度,提出当房地产市场处于繁荣时期时,房地产企业会增加开发和投资额,这种由未来盈利预期所导致的投资增加会加大对银行的信贷需求,导致房地产开发信贷风险暴露增加。同时,房地产市场周期的上升也会使银行的放贷能力增强,进而加大对房地产业的信贷。这两种渠道会使银行信贷随房地产市场周期的上升而上升,同时金融风险也在逐步积累。

第二种观点认为持续上涨的房价会增加金融体系内的风险。这种观点认为不断上涨的房价使得房地产融资风险较难被感知,导致银行以不合理的低利率向高风险的房地产借款人过度放贷(Dell'Ariccia 和 Marquez,2006)。同时,当资产价格上涨时,金融机构的资产负债表规模扩大,杠杆率降低,由此释放出新的信贷资源会持续追逐高收益的资产投资,并最终提升金融机构面临的潜在风险(Adrian 和 Shin,2010)。此外,房价的持续上涨也会鼓励风险最大的投资者押注于房价的进一步上涨,进而要求银行提供信贷,从而增加了银行对高风险资产的敞口,这无疑加剧了银行业面临的金融风险问题(Moscone 等,2014)。对此,Niinimäki(2009)通过构建包含银行、借款人和监督机构三者在内的理论分析模型,研究发现房地产作为抵押品,其价值的提升助长了抵押借款人的道德风险问题,导致银行业向高风险的项目融资,加剧了银行业面临的风险问题。而且随着房价的持续升高,部分抵押借款人可能会再次抵押房产,将获得的资金投入房地产领域,造成资金杠杆率持续攀升,银行面临的风险问题加剧(Khandani 等,2013)。Gertler(1995)的研究表明房价飙升使银行以不合理的低利率向高风险房地产借款人过度放贷,导致银行因道德风险和逆向选择问题而积累风险。Cerutti 等(2017)也认为房地产市场的繁荣改善了借款人的信誉和抵押品价值,促使银行放宽了信贷标准,更多的投资和消费进入到房地产领域,进一步推高了房价和抵押品的价值。但与此同时,家庭部门和企业部门的杠杆率不断高企,增加金融系统的脆弱性。Goetzmann 等(2012)从两个方面分析房价的快速波动上升可能会引发金融风险的原因,他们指出,一方面,房价过快上涨促使家庭产生过多的贷款需求投资于房地产;另一方面,房价的上涨也会导致银行放宽贷款标准,提升其对次级贷款的申请批准率。

国内学者针对此观点也从不同的角度进行了探讨。阮加和刘延平（2009）通过分析美国次贷危机的成因，认为房价快速上涨会掩盖信用风险，并将通过抵押贷款传导至银行业。高文涵和童中文（2015）基于结构向量自回归模型得出过度的信贷支持引发房价剧烈波动，进而导致银行系统性危机的产生。司登奎等（2019a）研究发现房价上涨显著提升了银行的风险溢价和杠杆率水平，影响金融体系的稳定性。曹晓飞等（2020）则认为房价的暴涨使房地产市场存在较大的杠杆和泡沫危机，刺激其他行业和企业纷纷将投资转向房地产业，居民的家庭负债状况较为严峻，增加了以商业银行为核心的金融机构的信贷风险，最终导致系统性金融风险的产生、传染、积累和爆发。李斌等（2019）则总结了房地产业影响金融稳定的5条路径，分别为抵押品、信贷风险、假按揭、非理性预期、融资渠道，并指出相比二、三线城市，我国一线城市的房价已经畸高，对金融稳定产生显著的负面影响。

然而，房价波动与金融风险之间的关系可能会受到不同国家的经济环境、调控政策和监管机制的影响。沈悦等（2016）研究认为宏观经济环境变化和制度条件的变化对房价过度波动影响显著，进而导致系统性金融风险的发生。白鹤祥等（2020）的研究指出，由于2016年以来我国加强对银行业同业业务及理财业务的监管，金融机构间资产负债规模大幅下降，导致房地产市场与金融风险之间的关联性明显下降。张宝林和潘焕学（2013）研究发现由于金融监管的强化或紧缩的信贷政策的实施，传统银行借助表外业务通过银行承兑汇票、委托贷款以及信托贷款等向房地产领域提供信用，从而增加房地产领域信用总量，加剧了金融风险。贾庆英和高蕊（2020）通过构建面板数据模型，对44个国家和地区的房地产价格与金融风险之间的关系进行研究发现，经济杠杆是房地产价格影响金融稳定的关键因素，如若经济杠杆水平较低，房价上涨将会有利于金融稳定；相反，在高经济杠杆下，房价上涨会增加金融系统内的风险。

二、房价泡沫对金融风险的影响

关于房价泡沫对金融风险的影响，众多学者认为房价泡沫破灭会引发资产价格暴跌，进而导致金融危机的爆发。国外学者如 Goodhart 等（2010）在研究房价冲击对银行抵押资产以及金融稳定的影响时指出，房价下跌引发银行坏账率快速上升，增加金融系统的不稳定性，进而引发金融危机。Tajik 等（2015）的研究表明，房价下跌显著增加了银行的不良贷款，且影响的程度因贷款类别和银行类型而异。Jordà 等（2016）基于 17 个国家的银行信贷数据研究住房抵押贷款对银行金融风险的影响，研究指出房价泡沫一旦破裂就极易引起银行业危机，并最终引发金融危机。Deng 等（2019）研究认为房地产价格的大幅下降会对银行体系的稳定产生巨大的负面影响，进而引发系统性的银行危机。国内学者如阮加和刘延平（2009）分析美国次贷危机的成因，指出次贷泡沫的破灭导致房价大跌，使得银行陷入资不抵债的困境，出现了流动性危机，进而引发金融危机。张同耀（2009）研究指出随着房价的不断上涨，金融机构将会进一步扩大对房地产业的信贷供给，且这一过程循环往复，造成房价泡沫的积累、膨胀，而一旦房价泡沫破灭，房价下跌，抵押品价值大幅下降，造成金融机构大量的呆账和坏账，同时金融系统中"债务链"的存在将进一步引发金融业的"多米诺骨牌效应"，并最终导致金融危机。张馨月（2019）研究指出房价泡沫一旦破灭将导致银行产生大量坏账、资金链条断裂，进而引发金融危机。王文和芦哲（2021）基于国际比较的视角分析日本的泡沫危机和美国的次贷危机成因，研究指出房价泡沫的破灭导致企业和居民的资产负债表衰退，银行出现信用危机并在金融体系内迅速传播最终引发系统性金融风险。

然而，我们发现上述文献的研究视角均聚焦在房价泡沫破灭后的影响，而针对房价泡沫在产生和膨胀过程中对金融风险的具体影响却鲜有探讨。对此，Koetter 和 Poghosyan（2010）提出房价偏离价值假说，他们指出高房价虽然可以通过增加抵押品的价值和借款人的净财富来降低其信贷违约概率。但是，房价对其基本价值的持续偏离会使银行产生逆向选择的行为，导致市场中信用较低的借款人获得贷款，进而可能会增加银行面临的风险。进一步，他们使用德国房地产市场和银行的相关数据进行实证分析，研究发现房价对其基本面的偏离会导致银行不稳定，但房价的变化与银行稳定性之间并不存在显著的关联关系。该研究结论否认了抵押品价值假说。同时这一研究发现说明在研究房地产市场与金融市场之间相互关系时，不应仅限于对房价本身的研究，更应该关注房价脱离其基本价值的程度对金融市场的影响。Brunnermeier 等（2020）指出在泡沫的形成阶段（房价快速上涨阶段），银行的系统性金融风险已经开始上升，且较高的贷款增长和较大的期限错配会进一步导致系统性风险的增加。国内学者谭政勋和陈铭（2012）通过构建面板数据 logit 回归模型采用 17 个高收入国家的数据，分析表明房价上涨和房价偏离均增加了金融危机发生的概率，但房价偏离的作用力要大得多。因此，他们赞成价值偏离假说而不是抵押品价值假说。沈悦等（2019）在上述研究的基础上分析认为房价泡沫对金融稳定性的冲击可能存在潜伏期，短期内由于房地产抵押价值上升，抵押贷款变得更为安全，非理性繁荣的表象覆盖了其深层的风险积累，从表面上看好像增强了金融稳定性，但当房价泡沫持续膨胀时，前期积聚的风险逐渐暴露。他们进一步通过构建面板向量自回归模型研究发现，目前我国房价泡沫显著地降低了金融稳定性，且金融支持力度越大的城市，这种负向的影响效应越强。因此，他们指出房地产价格泡沫的逐步积累与金融杠杆间形成了联动效应，进一步推高了投机泡沫，降低了金融稳定性。

但是一个易被忽视却十分值得关注的问题是，房价波动的不同组成部分可能对金融风险存在异质性影响。现有研究房价波动的文献表明，房价可分解成基本价值和泡沫两部分，而房价的基本价值可由经济的基本面因素所解释，如收入、社会无风险利率和建造成本等（姜春海，2005；Ahuja，2010）。从理论上来看符合经济基本面的房价波动即房价基本价值的波动应当更多体现的是抵押品价值效应，有利于降低金融体系内的风险。而房价的泡沫成分更多体现金融体系内增加的风险。同时，结合我国房地产市场发展的实际情况来看，近两年房价波动表现出的"衰退式"泡沫和过去十多年的"膨胀式"泡沫对金融风险的影响也可能存在异质性。遗憾的是，现有关于房价波动、高房价和房价泡沫对金融风险影响的相关文献多将房价的基础价值和异质性泡沫成分"混为一谈",或囿于样本数据的限制仅单独剖析了过去十多年"膨胀式"泡沫带来的负面影响,这样可能会导致房价波动对金融风险的影响被低估。

第五节 房价与金融风险的传染效应

一、房价的传染效应

随着对房价的不断深入研究,众多学者发现房地产市场虽然具有较强的区域性特征,但每个区域市场并非是完全独立的,各市场之间可能会因信息溢出、经济发展、金融关联或人口流动等因素而存在互相传染的效应。国外学者 Fry(2009)基于资产价格模型,运用单变量和二元变量泡沫模型对包含伦敦在内的 10 个英国地区 2002—2007 年间的季度房价数据进行建模分析,研究发现英国大部分地区普遍存在房价泡沫,进一步通过建立房价传染模型发现,伦敦地区的房价泡沫会对约克郡和英格兰北部地区的房价产生传染效应。Füss 等(2011)利用空间计量模型对美国 20 个大都市 1998—2008 年的房价泡沫的传染性进行研究,发现各地区的房价泡沫会传染与其地理距离邻近的地区,且相似的经济发展状况和抵押贷款市场也是各地区房价泡沫传染的重要渠道。Nneji 等(2015)对美国 1991 年 1 月—2010 年 2 月的区域房地产市场泡沫进行分析,研究发现多个地区已存在房地产市场泡沫,基于多元泡沫溢出模型的实证分析显示各地区间的房价泡沫存在传染效应,并且这些投机泡沫的传染是多方向的,并非仅仅依赖于地理距离的远近。此外,人口跨区域流动的频繁,也成为地区间房价泡沫传染的关键。Wood(2003)对英国的房地产市场进行研究发现,各区域的房地产市场存在较强的关联效应,房价泡沫可通过人口迁移等因素而存在跨区域的传染效应。

国内学者王雪等(2021)认为信息溢出是房地产市场相互关联并

产生传染效应的关键，他们以"北上广深"一线城市为考察样本，分析城市间房地产市场的联动和溢出发现一线城市之间存在紧密的关联程度和较高的信息溢出规模，且溢出指数随着调控信息的变化而变动，尤其是上海的房价波动处于领导地位，对其他城市的房地产市场影响较大。而丁如曦和倪鹏飞（2015）则认为地理距离是房价在区域层面上存在相关性的关键，通过采用空间计量的方法对我国房价的区域空间格局及特征进行分析，研究表明我国房价在全域的空间范围内存在自相关，局域范围内的城市房价的集聚特征也非常突出，且各地区间的空间相关性随着地理距离的增加逐渐递减，一线城市房价的正向空间溢出效应较为强烈，波及范围较广。刘海云和吕龙（2018）进一步通过将有向无环图与结构向量自回归模型结合，对我国2007—2017年42个大中城市的房价泡沫传染路径和强度进行刻画，研究发现地理空间上的邻近关系会促进不同城市间的房价泡沫传染，与此同时，经济发展的联动性、人口流动以及信息传递等地理空间上的因素也会加剧各地区房价泡沫的传染。

也有部分国内学者认为地理集聚和经济集聚，甚至是信贷资源的集聚均是导致我国房价传染的关键因素。对此，郭文伟和陈顺强（2018）采用空间计量模型和R-Vine Copula模型对我国珠三角地区9个城市的房价泡沫的相依结构和空间传染性进行分析，研究结果发现珠三角地区城市房价泡沫存在显著的地理区域集聚和经济集聚特性，空间相关性较强，且房价泡沫由一线城市向二、三、四线城市传染扩散。同样，郭文伟（2021）又基于倒向上确界右尾ADF检验方法和空间计量模型对粤港澳大湾区9个城市的房价泡沫进行分析，研究发现了与上述相同的结论，即整个大湾区各城市之间的房价泡沫存在非对称的相依结构特征和正向空间溢出效应，并呈现出由一线城市向其他各线城市迁移，其传染网络呈现出地理集聚和经济集聚的相依结构特征。张超（2018）研究指出各城市的房价泡沫在空间上存在较强的相关性，诸如上海这一特大城市作为全国经济发展的中心城市，因吸引大量的人才和资金流入而形成资源集聚的优势，其辐射效应带动长三角地区各个城市的经济发展，促进各城市间人才、技术和资金的关联交流，并最终导致各地房地产市场的需求和供给出现了趋同和传染效应。张攀红（2016）则进一步基于动态空间面板模型考察房价泡沫的传染效应，并通过设定空间权重矩阵考察我国各地区房价泡沫依靠地理距离邻近、经济发展程度相似以及信贷资源相似进行区域空间传染的媒介。

二、金融风险的传染效应

现有关于金融风险的传染效应的研究文献主要围绕金融风险的跨部门、跨市场以及跨地域传染三个方面展开。在金融风险跨部门传染方面，丁述军等（2019）通过构建静态面板数据模型分析区域金融风险在企业部门、家庭部门、政府部门和金融部门四部门之间的传染效应，研究发现各部门之间的金融风险存在显著的传染效应，其中金融部门处于核心地位，且四部门之间存在多条风险传染路径；杨子晖等（2018）基于风险溢出网络方法分析我国系统性金融风险的跨部门传染效应，研究发现房地产部门、银行部门和证券部门之间存在明显的风险溢出效应，且在发生"钱荒"中，银行部门是风险传染的重要发源地，而在"熔断机制"中，房地产部门与证券部门是风险传染的网络中心。马君潞等（2007）基于矩阵法分析我国银行系统的风险传染效应，并进一步估算不同损失水平下单个银行倒闭及多个银行同时倒闭所引起传染性。国外学者 Allen 和 Gale（2000）研究发现银行间债权的相互持有使得金融机构间形成了复杂的信贷网络结构，并导致金融风险在这些机构间传染。Babus（2005）也基于银行间的信贷网络关联证实了金融风险的传染效应。Paltalidis 等（2015）基于最大熵值法研究系统性金融风险在欧元区银行间的传染效应，研究发现欧元区银行尤其是南部欧元区的银行间风险存在着明显的传染效应。

在金融风险跨市场传染方面，陈建青等（2015）通过构建静态及动态 CoVaR 模型考察银行业、证券业和保险业三个金融市场之间显著的风险传染效应，任何一个行业的风险增加都会使得其他两个行业的风险增大。何德旭等（2021）基于中、美等 6 国的经济事实分析全球系统性金融风险的跨市场传染效应，研究发现系统性金融风险可以通过各国的货币市场和资本市场进行交叉传染。杨子晖等（2020）通过构建"全球金融市场与经济政策不确定性"的非线性关联网络分析系统性金融风险的跨市场传染效应，研究发现股票市场与外汇市场存在着非对称的传染效应，且股票市场是风险传染的源头，在危机期间传染效应更加明显。

在金融风险跨地域传染方面，部分学者采用格兰杰因果关系检验、网络分析法以及空间计量模型等方法对金融风险的跨地域传染进行实证分析，也有部分学者对区域间金融风险的传染机制进行剖析。曹源芳和蔡则祥（2013）通过对国内各区域间金融风险的传染效应进行研究，发现无论是在稳定期还是在风险期，各区域间金融风险均存在显著的传染效应。王营和曹廷求（2017）也基于社会网络分析法研究我国各省际区域间金融风险的传染效应，并指出省际区域性金融风险呈现高度关联的网络结构形态，具有较强的传染性，且随着省份间距离的增加，风险传染效应逐渐递减。沈丽等（2019b）利用社会网络分析法构建我国省际地方金融风险空间关联网络，分析各地方金融风险空间关联网络的总体关联性，得出了我国各地区金融风险的空间关联程度呈波动上升的态势，且存在明显的空间关联和传染效应的结论。荣梦杰和李刚（2020）基于社会网络分析方法以及空间滞后模型实证分析发现我国三大经济区域的金融风险呈现明显的联动效应，其中地理位置和经济实力是影响该地区风险传染的关键因素。刘莹（2021）使用网络分析法研究山东省17个城市的区域性金融风险传染效应，研究发现城市间的金融风险关联正在逐步增强，处于网络边缘的城市极易受到网络中心城市的传染。

在区域间金融风险的传染机制方面，地理位置邻近、经济关联、信贷网络关联、贸易关联、资本流动以及劳动力迁移等因素被众多学者认为是金融风险重要的传染渠道。Degryse等（2010）基于17个国家的银行跨境风险数据研究发现跨境的金融风险传染效应在地理位置邻近的国家之间更为显著，因此他们指出地理位置邻近是金融风险重要的传染渠道。沈丽等（2019a）对我国区域性金融风险空间演化的驱动机制进行探讨，他们指出区域性金融风险空间演化的驱动机制分为区域内和区域间的驱动机制，其中政府行为的双重效应、企业的信贷渠道和非正规金融渠道以及家庭部门的"净传染效应"是区域性金融风险空间演化的内部驱动机制，而区域间的驱动机制则依赖于由劳动力的区际迁移、资本流动、区际贸易以及作为要素配置主体的政府行为引起的经济外部性，进一步的实证分析发现经济发展程度类似的省份金融风险相关性比较大，且相邻省份间的金融风险外溢效应比较明显。Gkillas 等（2019）通过使用市场资本化和贸易一体化等结构变量，研究发现美国的金融危机在地区层面具有显著的传染效应。张帅（2020）基于外生变量向量自回归模型对我国 31 个省区金融风险的传染效应进行研究，指出各地区之间较强的经济关联为金融风险的传染提供了便利，且经济欠发达的地区是我国金融风险传染的主要输出区域，属于高风险、强溢出区域，而经济发达的地区则是金融风险的主要吸收区域，属于低风险、强吸收地区。

第六节　文献研究评述

本章主要从房地产市场与政策、房价泡沫和金融风险的识别与产生机制以及房价波动对金融风险的影响等方面进行了文献梳理，通过对已有研究的归纳总结可以看出房价波动中产生的泡沫问题是造成金融风险积累、引发金融危机的重要原因。因此，其一直是学术界和各国政府密切关注的重要研究领域。现有研究分别从理论层面和实证层面对房地产市场以及房价泡沫破灭对金融风险的影响进行了广泛的探讨，这为本书后续的研究打下了坚实的基础。然而既有相关研究在研究视角和实证分析层面仍存在一些不足之处，体现在以下 5 个方面：

第一，在房地产市场与政策的相关研究方面，鲜有研究结合我国改革开放的各个发展阶段，从我国经济市场化整体进程的角度分析我国房地产市场与政策的演变历程。

第二，在房价泡沫产生机制的相关研究方面，现有的理论研究以及实证分析往往单独考察土地财政或金融支持对房价泡沫的影响。缺乏基于制度因素和市场因素的双重视角对房价泡沫产生机制的研究，同时也忽略了代表制度因素的土地财政和代表市场因素的金融支持在房价泡沫产生机制中的相互促进作用。

第三，在房价波动与金融风险的研究方面，多数研究将视角聚焦房价本身或房价泡沫破灭后带来的危害，较少有研究基于房价基本面与泡沫成分的分解视角，探讨房价波动的不同组成部分（房地产基本价值和房价泡沫）是否对金融风险存在异质性影响，以及异质性泡沫成分对金融风险的差异化影响，也较少对房价泡沫扩张和积累阶段影响金融风险的机制进行深入探讨。

第四，在房价波动与金融风险的相关实证分析中，多数研究忽视了房价波动中的异质性成分对金融风险的影响。同时也忽视了房价波动对金融风险的影响可能会随着外部经济或政策环境的变化而发生改变。实际上，随着外部经济结构、宏观调控政策偏好和房地产市场环境等因素不断发生变化，房价波动对金融风险的影响可能会改变，同时，房价波动中的不同成分对金融风险的影响也会存在一定的差异化，这意味着模型的参数会随着时间的变化而发生改变，但以往的实证分析方法诸如向量自回归模型、结构向量自回归模型、面板向量自回归模型或者是面板模型却无法刻画这种动态特征，难以捕捉到房价波动在典型时期对金融风险影响的动态特征。

第五，多数研究在分析房价波动对金融风险的影响时忽视了其空间溢出效应。根据以往文献研究成果来看，无论是房价还是金融风险，二者均具有显著的空间传染效应。因此，房价或金融风险也可通过其传染性对其他地区的金融风险产生溢出效应。那么，在实证分析房价波动对金融风险的影响时，模型设计需考虑房价波动对金融风险的溢出效应的影响，才能全面精准地评价和分析房价波动对金融风险的影响程度。

第三章　我国房地产市场发展的历史脉络与房价泡沫产生机制

改革开放 40 多年来，我国房地产业在中国特色社会主义市场化改革大潮中高歌猛进，其投资主体、市场组织以及市场结构都发生了巨大变化。房地产市场与政策也因各时期市场发展状况不同，呈现出复杂的演变过程。因此，本章首先基于我国改革开放的历史进程，梳理我国房地产市场与政策发展的历史脉络，以探寻改革开放 40 多年来房地产市场与政策的演变轨迹，深入揭示我国房价持续走高、房价泡沫产生并积累的内在历史原因，为进一步探究我国房价泡沫产生机制以及由其引发的金融风险问题奠定坚实的理论基础，也为我国房地产行业构建完整的自有的政策体系、建立房地产行业长效调控机制提供理论支撑和事实证据。其次，在探寻我国房地产业发展历史脉络的基础上，我们发现 1994 年的"分税制"改革造成的地方政府财权与事权不匹配是引发我国房价泡沫产生和积累的重要制度因素。而且房地产业作为我国经济发展的支柱性产业，在内部政府干预和外在市场发展的推动下，获得了过度的金融支持，大量的资金涌入又进一步推动了房价泡沫的积累。因此，本章进一步基于制度因素和市场因素的双重视角，分析了房价泡沫的产生机

第三章 我国房地产市场发展的历史脉络与房价泡沫产生机制

制,且明晰了土地财政和金融支持在房价泡沫产生机制中的相互促进作用。最后,在理论分析的基础上,本章基于房地产市场局部均衡模型对我国各地区的房价泡沫水平进行测算,证实了我国各地区高房价中泡沫成分的存在。在此基础上,通过构建动态面板模型和面板门槛模型实证检验土地财政和金融支持对我国房价泡沫的影响特征和地区差异,以及二者在房价泡沫产生机制中的相互促进作用,为挤出房价泡沫、因地制宜调控房地产市场提供合理的经验证据。

第一节 我国房地产市场与政策发展历程

结合改革开放各阶段我国经济市场化整体进程以及房地产市场与政策的变动情况对改革开放以来我国房地产市场与政策的演变过程进行梳理与分析,将我国房地产改革划分为三个历史时期:房地产商品化的开启时期(1979—1996 年)、拉动经济增长的产业化时期(1997—2014 年)以及回归住房的居住本质时期(2015 年至今)(如图 3.1 所示),并具体分为 8 个阶段来进行房地产市场与政策的演变过程分析。其中,房地产商品化的开启时期包括引进外资和国企改革引起土地使用制度变革(1979—1990 年)与房地产市场投资过热下的结构调整(1991—1996 年)2 个阶段。拉动经济增长的产业化时期包括应对亚洲货币危机,房地产行业成为"救市"手段(1997—2003 年)、"救市"急刹车,开启稳定房价模式(2004—2008 年)应对世界金融危机,强化房地产业的"救市"功能(2008 年—2009 年)以及"救市"再次急刹车,重启稳定房价政策(2010—2014 年)4 个阶段。回归住房的居住本质时期包括化解房地产库存(2015—2016 年)、回归住房居住属性(2017 年至今)和行业深度调整时期(2021 年至今)3 个阶段。

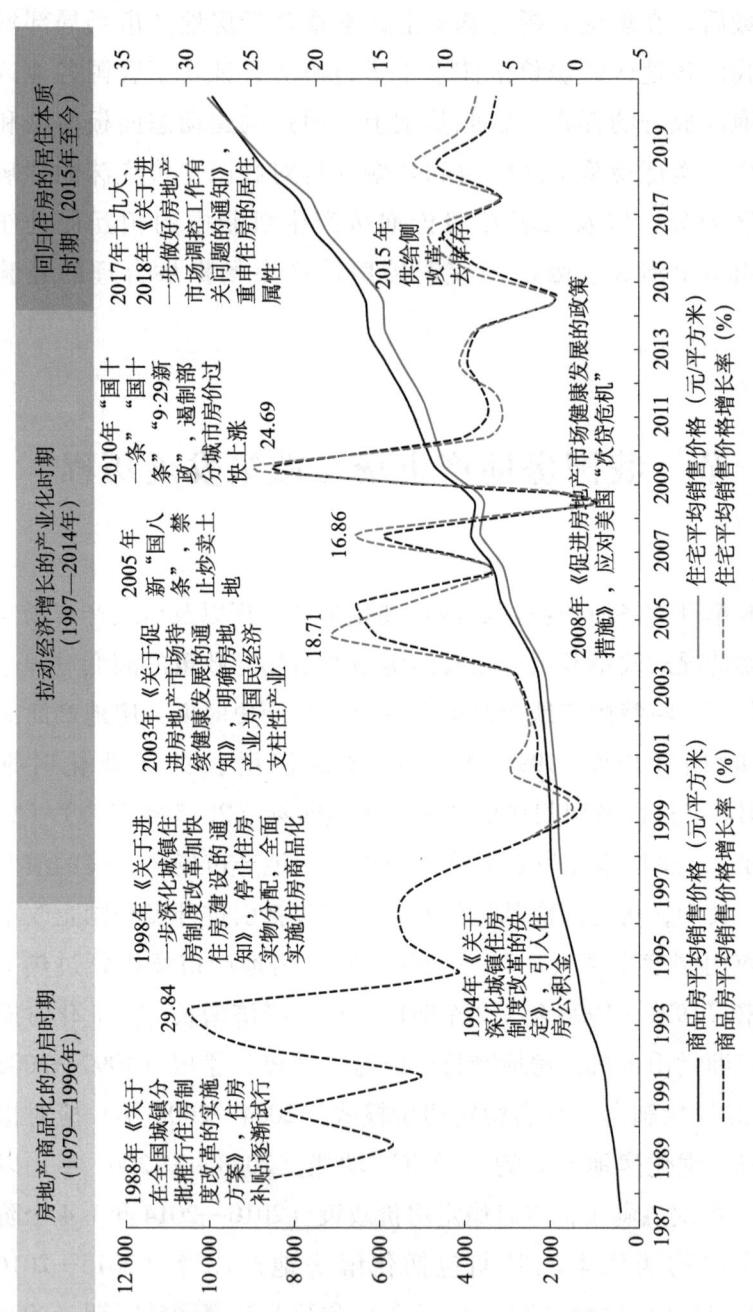

图 3.1 房地产市场与政策的演变历程

资料来源：根据《中国统计年鉴》相关数据计算得出，文字部分根据相关政策资料整理。

第三章 我国房地产市场发展的历史脉络与房价泡沫产生机制

一、房地产商品化的开启时期

（一）引进外资和国企改革引起土地使用制度变革（1979—1990年）

1978年12月，党的十一届三中全会决议我国开始实行改革开放政策。1979年10月，全国人民代表大会常务委员会颁布《中华人民共和国中外合资经营企业法》，鼓励外资直接投资中国，其中规定：我国合营者的投资可包括为合营企业经营期间提供的场地使用权，如果场地使用权未作为我国合营者投资的一部分，合营企业应向我国政府缴纳使用费。这意味着此前国家向国有企事业单位实行的土地划拨无偿使用制度不适用于中外合作经营企业。可以说，对外开放政策后，允许外资企业在我国投资，其合资企业场地使用权的问题催动了我国对城镇土地使用制度的改革。1980年7月，国务院印发《关于中外合营企业建设用地的暂行规定》（国发〔1980〕201号），明确要求"中外合营企业用地，无论新征用土地，还是利用原有企业的场地，都应计收场地使用费"。同时，国有企业改革也在1979年5月于北京、天津和上海的8家企业为试点迈出第一步，1980年年中，展开扩大企业经营管理自主权、实行国有企业利润留成、改善国营工业企业固定资产折旧以及使用方法、征收固定资产税、流动资金由财政拨款向全额信贷化的过渡等一系列改革措施。1983年4月，国有企业开始实施"利改税"，1985年"拨改贷"也得以全面实施。因此，在对内国有企业改革和对外引进外资的双重催化之下，"政企分离"进展迅速，加速了对国有土地有偿使用的改革。1988年9月国务院下发的《中华人民共和国城镇土地使用税暂行条例》，明确规定自当年11月起开始对城镇土地按不同城市等级征收土地使用税。1988年12月，全国人大修改宪法，正式将"土地使用权可以依照法律的规定转让"载入宪法。这不但是我国土地使用制度的根本性变革，也标志着宪法承认了土地使用权的商品属性，跨出了土地商品化、市场化的重大一步。此后，1990年5月，国务院发布《中华人民共和国城镇国有土地使用权出让和转让暂行条例》，对城镇土地使用权的出让和转让作出了明确规定。

如上所述，经济市场化的快速发展开启了我国土地使用制度的改革。同时，投资制度改革使投资主体由政府转为企业，资金来源由财政拨款转向银行信贷。这意味着企业在获得投资自主权后，更加注重资金的使用效率，住房等福利领域的投资随之减少。另一方面，改革开放初期国家财政持续出现赤字（1978年到1990年的财政收支差额大部分年份为负数），同时地方财政收入在国家财政收入总额中的比例由1987年的88.48%下降至1990年的66.21%，而地方财政支出在国家财政支出总额中的比例却迅速上升，由1978年的52.58%上升至1990年的67.43%（如图3.2所示）。因此，面临改革开放初期的住房短缺，在地方政府无力承担巨额投资，国有企业无意投入大量资金的双重压力下，住房制度到了不得不改的地步。

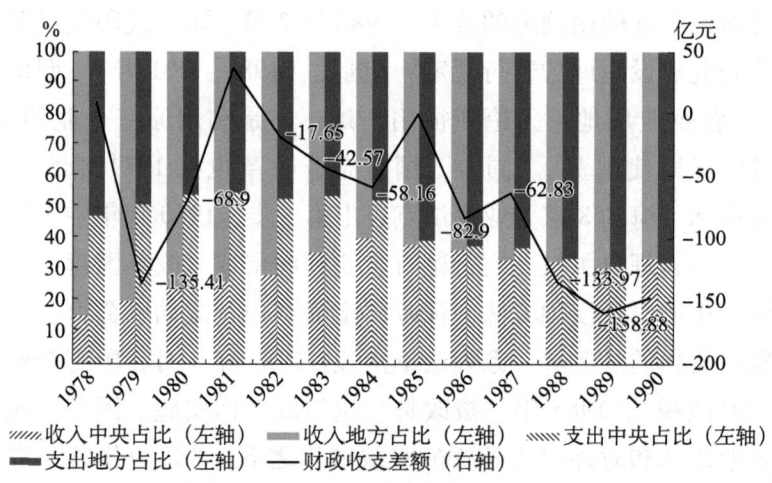

图3.2 我国财政收支差额与中央地方占比

资料来源：根据《中国统计年鉴》相关数据计算整理。

在此背景下，1978年邓小平提出住房制度改革，同年9月全国城市住宅建设会议传达了邓小平有关住房问题的指示："解决住房问题可以路子宽些，譬如允许私人建房、私建公助、分期付款①，要把个

---

① 该政策随后在福州、杭州、河南南阳、巩义等地区进行了试点。

人手中的钱动员出来"。此后，我国于1979年实行新建住房向职工出售，即由政府统一建房，以土建成本价出售给职工的试行办法①。1980年6月，国家建委党组在《全国基本建设工作会议汇报提纲》中正式宣布将实行住房商品化政策，自此揭开了我国城镇住房制度改革的序幕。1981年4月，国家城市建设总局、中华全国总工会《关于组织城镇职工、居民建造住宅和国家向私人出售住宅经验交流会情况的报告》中指出，组织私人建房要与改造旧城相结合，要规定合理的住宅出售价格和一次付款的优惠条件，把住宅出售工作搞活。1982年4月，国家建委、城建总局的《关于出售住宅试点工作座谈会情况的报告》得到国务院批准，开始试行住房补贴出售政策，即由政府、单位、个人三者各负担三分之一的"三三制"售房原则②。紧接着，1984年10月，国务院在批转城乡建设环境保护部《关于扩大城市共有住宅补贴出售试点的报告》中指出，城市共有住宅补贴出售给职工个人的住房政策推动了我国住房制度的改革，是实行住房制度商品化、全面改革我国住房制度的重要步骤。1986年国务院成立了"住房制度改革领导小组"，讨论房改方案，确定了今后一段时间住房制度改革的重点在于逐步提高房租（先提高成本租金再提高商品租金）。1987年9月，国务院印发《城镇住房改革试点工作座谈会纪要》，纪要中明确提出银行要大力支持和密切配合住房制度改革，住房制度改革不能仅靠财政，要走金融的路子，在改革中银行不仅承担住房资金运转的大量结算业务，更重要的是要为住房制度改革、推行商品化筹集和融通资金。1988年，国务院召开全国住房制度改革工作会议，并于2月印发了《关于在全国城镇分期分批推行住房制度改革的实施方案》（国发〔1988〕11号），该方案决定从1988年起，用3—5年的时间，在全国城镇分期分批推开住房制度改革，使住房这个大商品进入消费品市场，实现住房资金投入产出的良性循环，从而走出一条既有利于解决城镇住房问题，又能够促进房地产业、建筑业和建材工业

---

① 1979年以土建成本价出售给职工的试行办法在西安、柳州、梧州、南宁试点。
② "三三制"售房的售价确定仍然以土建成本价为标准，国家建委选取郑州、常州、四平、沙市4个城市进行新建公有住宅补贴出售试点。

发展的新路子。

然而，20世纪80年代国有企业实行承包经营责任制，该经营管理制度要求国有企业要做到自主经营、自负盈亏，力图使其成为一个自负盈亏的经济主体。与此同时，财政体制改为"划分收支，分级包干"，改变了以往吃"大锅饭"的现象。这种体制改革带来的问题是地方政府行为"公司化"，他们在既定的预算约束下，追求收入最大化。因此，地方政府往往会想办法绕开不利于其收入最大化的中央政府政策（杨帆和卢周来，2010）。所以当中央政府下达"三三制"售房以及提租增贴，出售公房政策时，虽然在一定程度上减轻了中央政府的财政负担，却增加了地方政府和企业的负担。因此，在国有企业改革以及财政制度改革的背景下，现有的住房制度对住房商品化市场的推动如杯水车薪。

（二）房地产市场投资过热下的结构调整（1991—1996年）

1991年6月，国务院发布了《关于继续积极稳妥地进行城镇住房制度改革的通知》（国发〔1991〕30号），提出继续推行住房制度改革。同年11月，国务院办公厅转发国务院住房制度改革领导小组《关于全面推进城镇住房制度改革的意见的通知》（国办发〔1991〕73号），指出除要逐步实现住房商品化以外，城镇住房制度改革的根本目的要缓解居民住房困难，紧紧围绕"解危""解困"，正确引导消费，立足于健全房地产市场。中央政府在房地产改革进程中意识到除了要推动住房商品化，更要建立多层次的住房结构体系。然而，国办发〔1991〕73号文件中提出的"解危""解困"政策目标，在1995年2月国务院办公厅《关于转发住房制度改革领导小组国家安居工程实施方案的通知》（国办发〔1995〕6号）中才得到明确化，配套政策出台的滞后性以及政策体系的不完备性显而易见，这是致使我国房地产改革在以后的推进中出现房地产市场结构不均衡等问题的关键因素。

此外，1991年4月，上海市人民政府发布关于《上海市住房制度改革实施方案》实施细则的通知，该通知提出实施新的住房公积金制度，这是在全国房改总方案的指导下，借鉴新加坡住房公积金制度的成功经验，并结合当地实际情况的基础上，建立的具有中国特色的住房公积金制度。新的住房公积金制度主要采取缴纳公积金、提租补贴、优惠售房等措施，利用住房公积金发放住房建设项目贷款，为职工住房建设提供资金来源，缓解住房供给短缺带来的矛盾。这一制度的实施为部分职工多年的住房梦提供了一定的资金支持。此后，自1992年起，北京、天津、武汉、南京等地相继效仿上海的住房公积金制度。

伴随着改革开放的进行，外资企业的不断进入，1992年我国经济增长过热问题凸显，GDP增幅达14.2%（如图3.3所示），房地产市场投资规模过度膨胀，投资结构不合理问题逐渐浮出水面。1993年后，我国房地产投资规模占GDP的比重快速攀升。在此背景下，1993年6月，国务院副总理朱镕基发表讲话，宣布终止房地产公司上市，全面控制银行资金进入房地产业。1994年1月和7月，国务院相继发布《国务院关于继续加固定资产投资宏观调控的通知》和《国务院关于深化城镇住房制度改革的决定》。此后，房改加入了全面建立住房公积金制度、开展国家安居工程等内容，房地产市场由此进入调控、消化、稳定的发展阶段。1995年2月，国务院住房制度改革领导小组发布《国家安居工程实施方案的通知》（国办发〔1995〕6号），开始整顿金融秩序，实施安居工程。在实施安居工程的同时，国家开始控制高档房地产项目的开发，改善房地产投资结构。1995年5月国务院发布《关于严格控制高档房地产开发项目的通知》（国发〔1995〕13号），开始控制高档房地产项目的开发，改善房地产业投资结构。1995年7月，《城市房地产转让管理规定》发布，并于9月开始实施，该法规规范了商品房销售行为，保障商品房交易双方当事人的合法权益，规范了双方的责任和义务，让人们在商品房的买卖和交易过程当中做到有法可依，保证了房地产交易市场的健康发展。有关房地产的调控政策不断升级，目的是改善房地产市场投资规模及结构问题，引导过热经济实现软着陆。

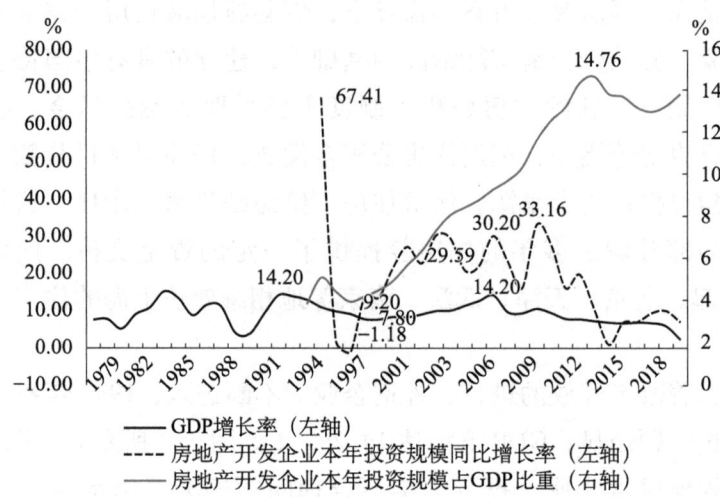

图 3.3　GDP 与房地产开发企业本年投资规模增长率

资料来源：根据《中国统计年鉴》相关数据计算整理。

此阶段，一方面我国经济备受国企改革、金融秩序紊乱（如"三角债"现象）等经济问题的困扰，另一方面由于1993年房地产市场投资过热，房价上涨，1993年商品房平均销售价格增长率高达29.8%（如图3.1所示），各地的住房补贴显得微不足道，住房资金严重短缺。为进一步解决住房资金不足的问题，中央政府采取了两手抓的办法，一是建立住房公积金制度，二是建立商品房预售制度。1994年7月，国务院发布《关于深化城镇住房制度改革的决定》（国发〔1994〕43号），将房改加入了住房公积金制度。同年，全国人大常委会第八次会议通过《中华人民共和国城市房地产管理法》，首次通过法律的形式明确建立了商品房预售制度，随后建设部于1995年1月出台《城市商品房预售管理办法》。这在一定程度上缓解了我国住房资金短缺的问题。但是，《城市商品房预售管理办法》虽然对我国商品房预售作出了详细的规定，但并未对房地产开发商获得的预售资金实施监管。同时，由于预售的住房价格比建成后的住房价格低，从而为投资住房的人提供了契机。预售政策的不完备为我国以后出现的"温州炒房团""房地产泡沫"等现象提供了温床。

1979—1996年房地产商品化的开启，使我国房地产改革伴随着改革开放进程中外资企业进入、国有企业改革逐渐展开，政策的出台在不断紧随住房短缺、经济发展过热、房地产投资规模过度膨胀、投资结构不合理等问题的显现，可以说，房地产相关政策的出台滞后于问题，缺乏前瞻性。

二、拉动经济增长的产业化时期

（一）应对亚洲货币危机，房地产行业成为"救市"手段（1997—2003年）

1997年亚洲货币危机，给正在推进改革开放和现代化建设的中国带来了巨大的冲击，我国GDP增长率下滑至9.2%，房地产开发企业本年投资规模增长率出现了负增长（如图3.3所示），我国经济呈现通货紧缩、内需不足的势态。但房地产开发企业本年投资规模占GDP比重却逐年上升。因此，在中央"促进消费、扩大内需"的方针下，占GDP比重较大、产业关联度高的房地产业顺理成章地成为了拉动经济增长的新动力。然而，住房实物分配制度成为当时房地产业带动经济增长的最大障碍。因此，1998年7月，国务院发布《关于进一步深化城镇住房制度改革加快住房建设的通知》（国发〔1998〕23号），该政策强调两点："一是停止住房实物分配，加快住房建设，促使住宅业成为新的经济增长点；二是建立和完善以经济适用房为主的住房供应体系，最低收入家庭租赁由政府或单位提供的廉租住房，中低收入家庭购买经济适用住房，其他收入高的家庭购买、租赁市场价商品房"。该政策的本意在于为房地产市场此后的发展搭建多层次的、适合不同收入家庭住房需求的平台。然而，此后的房地产市场统计数据显示，每年房屋新开工面积中经济适用房所占比重逐渐减少，至2010年减少为3%（如图3.4所示），2010年之后官方网站上不再公布经济适用房相关数据。可以看出，房地产市场走向已完全脱离1998年政策设定的轨道，房地产业被完全商品化且成为拉动经济增长的工具。

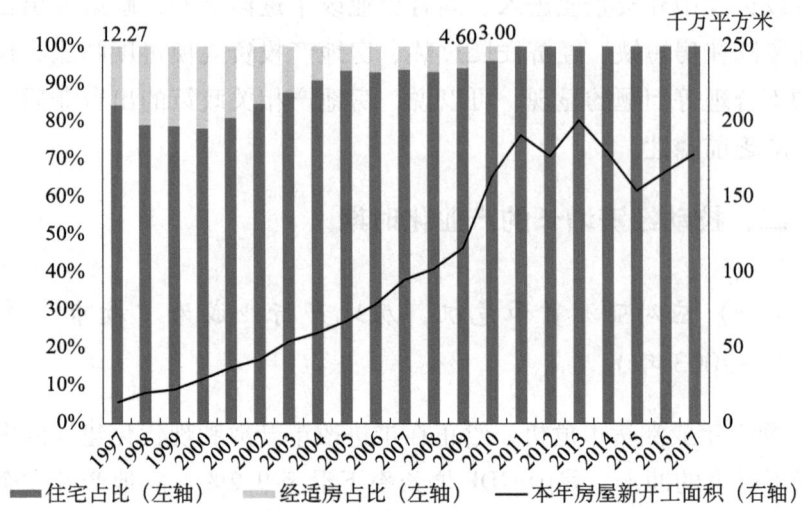

图 3.4　本年房屋新开工面积与住宅、经济适用房占比

资料来源：根据《中国统计年鉴》相关数据计算整理（2010 年之前住宅占比中剔除了经济适用房部分，2010 年之后官方网站不再单列经济适用房数据）。

此后，2000 年，房地产上市禁令解除，1993 年起我国的资本市场对房地产企业关闭的大门重新开启，启动住房消费，促进房地产业发展。2000 年 5 月，住建部发布《住房置业担保管理试行办法》（建住房〔2000〕108 号），大力支持城镇个人住房消费，发展个人住房贷款业务。2002 年 7 月，国土资源部颁布《招标拍卖挂牌出让国有土地使用权的规定》（国土资源部 11 号令），加快了政府基础建设和城市化进程的速度，加大了征地、拆迁的行为，此举进一步创造了大量的强制性（被动性）住房消费需求，助推了房价的上涨。2003 年 8 月，国务院下发《关于促进房地产市场持续健康发展的通知》（国发〔2003〕18 号），明确指出"房地产业关联度高，带动力强，已经成为国民经济的支柱产业，促进房地产市场持续健康发展，是促进消费，扩大内需，拉动投资增长，保持国民经济持续快速健康发展的有力措施"。并提出"搞活住房二级市场，鼓励居民换购住房，鼓励住房置业担保机构为中低收入家庭住房贷款提供担保"。此举进一步加强了我国住房的商品属性，削弱了住房的社会属性，更加明确了房地产业是拉动经济增长的工具。

在亚洲经济严重衰退的情况下，通过一系列的房地产调控政策，我国经济在1998年仍实现了7.8%的增长率，2003年经济增长率更高达10%（如图3.3所示）。但是，这一系列房地产市场刺激政策虽然在表面上是为了应对亚洲货币危机，但深层次的原因在于地方政府对房地产业的迫切需求，更深源于我国地方官员在"晋升锦标赛治理模式"中对经济增长一边倒的政治需要（周黎安，2007）。我国自1994年"分税制"之后，国家财政收入中中央政府所占的比例逐渐上升至50%左右稳定，而财政支出中中央占比逐渐下降并稳定至15%左右（如图3.5所示）。相反，财政收入中地方政府占比逐年下降至50%左右，而财政支出中地方政府占比却逐渐上升至85%左右。可以看出，中央政府与地方政府在国家财政收入中的比例基本对等，而在国家财政支出中的比例却相差悬殊。而房地产开发企业本年土地购置费用持续上升，且土地购置费用同比增长率远远高于土地购置面积的同比增长率，说明土地价格在不断地上涨（如图3.6所示）。这暗示着地方政府不得不依赖转让土地使用权获取财政收入，即所谓的"土地财政"。高地价意味着高房价，而中央政府对地方政府的考核体系中又侧重于经济增长，忽视了对房价的考核（陈小亮等，2018）这种结构性矛盾造成了中央政府出台的各项稳定房价政策都以收效甚微而告终。

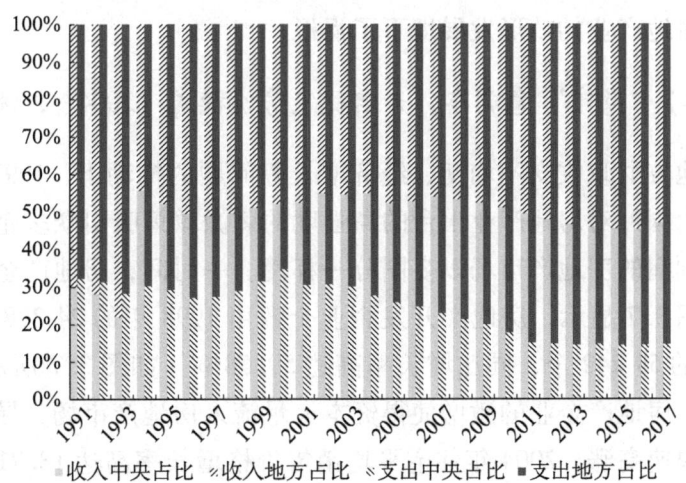

图3.5 "分税制"改革后财政收支中中央地方占比

资料来源：根据《中国统计年鉴》相关数据计算整理。

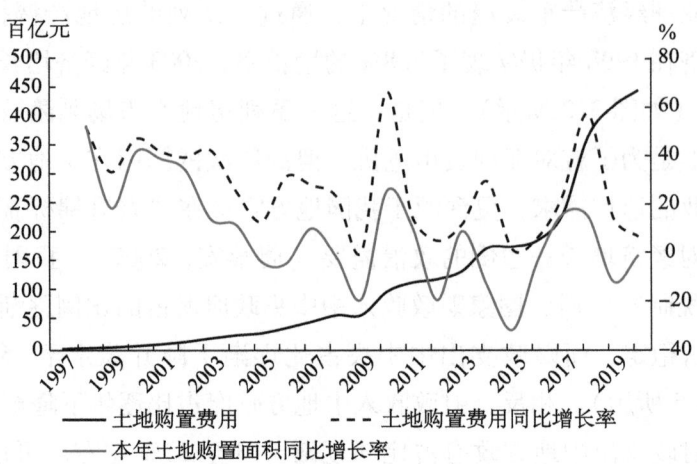

图 3.6　房地产开发企业本年土地购置费用（左轴）、费用及面积同比增长率（右轴）
资料来源：根据《中国统计年鉴》相关数据计算整理。

另外，住房拥有的"资产"性质，在资产市场机制不健全的状态下，屡屡成为投机的对象，而它所拥有的"居住"性质被轻视。与此同时，住房的全面商品化还忽视了改革开放带来的增量分配不均衡的问题，导致了"先富起来"的群体对住房的投机需求。因此，在不同收入人群对住宅（居住性质）具有统一需求的前提下，缺乏了应对收入不均衡问题的多层次房地产政策，而过急地推动了房地产市场化，为我国房地产业的畸形发展埋下了祸根。

（二）"救市"急刹车，开启稳定房价模式（2004—2008 年）

在地方财政收支不均衡、经济增长等问题的推动下，1997—2003 年间，我国针对房地产业出台的高强度的刺激政策吸引众多企业纷纷投入高利润的房地产市场以妄图分一杯羹。一时间，房地产企业个数激增。图 3.7 显示，房地产开发企业个数由 1998 年的 24 378 个增至 2004 年的 59 242 个，同比增长率高达 59.58%（如图 3.7 所示）。与此同时，房地产企业的激增使得资本大量流入房地产市场，导致房地产价格快速高涨，2004 年住宅平均销售价格增长率高达 18.71%（如图 3.1 所示），进一步引发房地产市场投机现象，如温州炒房团。此阶段我国房价无论是从省级层面还是从 35 个大中城市层面看均已存在泡沫（Mao 和 Shen，2019）。这一现象引起了中央政府的关注，并于 2004 年到 2008 年 8 月间，分别从土地政策、信贷政策、税收政策三方面着手稳定房价。

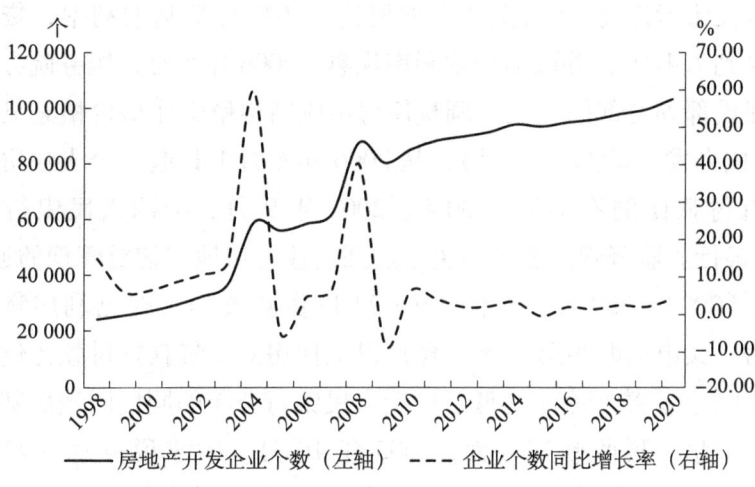

图 3.7　房地产开发企业个数及其同比增长率

数据来源：国家统计局《中国统计年鉴》。

首先是土地政策方面，2004 年 7 月，国土资源部、监察部发布《关于继续开展经营性土地使用权招标拍卖挂牌出让情况执法监察工作的通知》（国土资发〔2004〕71 号），指出 2004 年 8 月 31 日起，商业、旅游、娱乐和商品住宅等经营性用地供应全部采取公开招标、公开拍卖、公开挂牌的方式出让土地。此通知意在控制房地产行业用地，但却在引入竞争机制的同时，无形中提高了土地价格，住宅用地价格由此一路高涨。然而"羊毛出在羊身上"，开发商在高价获取土地的同时，将高额的土地成本转嫁到消费者身上，从而进一步助长了房价上涨的趋势，政策效果适得其反。2005 年 4 月，国务院出台了《加强房地产市场引导和调控的八条措施》（简称"新国八条"，与 2005 年 3 月国务院办公厅发布《国务院办公厅关于切实稳定住房价格的通知》"旧国八条"相区别），要求依法禁止炒卖土地的行为。2005 年 9 月，银监会发布《关于加强信托投资公司部分业务风险提示的通知》（银监办发〔2005〕212 号）要求收紧房地产信托，对未取得国有土地使用证、建设用地规划许可证、建设工程规划许可证、建筑工程施工许可证的项目不得发放贷款，且申请贷款的房地产开发企业开发项目资本金比例不低于35%。其次是信贷政策方面，主要从贷款利率和贷款额度两个方面来收紧信贷政策。在2004—2007年间，中国人民银行连续10次上调金融机构一年期贷款基准利率，贷款利率提高到7.47%，并取消贷款利率优惠。2006年5月，国务院办公厅转发建设部等九部门《关于调整住房供应结构稳定住房价格意见的通知》（国办发〔2006〕37号），从2006年6月1日起，个人住房按揭贷款首付款比例不得低于30%。2007年9月，中国人民银行发布《中国银行业监督管理委员会关于加强商业性房地产信贷管理的通知》（银发〔2007〕359号，简称"9·27房贷新政"），对已利用贷款购买住房，又申请购买第二套（含）以上住房的，贷款首付款比例不得低于40%，贷款利率不得低于中国人民银行公布的同期同档次基准利率的1.1倍。税收政策方面，2005年10月，国家税务总局发布了《关于实施房地产税收一体化管理若干具体问题的通知》（国税发〔2005〕156号），正式明确个人买卖二手房，必须交纳个人所得税。2006年5月，国家税务总局下发《关于加强住房营业税征收管理有关问题的通知》（国税发〔2006〕74号），要求2006年6月1日后，个人将购买不足5年的住房对外销售全额征收营业税。

此外，2006年5月17日，时任国务院总理温家宝主持召开国务院常务会议并提出《促进房地产业健康发展的六项措施》（简称"国六条"），该措施囊括了对税收、信贷、土地、廉租房和经济适用房建设等方面的调控要求，强调要控制住房结构，重点发展中小户型的房地产供应，规范房地产市场秩序，进一步发挥税收、信贷、土地政策的调节作用，合理控制城市房屋拆迁规模和进度，减缓被动性住房需求过快增长。针对此项要求，5月24日，建设部、发展改革委、监察部、财政部、国土资源部等九部门联合制定《关于调整住房供应结构稳定住房价格的意见》，该意见被国务院转发（国办发〔2006〕37号），文件明确要求各城市在2006年9月底前公布普通商品房、经济适用房和廉租房建设目标，并提出"90/70"政策（套型在90平方米以下的住宅比率必须达到开发面积的70%），重点发展满足当地居民自住需求的中低价位、中小套型普通商品住房。同年 7 月 24 日经国务院同意建设部、商务部、发展改革委、人民银行、工商总局、外汇局联合发布《关于规范房地产市场外资准入和管理的意见》（建住房〔2006〕171 号），该意见进一步规范和完善了外资进入房地产市场的有关政策，加强了对外商投资企业房地产开发经营、境外机构和个人购房的管理，被称为"外资限炒令"。

然而，在密集的调控政策下，房价却一路坚挺，2007 年住宅平均销售价格增长率依然高达 16.86%（如图 3.1 所示），房地产开发企业本年投资规模增长率继 2003 年以来再创新高达 30.2%（如图 3.3 所示），住宅销售额同比增长率达 47.88%（如图 3.8 所示），由此可以看出，房地产市场无论是从供给方还是从需求方均没有得到有效控制。

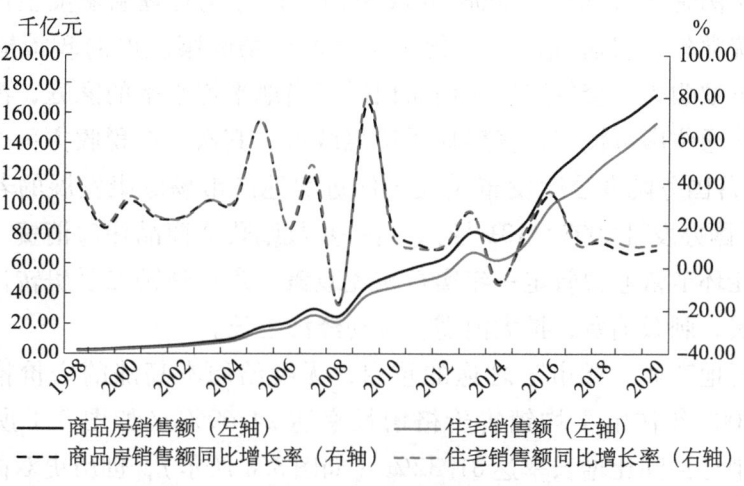

图 3.8　商品房、住宅销售额及同比增长率

资料来源：根据《中国统计年鉴》相关数据计算整理。

（三）应对世界金融危机，强化房地产业的"救市"功能（2008—2009 年）

2008 年，美国次贷危机引发世界金融危机，造成我国进出口总额及其同比增长速度均大幅下滑，2008 年、2009 年我国国际贸易总额分别下降 5.7%、13.9%（仲伟周和蔺建武，2012）。在此背景下，我国迅速推出"4万亿"财政政策刺激内需,其中地方政府需要承担1.25万亿元。而2009年地方政府在国家财政收入中只占47.6%、在国家财政支出中却占80.0%(如图3.5所示)。这一政策对于地方政府的财政状况来说无疑是雪上加霜。各地纷纷成立地方融资平台,以土地为担保向银行大量借入资金(王京滨,2014)。因此,房地产业又一次成为拉动经济增长、保证我国经济持续担当世界经济增长火车头的主要产业。房地产政策在信贷、税收等方面实施宽松措施,以期扩大需求。

首先,在信贷方面,从贷款利率和贷款额度同时放宽。2008年中国人民银行连续5次下调金融机构人民币存贷款基准利率。2008年10月,财政部发布《继续加大保障民生投入力度切实解决低收入群众基本生活》,指出居民首次购买普通自住房和改善型自住房最低首付款比例调整为20%。2008年12月时任国务院总理温家宝主持召开国务院常务会议研究部署《促进房地产市场健康发展的政策措施》,对已贷款购买一套住房但人均面积低于当地平均水平的家庭,再申请购买普通住房可按照首套房享受优惠政策。其次,在税收方面,2008年12月国务院办公厅发布《关于促进房地产市场健康发展的若干意见》(国办发〔2008〕131号),进一步鼓励普通商品住房消费,对住房转让环节营业税暂定一年实行减免政策,意在鼓励二手房转让市场的发展,刺激消费,扩大内需,拉动经济增长。

房地产业"救市"之途的重启,无疑给原本高涨的房价推波助澜,2009年住宅平均销售价格增长率达24.69%(如图3.1所示),住宅销售额同比增长率达81.32%(如图3.8所示),创历史双高。同时经济适用房在市场中的占比持续下降,2009年经济适用房在房屋新开工面积中的占比仅有4.6%(如图3.4所示)。"救市"之途的重启打破了稳定房价,长期调控房地产市场的局面,房地产市场严重偏离了国发〔1998〕23号文设定的预期轨道,越走越远。

(四)"救市"再次急刹车,重启稳定房价政策(2010—2014年)

由于我国国际收支资本项目并未放开,世界金融危机对我国经济的影响远没有预期之大,扩大内需刺激住房消费政策导致了更大幅度的房价上涨。2010年1月,国务院办公厅发布《关于促进房地产市场平稳健康发展的通知》(国办发〔2010〕4号),指出2008年四季度以来,促进房地产市场发展的一系列政策措施,取得了积极成效,实现了保增长、扩内需、惠民生的目标。但是,近期部分城市出现了房价上涨过快等问题,需要引起高度重视(从图3.1可以看出,商品房平均销售价格与住宅平均销售价格在2010年以后持续上涨)。

在此背景下,继而出台的一系列措施皆紧扣稳定房价这一目标。首先在土地政策方面,2010年3月,国土资源部发布《关于加强房地产用地供应和监管有关问题的通知》(国土资发〔2010〕34号),指出严禁向别墅供地,严格规范土地出让底价。2013年2月,时任国务院总理温家宝主持召开国务院常务会议研究部署继续做好房地产市场调控工作(简称"新国五条"),指出增加普通商品住房及用地供应,2013年住房用地供应总量原则上不低于过去五年平均实际供应量。其次是信贷政策方面,本次调控政策依然从贷款利率和贷款额度两个方面着手。在贷款利率方面,2011年中国人民银行连续3次上调金融机构一年期贷款利率。2010年4月,国务院下发《关于坚决遏制部分城市房价过快上涨的通知》(〔2010〕10号,简称"新国十条"),要求对贷款购买第二套住房的家庭,首付款不得低于50%,此政策与国办发〔2010〕4号中(简称"国十一条")要求的二套房贷首付款不能低于40%的政策相比,政策收紧力度显而易见。此后,2010年9月"9·29"新政[①]出台,暂停发放居民家庭购买第三套及以上住房贷款。2011年1月,国务院办公厅发布《关于进一步做好房地产市场调控工作有关问题的通知》(国办发〔2011〕1号),对贷款购买第二套住房的家庭,首付款比例不低于60%。

此阶段的调控措施具有以下两个鲜明的特点:一是不同城市可实

[①] 2010年9月29日,国务院发布《关于促进房地产市场平稳健康发展的通知》,央行、银监会发布《完善差别化的住房信贷政策,调节和引导住房需求》,财政部、国家税务总局、住房和城乡建设部发布《关于调整地产交易环节契税、个人所得税优惠政策的通知》,简称"9·29新政",要求将坚决遏制部分城市房价过快上涨,暂停发放居民家庭购买第三套以上住房贷款,消费性贷款禁止用于购买住房,房价过高上涨城市限定居民购房套数。

施差别化的调控政策，调控权力下放到地方政府；二是在加大调控力度的同时，对于困难家庭住房问题、安居工程等保障性住房方面有了更详细的量化指标，如国办发〔2010〕4号（简称国"十一条"）中提到力争到2012年末，基本解决1540万户低收入住房困难家庭的住房问题；国发〔2010〕10号文中（简称"新国十条"）确保完成2010年建设保障性住房300万套、各类棚户区改造住房280万套的工作任务；2011年9月国务院办公厅发布《关于保障性安居工程建设和管理的指导意见》（国办发〔2011〕45号）提出到"十二五"期末，全国保障性住房覆盖面达到20%左右。此量化的住房保障政策意味着政府开始正视居民收入不均衡，住房市场需求多层次化的问题，住房政策开始向多元化过渡。

总结1997—2014年房地产市场与政策的演变轨迹发现，市场与政策脱离了国发〔1998〕23号文中以"建立和完善以经济适用房为主的住房供应体系"为核心的目标，并未形成多层次的房地产市场供应体系。不同收入阶层人群的住房问题均需要依靠市场解决，房地产业成为拉动经济增长的工具，造成房价越控越高、房地产市场发展畸形的局面。然而，解决房价问题，必须回归1998年住房市场改革的初心，坚定住房的居住属性，建立多层次的住房结构体系。

三、回归住房的居住本质时期

（一）化解房地产库存（2015—2016年）

2010—2014年间调控政策不断升级，住房市场投机需求得到一定程度的控制。但是，由于短期内住房市场供给不易调整，导致我国商品房库存面积增加。据统计，自2010年重启稳定房价政策以来，我国商品房待售面积不断增长，由2011年的2.72亿平方米增长到2015年10月的6.86亿平方米（余呈先，2016）。2015年11月10日，习近平主持召开中央财经领导小组第十一次会议并指出，推进经济结构性改革，要化解房地产库存，促进房地产业持续发展。

为化解房地产市场库存，在信贷政策方面，2015年中国人民银行连续 5 次降息，金融机构一年期贷款基准利率下调至 4.35%；2015 年 3 月，中国人民银行、住建部、银监会联合发布《关于个人住房贷款政策有关问题的通知》（银发〔2015〕98 号），将 2 套房最低首付款比例调整为不低于 40%；2015 年 8 月，住房城乡建设部、财政部、中国人民银行联合发布《关于调整住房公积金个人住房贷款购房最低首付款比例的通知》（建金〔2015〕128 号），对拥有 1 套住房并已结清其购房贷款的居民家庭，再次申请住房公积金委托贷款购买住房的，最低首付款比例由 30% 降低至 20%。税收政策方面，2015 年 3 月，财政部、国家税务总局发布《关于调整个人住房转让营业税政策的通知》（财税〔2015〕39 号），规定个人将购买 2 年以上（含 2 年）的普通住房对外销售的，免征营业税。2016 年 2 月，财政部发布《关于调整房地产交易环节契税、营业税优惠政策的通知》（财税〔2016〕23 号），实行税收减免政策，但北京、上海、广州、深圳除外。

此阶段与两次金融危机中单一刺激住房消费不同。在鼓励住房消费去库存的同时，更多考虑了政策的完备性，比如：为防止鼓励住房消费出现投机性住房需求，国务院于 2015 年 2 月发布《不动产登记暂行条例》以及 2016 年 7 月住房城乡建设部、国家发展改革委等七部门联合出台《关于加强房地产中介管理促进行业健康发展的意见》（建房〔2016〕168 号）。这些举措有助于对住房及中介机构进行统一的登记管理，规范房地产转让市场，进而为后续抑制投机性需求做好铺垫。

（二）回归住房居住属性（2017—2020 年）

2017 年 3 月，时任国务院总理李克强在政府工作报告中强调房地产调控要因城施策去库存，坚持住房的居住属性。这是在历经 40 年的房地产市场调控中，中央政策明确提出要"坚持住房的居住属性"。2017 年 10 月，习近平在党的十九大报告上明确提出"坚持房子是用来住的、不是用来炒的定位"，再次重申住房的居住属性，并提出"租购并举的住房制度"。2018 年 5 月，住建部发布《关于进一步做好房地产市场调控工作有关问题的通知》（建房〔2018〕49 号），指出坚持调控目标不动摇、力度不放松,毫不动摇地坚持"房子是用来住的、不是用来炒的"定位,坚持调控政策的连续性稳定性。接下来,在2018年7月和2019年7月的中共中央政治局会议,均强调要"坚决遏制房价上涨,建立促进房地产市场平稳健康发展长效机制",尤其是2019年7月的中央政治局会议中更是强调了"住房的居住属性",并表明"不将房地产作为短期刺激经济的手段"。中央层面多次强调住房的居住属性,并指出调控政策应该具有连续性和稳定性,锁定了未来我国住房政策调控的总基调——坚持住房的居住属性,建立多主体供给、多渠道保障、租购并举的住房制度,逐渐形成多层次的住房市场供应体系,回归1998年住房市场化改革的初心。

自2017年"坚持住房的居住属性""租购并举的住房制度"以及"构建房地产市场长效调控机制"等调控政策提出后,2017—2020年中央政府先后从土地市场、房地产市场融资管理、租赁市场发展以及防范房地产市场金融风险等方面出台了一系列的配套政策。首先是在土地政策方面,2019年12月,习近平在《求是》上发表《推动形成优势互补高质量发展的区域经济布局》一文,文中指出要"加快改革土地管理制度,建设用地资源向中心城市和重点城市群倾斜。在国土空间规划、农村土地确权颁证基本完成的前提下,城乡建设用地供应指标使用应更多由省级政府统筹负责。要使优势地区有更大发展空间"。紧接着,2020年3月,国务院发布《关于授权和委托用地审批权的决定》(国发〔2020〕4号),一是"将国务院可以授权的永久基本农田以外的农用地转为建设用地审批事项授权各省、自治区、直辖市人民政府批准";二是"试点将永久基本农田转为建设用地和国务院批准土地征收审批事项委托部分省、自治区、直辖市人民政府批准"。此轮土地制度的改革缓解了建设用地紧张的一线城市的土地市场困局,有利于土地价格的控制。

在房地产市场融资管理方面,2019年5月中国银保监会发布《关于开展"巩固治乱象成果促进合规建设"工作的通知》(银保监发〔2019〕23号),通知针对"国内外资金直接或变相用于土地出让金融资、个人综合消费贷款、经营性贷款、信用卡透支等资金挪用于购房、资金通过影子银行渠道违规流入房地产市场、并购贷款、经营性物业贷款等贷款管理不审慎,资金被挪用于房地产开发"等乱象进行肃清,加强了对房地产市场融资的监管力度。随后,2020年12月,中国人民银行、中国银行保险监督管理委员会发布《关于建立银行业金融机构房地产贷款集中度管理制度的通知》(银发〔2020〕322号),决定建立银行业金融机构房地产贷款集中管理制度,分别对7家中资大型银行、17家中资中型银行、中资小型银行和非县域农合机构、县域农合机构以及村镇银行的房地产贷款占比上限、个人住房贷款占比上限作出了明确的规定,其中要求中资大型银行(中国工商银行、中国建设银行、中国农业银行、中国银行、国家开发银行、交通银行、中国邮政储蓄银行)的房地产贷款占比和个人住房贷款占比不得超过40%和32.5%。

租赁市场方面,中央政府分别从租赁住房交易平台建设、租赁住房试点、长租市场保险化以及租赁住房相应的户籍制度和公积金制度等方面作出了制度设计。2017年7月,住建部会同国家发展改革委、公安部等九部门联合发布《关于在人口净流入的大中城市加快发展住房租赁市场的通知》(建房〔2017〕153号),提出建设政府住房租赁交易服务平台,培育和发展住房租赁市场。2017年8月,国土资源部、住建部发布《利用集体建设用地建设租赁住房试点方案》(国土资发〔2017〕100号),确定第一批13个试点的城市。2019年7月,财政部、住房和城乡建设部公布了2019年中央财政支持住房租赁市场发展试点入围城市名单,北京、上海、南京、杭州、福州、厦门、济南、郑州、武汉、长沙、广州、深圳、重庆、成都等16个城市进入试点范围。2018年6月,银保监会发布《关于保险资金参与长租市场有关事项的通知》(银保监发〔2018〕26号),指出支持符合条件的保险公司可参与长租市场建设。除此之外,中央层面还分别从租赁住房关联的户籍制度以及住房公积金制度方面进行制度设计以配合"租购并举"的住房制度设计。2019年3月国家发展改革委关于印发《2019年新型城镇化建设重点任务》的通知,提出"允许租赁房屋的常住人口在城市公共户口落户"的政策指导。2019年5月中央国家机关住房资金管理中心发布《关于深化"放管服"改革做好中央国家机关住房公积金归集工作有关问题的通知》，提出要"加大租房消费支持力度，促进租赁市场健康发展"。

可见，2015年至今，中央政府逐渐意识到改革开放40多年来住房的全面商品化过程中忽视了住房的"居住"属性，导致房地产市场的投机现象，缺乏应对不同收入阶层的多层次的住房市场供应体系。与此同时，这一时期中央政府在严控房地产市场的同时，也更加关注其所带来的金融风险问题，如2019年7月，国家发展改革委办公厅发布《关于对房地产企业发行外债申请备案登记有关要求的通知》，要求房地产企业发行外债要加强信息披露，明确资金用途，以防范房地产企业发行外债可能存在的风险，促进房地产市场平稳健康发展；2020年8月20日，住房城乡建设部、人民银行在北京举行了"重点房地产企业座谈会"，以进一步落实房地产长效机制。该会议拟对12家房企进行融资债务总规模的控制，并设置了"三道红线"，一是剔除预收款后的资产负债率不超过70%；二是净负债率不超过100%；三是现金短债比小于1倍。会议还进一步强调"市场化、规则化、透明化的融资规则，有利于房地产企业形成稳定的金融政策预期，合理安排经营活动和融资行为，增强自身抗风险能力，也有利于推动房地产行业长期稳健运行，防范化解房地产金融风险，促进房地产市场持续平稳健康发展"。因此，可以说这一时期的房地产调控政策设计逐渐回归住房多层次体系的构建，开启了"顶层设计"式的改革。

（三）行业深度调整时期（2021年至今）

2022年以来，受新冠疫情冲击、国际经济形势和行业周期性调整等多重因素的叠加影响，我国房地产业进入下行周期。房地产作为中国经济增长的重要驱动力之一，在经历了长时间的高速发展后，逐步进入存量市场，供求关系发生重大变化。这一时期，行业内长期积累的结构性问题逐渐暴露，并对房地产市场供需两端同时造成巨大冲击。

在供给端，自2021年起，大型房企违约事件频发，"暴雷"现象成为行业焦点。一些之前依赖高杠杆运营模式的龙头房企因现金流断裂而陷入困境，中国房地产行业出现了大规模的企业债务违约现象。根据部分评级机构的年度违约分析报告显示：2021年全年，中国房地产企业的美元债券违约金额累计约177亿美元，约占当年中国企业海外违约总额的三分之一。2022年，房地产企业违约债务规模进一步扩大，整个行业面临的流动性危机正在加剧。房地产开发企业的暴雷直接导致大量楼盘停工。根据中国指数研究院的数据，截至2022年底，全国未完成的住宅项目占总楼盘的12%以上，涉及数百万购房者。某些地区的停工项目比例更高，如河南郑州，停工项目在2022年达到了40%以上。随着暴雷事件频发，市场对房地产行业逐渐失去信心。2022年，房地产企业通过债券融资规模较2019年下降超过60%，全年仅完成融资约6 500亿元人民币，其中大部分流向了少数优质房企，融资渠道的收紧进一步压缩了中小型房企的生存空间。此外，根据国家统计局相关数据显示，房地产开发企业本年度实际到位资金自2021年的20.11万亿元下降至2022年的14.82万亿元，2023年又持续跌至12.98万亿元。可以明显看出，房地产开发企业的到位资金受限。此外，在供给端，也出现了房地产开发企业数量锐减的现象，2020—2023年，全国有超过300家房地产企业因资金链断裂或经营不善而退出市场。其中，百强房企中至少有20家企业在此期间经历了破产或被重组。国家统计局数据显示，2021年房地产开发企业个数为105 434个，2022年减少至102 852个，2023年又持续减少至100 111个。三年时间，全国房地产企业个数共减少5 323个，房地产企业供给端遭受巨大冲击。

在需求端，近三年来我国房地产市场需求持续疲软，商品房销售规模的显著下降使得市场恢复的信心受阻，购房群体观望情绪浓厚。根据国家统计局数据显示（如表3.1所示），2021年全国新建商品房销售面积约为16.14亿平方米，同比仅增长1.6%，而销售额达17.02万亿元，同比增长4.6%。尽管尚维持小幅增长，但增速显著低于2020年的2.2%和8.3%。紧接着，2022年和2023年新建商品房销售面积和销售额均出现了不同程度的下跌。2022年新建商品房销售面积同比下降24.3%，销售额下降26.7%，分别跌至12.22亿平方米和

12.47万亿元,创下十年来的最大降幅。2023年市场回暖预期未能实现,新建商品房销售面积进一步降至11.18亿平方米,销售额微降至11.67万亿元,降幅分别为8.51%和6.46%。由此可见,2023年房地产市场需求状况有所好转,但需求端疲软状态仍在持续。

表3.1　　　　　2021—2023年房地产市场销售情况

年份	新建商品房销售面积 (万平方米)	增幅(%)	新建商品房销售额 (亿元)	增幅(%)
2020	158 819.29	2.20	162 752.25	8.30
2021	161 354.02	1.60	170 158.66	4.55
2022	122 154.48	-24.29	124 720.39	-26.70
2023	111 761.62	-8.51	116 660.9	-6.46

对此,中央政府自2021年以来分别围绕住房金融、"保交楼"、保障房等方面开展了房地产市场调控。中央层面,2022年4月,中央政治局会议强调"支持各地从当地实际出发完善房地产政策,支持刚性和改善性住房需求"。这一会议为此后各地陆续出台的地方性房地产调控政策指明了方向。2022年7月中央政治局会议和12月中央经济工作会议均十分关注房地产市场状况,并指出要"确保房地产市场平稳发展,防止形成区域性系统性金融风险"。2023年政策将重点引导房地产行业尽快实现"软着陆",推动楼市尽快出现趋势性回暖势头。2022年11月中国人民银行、原银保监会联合出台《关于做好当前金融支持房地产市场平稳健康发展工作的通知》(以下简称《通知》),从保持房地产融资平稳有序、积极做好"保交楼"金融服务、配合做好受困房企风险处置、依法保障住房金融消费者合法权益、阶段性调整部分金融管理政策、加大住房租赁金融支持等6个方面,明确了16条支持政策。通知支持房企融资"三箭齐发",支持开发性政策性银行提供"保交楼"专项借款和开展制定"一楼一策"实施方案,标志着供给端政策进入全面支持阶段。自此,房地产宏观调控政策进入全面宽松周期。与此同时,租购并举住房制度持续完善,对住房租赁金融支持力度不断加大。一方面,引导金融机构加大对自持物业型住房租赁企业的信贷支持,以优化住房租赁信贷服务。另一方

面，支持住房租赁企业发行信用债券和担保债券等直接融资产品，专项用于租赁住房建设和经营，以拓宽住房租赁市场多元化融资渠道。同时也鼓励地方将部分空置的商品房项目改造为保障性租赁住房，为新市民、青年人提供更多住房保障。2023年8月国务院发布《关于规划建设保障性住房的指导意见》（国发〔2023〕14号），又进一步围绕保障房的建设、筹集和配售等方面做出了指导意见。可见，这一时期，中央层面在确保房地产市场平稳发展的同时，加大了保障性住房和租赁住房的政策支持力度。

地方层面，在中央政府的支持和鼓励下，各地开始就其房地产市场实际情况出台相应的调控政策。例如，郑州市作为特大人口城市率先出台了市场调控政策，2022年郑州市先后出台了《郑州市人民政府办公厅关于促进房地产业良性循环和健康发展的通知》（郑政办〔2022〕13号）、《河南省自然资源厅关于印发稳定经济促增长规划用地若干政策措施的通知》（豫自然自发〔2022〕29号）、《关于进一步促进我市房地产市场平稳健康发展的通知》（郑房〔2023〕98号）等，围绕支持合理住房需求、改善住房市场供给、加大信贷融资支持、推进安置房建设和转化和优化房地产市场环境等方面均出台了具体措施。其他城市如杭州、南京、宁波、佛山等地也陆续出台了相关的调控政策。根据中指研究院统计，截至2022年12月26日，全国超330个省市（县）发布的楼市政策中，涉及优化限购（48城）111条、优化限贷（173城）240条、优化限售（33城）41条、调整公积金（235城）416条、调整限价（29城）34条、购房补贴（187城）256条、调整预售资金监管（115城）132条。

具体而言，在新房的房贷利率方面，2022年中国人民银行三次下调5年期以上LPR，由4.65%下降至4.3%，共计35个基点。2022年5月首套商品房贷利率下限调整为不低于5年期以上LPR减20个基点，2022年9月允许部分城市阶段性下调或取消首套商贷利率下限。此后两年，LPR持续降低，根据央行最新公布的数据显示，2024年12月5年期以上LPR已降低至3.6%。此外，在存量房贷款利率方面也实现了调整的新突破。2023年8月31日，中国人民银行、国家金融监督管理总局发布《关于降低存量首套住房贷款利率有关事项的通知》，通知指出自9月25日起，存量首套住房商业性个人住房贷款的借款人可向承贷金融机构提出申请调整利率。这是自2008年金融危机以来，在存量房贷款利率方面实现的新突破。在税收政策方面，分别围绕供给端和需求端出台了相应的税收优惠政策。2024年11月国家税务总局发布了《关于降低土地增值税预征率下限的公告》，将土地增值税预征率下限降低0.5个百分点。调整后，除保障性住房外，东部地区省份预征率下限为1.5%，中部和东北地区省份预征率下限为1%，西部地区省份预征率下限为0.5%。2022年9月，财政部和税务总局发布《关于支持居民换购住房有关个人所得税政策的公告》，公告称自2022年10月1日至2023年12月31日，对出售自有住房并在现住房出售后1年内在市场重新购买住房的纳税人，对其出售现住房已缴纳的个人所得税予以退税优惠。2024年11月12日，中华人民共和国财政部、国家税务总局、住房和城乡建设部联合发布《关于促进房地产市场平稳健康发展有关税收政策的公告》，对个人购买家庭唯一住房（家庭成员范围包括购房人、配偶以及未成年子女，下同），面积为140平方米及以下的，减按1%的税率征收契税；面积为140平方米以上的，减按1.5%的税率征收契税。同时，对个人购买家庭第二套住房，面积为140平方米及以下的，减按1%的税率征收契税；面积为140平方米以上的，减按2%的税率征收契税。除此之外，部分地区还出台了额外的税收补贴或退税等政策措施。例如：重庆市促进房地产市场平稳健康发展领导小组办公室发布的《关于进一步调整优化房地产政策措施的通知》（渝房市办〔2024〕1号）指出，2024年1月1日至2024年3月31日，凡在重庆市中心城区新购商品房（含车库）或存量住房（均以网签备案时间为准）并完成契税缴纳的，由中心城区各区政府（管委会）给予购房补贴。

可见，2021年至今，为应对新冠疫情、国际经济形势和行业下行的周期性调整状况，我国的房地产调控政策紧紧围绕防范房地产市场风险开展，从供需两端同时调控，在供给端着重围绕"保交楼"、受困房企风险处置、房企融资和租赁房企等方面开展宏观调控。在需求端，在不断扩大住房保障的同时，重点针对刚需住房和改善性住房予以政策支持。无论是从中央政府层面还是从地方层面，都不断强调要正确认识房地产供求关系的重大变化，在供给层面提供给市场需要的产品结构类型，政策设计更加的全面化和目标化。

四、我国房地产市场与政策发展的历史脉络与经验启示

表 3.2 列示了上述小节梳理的关键调控政策信息。纵观改革开放 40 多年来我国房地产市场与政策的演变轨迹，从外资进入和国企改革的倒逼机制下起步的土地使用权转让，到国际经济形势急变和地方政府财政状况急迫下的全面商品化，再到回归住房的居住本质，充分体现了中国特色社会主义市场经济从萌芽到成熟的演变历程，也展示了我国改革开放从"摸着石头过河"向"顶层设计"转变的整个历史轨迹。

表 3.2　改革开放 40 多年来我国房地产调控关键政策一览

年份	政策重点一览
第一阶段：房地产商品化的开启时期（1978—1996 年）	
1978	邓小平首次提议允许私人建房
1979	新建住房以成本价向职工出售
1980	中央首次提出住宅商品化政策
1981	组织城镇职工居民建房出售
1982	国家开始试行补贴出售政策（"三三制"售房原则）
1984	扩大城市共有住宅补贴出售试点
1986	住房制度改革的重点在于逐步提高房租
1987	推行商品化筹集和融通资金
1988	国务院发布房改实施方案，房改正式全面试点
1989	房改大面积实行，房价上涨，规范市场行为，整顿市场秩序
1990	出台《土地管理法实施条例》，规范土地市场
1991	住房公积金试行
1992	完善房地产市场体系，引入竞争机制
1993	对房地产市场大规模地清理和整顿，全面控制银行资金进入房地产行业

续表

年份	政策重点一览
1994	土地增值税、全面推行住房公积金制度、开展安居工程
1995	《中华人民共和国城市房地产管理法》《城市商品房预售管理办法》《城市房地产转让管理规定》颁布实施
	第二阶段：拉动经济增长的产业化时期（1997—2014 年）
1997	发布《住宅担保贷款管理试行办法》
1998	停止住房实物分配，建立住房分配货币化、住房供给商品化、社会化的住房新体制
1999	深化落实住房分配货币化改革，鼓励个人换购住房
2000	发展个人住房贷款业务
2001	《商品房销售管理办法》发布实施
2002	降低住房公积金存、贷款利率，加大征地、拆迁的行为，创造大量的强制性（被动性）住房消费需求
2003	增加普通商品住房供应，控制高档商品房建设
2004	上调贷款利率，抑制房地产投资过快的增长，打压房地产泡沫
2005	"国八条"控制房价过快上涨
2006	上调贷款利率、"国六条"、"90/70" 政策、"外资限炒令"
2007	央行 5 次加息、"9·27 房贷新政"、严格控制外商投资高档房地产、建立健全城市廉租住房制度
2008	央行 5 次下调存贷款利率、下调契税税率、鼓励普通商品住房消费
2009	鼓励商品房住房消费，2 年转让免征营业税
2010	"国十一条"，抑制投机性住房需求，遏制房价过快上涨
2011	"新国八条"、3 次上调存贷款利率
2012	实施差别化住房信贷、税收政策和住房限购措施，坚持房地产市场调控不动摇
2013	"新国五条"坚决抑制投机性住房消费
2014	取消限购，下调贷款利率，放松公积金贷款条件
	第三阶段：回归住房的居住本质时期（2015 年至今）
2015	5 次降息，降低首付款比例，加大首套房贷款支持力度
2016	因城施策化解房地产库存，发展住房租赁企业，分类调控，重启限购限贷
2017	坚持住房的居住属性，加强房地产市场分类调控，加快推进租赁住房建设，"租购并举"住房制度
2018	因地制宜，精准施策，实行差别化调控，建立健全长效机制，发展房地产租赁市场

续表

年份	政策重点一览
2019	坚持住房的居住属性，不将房地产作为短期刺激经济的手段
2020	建立银行业金融机构房地产贷款集中管理制度，设置"三道红线"
2021	加快发展保障性租赁住房，完善以公租房、保障性租赁住房和共有产权住房为主体的住房保障体系
2022	3次下调房贷利率，支持各地从当地实际出发完善房地产政策，确保房地产市场平稳发展，防止形成区域性系统性金融风险
2023	降低存量首套住房贷款利率，加大保障房支持力度，给予购房退税补贴

在自上而下的改革时期，政策的出台往往落后于产业的发展，政策的出台在不断地迎合市场问题的解决，政策本身也未能形成规制经济主体行为模式的有效机制。忽视改革增量分配不均衡，在未形成多层次多元化住房政策的条件下，住房的市场化改革势必使"一部分先富起来"的群体成为既得利益阶层，也是导致我国新时代"人民日益增长的美好生活需求与不平衡不充分发展之间的矛盾"的主要原因之一。因此，首先出台新的土地使用政策，构建多元化、多层次房地产市场，鼓励有条件的企事业单位加入公租房屋建设队伍，不但是落实"住有所居"的中央政策，也能使房地产市场泡沫"软着陆"，最大限度减小金融系统性风险。其次，房地产市场与政策不但要围绕提高住房所有者的持有成本（房产税或者个人固定资产税），更需要围绕资产的继承成本（遗产税或者赠与税）进行制度设计，充分发挥财政的自动稳定器功能使资源分配达到效率化、合理化。

在把房地产业作为拉动经济增长的历史时期，地方财政收入对房地产业的过度依赖，不但是"分税制"带来的后果之一，还是地方官员在"晋升锦标赛"模式中的必然选择。在中央与地方政府目标不一致的条件下，房地产政策难以收到预期的成效。造成了房价越控越高，泡沫产生并积累。因此，理顺中央和地方政府关系，改变对地方官员在"晋升锦标赛"中的单一评价体系，虽任重道远但具有系统性解决问题的意义。

目前，在习近平新时代中国特色社会主义思想的指引下，房地产市场与政策逐渐回归住房的居住属性，紧紧围绕"坚持房子是用来住的、不是用来炒的定位，加快建立多主体供给、多渠道保障、租购并举的住房制度，让全体人民住有所居"的目标展开。在建立健全房地产业长效调控机制，构建多层次的市场供应体系，促进房地产业健康发展的同时，还要正确认识房地产供求关系的重大变化，在供给层面提供给市场需要的产品结构类型。持续关注房价波动情况，合理化解金融系统性风险，要求房地产政策结合财政、金融以及行政各方面的综合功能，从顶层设计的角度制定系统性、前瞻性的战略。

第二节　我国特有的制度体系下房价泡沫的产生机制

通过对房地产市场与政策演变历程的分析可知，1978年我国开始实行改革开放政策，随之而来的财税制度和土地制度改革对我国的住房市场产生了深远影响。尤其是1994年的"分税制"改革造成的地方政府财权与事权的不匹配，以及中央政府对地方经济发展目标的考核机制，加剧了地方政府财源短缺现象。而土地二元所有制的改革给作为城镇土地垄断者的地方政府提供了获得额外财政收入的契机，引致地方政府的土地财政行为，房地产业逐渐成为各地拉动经济增长的工具。中央政府对房地产市场的调控政策一度失效，过量的金融资源流入房地产业，推动房价的上涨。鉴于此，本书基于制度因素和市场因素的双重视角分析土地财政和金融支持在我国房价泡沫产生机制中的关键作用（如图3.9所示）。"分税制"背景下，地方政府财政短缺，且面临着中央政府"晋升锦标赛式"的GDP考核机制，公共选择理论认为地方政府在此种情况下会做出使自身利益最大化的"经济人"行为，就导致地方政府作为中央政府代理人偏差的出现，此时作为城镇土地垄断者的地方政府可通过土地出让金渠道和税收渠道获取额外的财政收入，促使地方政府产生抬高地价的动机，进而引发房价上涨，导致房价泡沫产生。

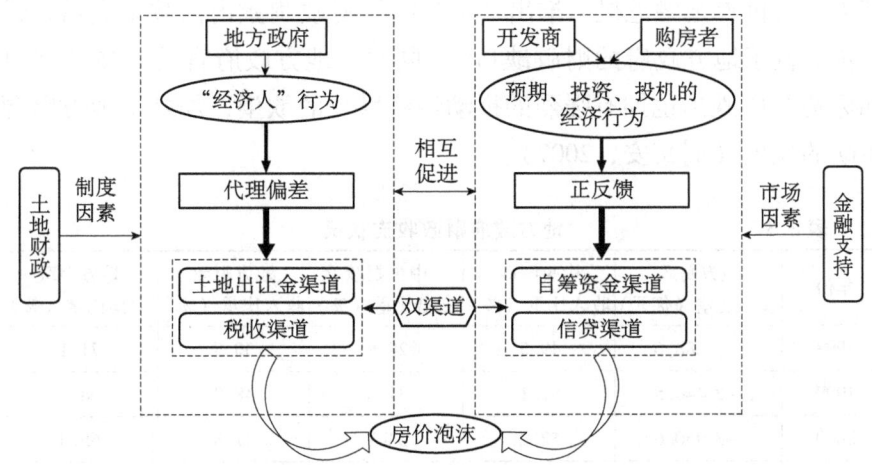

图 3.9　基于制度因素和市场因素的双重视角下房价泡沫的产生机制

与此同时，1998年我国停止住房实物分配，大部分人群的住房问题均需要依靠市场来解决，房地产市场住房需求激增，且1997年的亚洲货币危机和2008年的世界金融危机冲击，使房地产业成为国民经济的重要投资领域以拉动经济增长。那么，作为房地产市场参与主体的开发商和购房者基于预期、投资和投机的经济行为，形成了一个"房价上涨→加大投资→房价再上涨→再加大投资……"的正向反馈过程。这一过程中，金融支持就通过自有资金渠道和信贷渠道进入房地产业，推动了房价的上涨和泡沫的产生。土地财政和金融支持对房价泡沫影响的具体分析如下。

一、土地财政与房价泡沫

1994年我国实施"分税制"改革，一改以往中央对地方的财政包干制，划分国税与地方税为中央财政和地方财政，厘清了中央和地方的财政收入来源。然而，地方经济发展所需资金仍需地方财政支持，这造成了地方政府财政缺口不断攀升，国家财政收入中地方政府占比逐年下降的现象。如表3.3所示，地方财政收入差额呈不断扩大的趋势，地方财政在国家财政收入中的占比维持在50%左右，而财政支出在国家财政支出中的占比却一度高达85%左右。地方财政支出占国家财政之比随着我国加入世界贸易组织，经济增速加快而不断飙升，尤其为应对世界金融危机,推出"4万亿"财政刺激内需政策之后,进一步加剧了地方政府的财政缺口[①]。同时,地方政府官员为在"晋升锦标赛"中胜出也拥有强烈的推动经济增长的欲望,加剧了地方财源短缺的现象(周黎安,2007)。

表3.3 地方政府财政收支状况

年份	地方财政收支之差(亿元)	中央财政收入比重(%)	中央财政支出比重(%)	地方财政收入比重(%)	地方财政支出比重(%)
1998	-2 688.6	49.5	28.9	50.5	71.1
1999	-3 440.5	51.1	31.5	48.9	68.5
2000	-3 960.6	52.2	34.7	47.8	65.3
2001	-5 331.3	52.4	30.5	47.6	69.5
2002	-6 766.5	55.0	30.7	45	69.3
2003	-7 379.9	54.6	30.1	45.4	69.9
2004	-8 699.4	54.8	27.7	45.1	72.3
2005	-10 053.6	52.3	25.9	47.7	74.1
2006	-12 127.8	52.8	24.7	47.2	75.3
2007	-14 766.7	54.1	23.0	45.9	77.0
2008	-20 598.7	53.3	21.3	46.7	78.7
2009	-28 441.6	52.4	20.0	47.6	80.0
2010	-33 271.4	51.1	17.8	48.9	82.2
2011	-40 186.6	49.4	15.1	50.6	84.9
2012	-46 110.1	47.9	14.9	52.1	85.1
2013	-50 729.2	46.6	14.6	53.4	85.4
2014	-53 338.9	45.9	14.9	54.1	85.1
2015	-67 333.6	45.5	14.5	54.5	85.5
2016	-73 112.0	45.3	14.6	54.7	85.4
2017	-81 758.9	47.0	14.7	53.0	85.3
2018	-90 292.9	46.6	14.8	53.4	85.2

① "4万亿"积极财政政策中,中央政府投资仅占29.5%,其余70.5%由地方财政预算、中央财政代发地方政府债券、政策性贷款等来承担。

续表

年份	地方财政收支之差（亿元）	中央财政收入比重（%）	中央财政支出比重（%）	地方财政收入比重（%）	地方财政支出比重（%）
2019	-102 662.6	46.9	14.7	53.1	85.3
2020	-110 368.6	45.3	14.3	54.7	85.7
2021	-99 538.81	45.2	14.3	54.8	85.7
2022	-116 219.14	46.6	13.7	53.4	86.3
2023	-119 174.73	45.9	13.9	54.1	86.1

数据来源：根据国家统计局《中国统计年鉴》相关数据计算得出。

与此同时，改革开放以后我国进行了土地二元所有制以及有偿使用的制度改革。1982年12月，第五届全国人民代表大会第五次会议通过新中国历史上第四次宪法修正案，对土地的所有权进行了阐述："城市的土地属于国家所有；农村和城市郊区的土地，除由法律规定属于国家所有的以外，属于集体所有；宅基地和自留地、自留山，也属于集体所有"，明确了我国实行土地二元所有制。此后，1988年4月第七届全国人民代表大会第一次会议将"土地使用权可以依照法律的规定转让"载入宪法。到此，我国土地有偿使用制度初步建立，拉开了我国土地商品化和市场化的序幕。2002年国土资源部发布《招标拍卖挂牌出让国有土地使用权规定》（国土资源部〔2002〕11号令）的通知，明确规定包括商业、旅游、娱乐、商品住宅用地的经营性用地必须通过招拍挂方式出让。我国特有的土地二元所有制以及土地有偿使用的制度改革，给作为城镇土地垄断者的地方政府获取额外的财政收入提供了契机。

在此背景下，2002年以来地方政府的土地出让金收入持续攀升。与此同时，土地出让金的增长率持续高于土地出让面积的增长率（如图3.10所示）。这说明在财政分权的背景下，地方政府通过抬高地价出让土地以平衡财政收支，导致地价快速上涨（刁伟涛，2015；Zhang 等，2016；唐云锋，2017）。然而，水涨船高，房价随之上涨。因此，可以说地方政府过度依赖土地出让收入来缓解收支不平衡，推动了房价上涨（宫汝凯，2012；宫汝凯，2015；Li 和 Song，2016；王京滨，2018），泡沫随之产生。

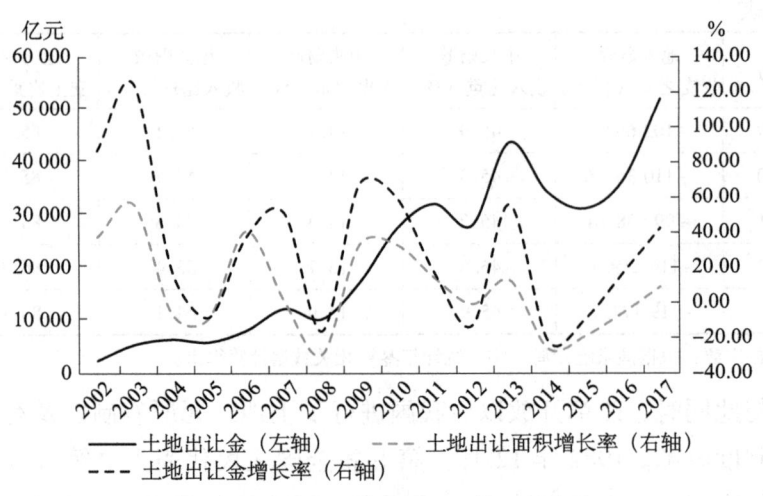

图 3.10 地方政府土地出让金及其同比增长率

数据来源：国土资源部《中国国土资源统计年鉴》。

此外，地方政府除通过土地出让金获得直接的土地财政收入外，还可通过出让土地获得与房地产业相关的税收收入，这可看作是土地财政的间接组成部分。图 3.11 显示与房地产业相关的税收收入在地方政府税收收入中的占比也在稳步增长，2020 年这一占比已高达 35.64% 左右（其中，房产税占比 3.81% 左右，城镇土地使用税占比 2.76% 左右，土地增值税占比 8.66% 左右，耕地占用税占比 1.68% 左右，契税占比 9.46% 左右，房地产企业主营业务税金及附加占比 9.27% 左右）。可见，自 2002 年实施《招标拍卖挂牌出让国有土地使用权规定》以来，地方政府通过土地财政推动了房价的上涨。反之，房价上涨使得开发商对未来预期乐观而对土地需求上升，土地竞价支付意愿提高，拉动土地财政增长（李郁等，2013）。同时，房价上涨能够给地方政府带来更多的土地出让收入和税收收入（陈小亮等，2018），直接加剧了地方政府土地财政的动机，陷入房价不断上涨、泡沫不断积累的循环中。因此，在我国特有的土地制度体系下，土地财政成为房价泡沫产生和积累的必要因素（吕炜和刘晨晖，2012）。

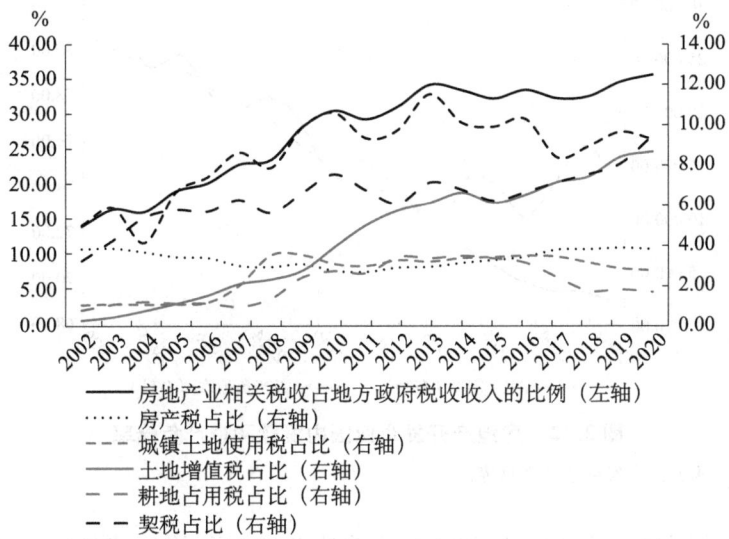

图 3.11　房地产业相关税收在地方财政收入中的占比情况

数据来源：中经网统计数据库。

二、金融支持与房价泡沫

1997 年亚洲货币危机以及 2008 年的美国金融危机所引起的全球经济环境的改变给当时我国经济的发展造成了一定影响。中央政府为促消费，扩内需，将产业关联度较强的房地产业确定为国民经济的支柱产业。在此背景下，房地产业成为投资领域的重点对象。与此同时，1998 年我国进行内部住房制度大改革，停止住房实物分配，大量的住房需求被推向市场。自此，无论是开发商还是消费者都大举投资房地产业，甚至一些非房地产公司也开始进军房地产业以提升其抵押品的价值（Huang 和 Rong，2017），导致房地产业逐渐获得了过度的金融支持，推动了房价上涨。同时，房价的上涨增加了房地产开发企业可抵押的资产价值，提高了企业的杠杆率（Cvijanović，2014）。金融机构因抵押品价值持续升高，在利益驱动下会进一步增加对房地产业的信贷供给，间接推动了房价上涨和泡沫积累（曾五一和李想，2011）。在房地产业资金来源中，国内贷款自 2002 年以来不断上升，而且资产负债率也逐年升高至 2020 年的 80% 左右（如图 3.12 所示）。

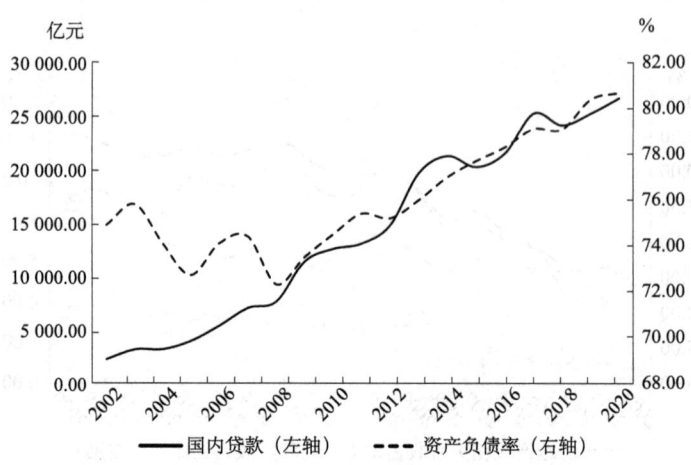

图 3.12　房地产开发企业国内贷款和资产负债率

数据来源：中经网统计数据库。

与此同时，房价的上涨也会导致消费者对价格形成持续上涨的预期，进一步刺激消费者的投机行为（周京奎，2005）。图 3.13 显示，商品房销售额自 2002 年持续攀升，年均增长率达 22.62%，根据首付款 30% 的比例计算，商品房销售额中 70% 的资金均来自于银行贷款。因此，银行对房地产业的消费性金融支持也是推高房价的重要原因。总之，过度的金融支持催生了房地产市场各参与者的投机行为，推动了房价泡沫的产生（周京奎，2006）。

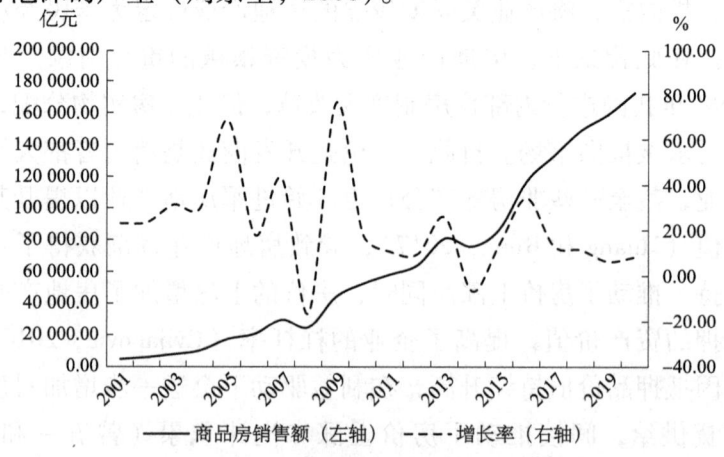

图 3.13　商品房销售额及同比增长率

数据来源：中经网统计数据库。

三、土地财政和金融支持的相互促进作用

我国地方政府对银行的放贷拥有一定的控制权，各地方政府在土地财政的驱动下，为了达成自身利益，使大量的资金流入到了房地产行业（Deng，2015）。这不仅仅表现在地方政府对各地国有银行和非金融类国有企业的贷款和投资拥有绝对的控制权，同时，各地非国有的城市商业银行的贷款也同样受到地方政府的控制。郑荣年（2013）应用追溯控制链的方法对我国城市银行的股权结构进行鉴别，研究发现地方政府通过财政和资产管理公司对我国城市商业银行实行间接的终极控股。洪正等（2017）指出尽管我国银监会不断地鼓励民间资本进入城市商业银行，但在目前的城市商业银行的股权结构中，第一股东近70%仍然是地方政府。王京滨（2018）进一步将这种地方政府通过控制（或者诱导）金融机构大量向房地产业融资拉动经济增长而延缓了实体经济结构调整的现象称为我国经济结构的脆弱性。此外，王京滨和李博（2021）验证了城市商业银行总行与房地产价格最为膨胀的四大城市（北京、上海、广州、深圳）之间的距离和金融风险之间的关系，发现城市商业银行在经济发展较为领先的城市过度集中将引发激烈竞争，会在某种程度上激发规模较小、流动性较低的城市商业银行追逐高风险信贷的机会主义行为，导致系统性风险的发生，进而产生对房地产等领域的"过度信贷支持"现象，成为房地产市场"助涨助跌"和引发系统性金融风险的重要原因。正如Shleifer和Vishny（1994）所说的"政治家的目标决定了资源配置"，地方政府的投资目标也决定了各地方银行的贷款流向。

在此背景下，地方政府对各地国有银行、非金融类国有企业以及地方商业银行的信贷拥有的控制权，就会使土地财政和金融支持形成一个相互促进的正向反馈过程。地方政府为拉动经济增长，控制金融机构的贷款流向，在泡沫产生机制中形成"金融支持增加→房价上涨→土地财政行为加剧→房价上涨→金融支持行为加剧……"的相互促进过程（如图3.9所示），最终导致房价泡沫扩张和积累。

综上，本书认为我国房价泡沫的形成不仅是基于过度投资的市场因素，同时也是我国对内土地制度和财税制度改革的必然结果。因

此，在内部改革和外部冲击的双重作用下，土地财政和过度的金融支持成为我国房价泡沫形成的两大关键因素，且二者可相互促进，加剧泡沫的产生。为进一步验证上述理论分析结果，本章下节将在上述理论分析的基础上，采用我国30个省级行政单位2002—2017年的面板数据，通过构建房地产市场局部均衡模型测算我国各地区的房价泡沫水平。在此基础上，进一步通过构建动态面板模型与面板门槛模型，将土地财政、金融支持与房价泡沫置于统一的分析框架内，从实证角度系统地探讨土地财政、金融支持对房价泡沫的影响特征和地区差异。

第三节 我国房价泡沫产生机制的实证检验

一、基于房地产市场局部均衡模型的房价泡沫测度

(一) 房地产市场局部均衡模型构建

根据本书第二章的文献综述可知，目前测度房价泡沫的方法主要有指标警戒值法、统计检验法和模型法。但鉴于指标警戒值法的"一刀切"的指标界限设置不一定适用于中国国情，而统计检验法又无法准确地测算泡沫的水平，同时考虑到本书的研究对象包含预售商品房，市场上缺乏相应的租金信息，且对未来收益率的设定也一般具有较大的恣意性导致计算结果并不可靠。因此，本书在参考姜春海（2005）和周京奎（2006）等的研究基础上，采用模型法测算房价中泡沫水平，将房地产市场局部均衡状态下的房地产价格定义为"房地产基本价值"，通过构建房地产市场局部均衡模型，测算不同的住房负债比下我国各地区的房价泡沫水平。

房价泡沫的表达式如下：

$$b_{it} = p_{it} - fp_{it} \tag{3.1}$$

式（3.1）中 i 表示不同省份，t 表示不同年份，b_{it} 表示泡沫水

平，p_{it} 是商品房平均单价，fp_{it} 表示商品房的基本价值。首先，对消费者来说，在既定的可支配收入 y_{it} 下寻求效用最大化，其中一部分收入用于住房消费为 $p_{it}^h x_{it}^h$，剩余用于其他商品的消费为 $p_{it}^g x_{it}^g$。其中 p_{it}^h、p_{it}^g、x_{it}^h、x_{it}^g 分别为住房和其他商品的价格和购买量。

假设消费者效用函数符合柯布－道格拉斯效用函数 $U = (p_{it}^h x_{it}^h)^k (p_{it}^g x_{it}^g)^{1-k}$，住房消费为消费者带来的效用可分期实现，且各期贴现率为1，总效用为各期效用的简单加总。对效用函数两边取对数：

$$LnU = \sum_{t=0}^{\infty} \{kLnp_{it}^h x_{it}^h + (1-k)Lnp_{it}^g x_{it}^g\}$$

消费者在可支配收入 y_{it} 的约束下选择住房和其他商品的购买数量以最大化期望效用：

$$\max_{(x_{it}^h, x_{it}^g)} LnE_t U = \sum_{t=0}^{\infty} \{kLnE_t p_{it}^h x_{it}^h + (1-k)LnE_t p_{it}^g x_{it}^g\}, s.t.: E_t(p_{it}^h x_{it}^h + p_{it}^g x_{it}^g) = y_{it}$$

其中，k 表示可支配收入中用于购买住房的比例，由于住房的价值较大，消费者一般选择银行按揭贷款的方式购买，那么 k 就表示每月的家庭住房负债比。银行一般建议月还款额占消费者家庭收入的比例不超过40%的警戒线，当比例在20%—35%时可以维系正常的生活，但为保证日常生活必需品的开销，在工作稳定的情况下月还款额一般不超过家庭收入20%的舒适线。因此，k 值根据房地产行业中普遍的消费规律确定为0.2或0.3，其中 k 取0.2用于主回归，k 取0.3用于稳健性检验。$1-k$ 表示可支配收入中用于购买其他商品的比例。通过构造拉格朗日函数，求出上述带有约束条件的最大化问题的一阶条件为[①]：

$$E_t p_{it}^h x_{it}^h = k y_{it} \qquad (3.2)$$

其次，对开发商而言，其在拥有总资金 m_{it} 的情况下进行房地产项目开发，并追求利润 π 最大化。假设房地产市场是完全竞争市场，开发商各期的利润贴现率为1，期望总利润为未来各期利润的简单加总。总资金 m_{it} 的机会成本为社会平均利润率 r_{it}，建造房屋的单位成本为 c_{it}，且总成本是建房数量的二次函数，即 $C_{it} = c_{it}(x_{it}^h)^2/2$。开发

---

① 根据拉格朗日函数法，给定带有约束条件的二元函数最大化问题的一阶条件有3个，但本书求解房地产基本价值的过程仅需要与住房价格相关的一阶条件的公式即可，固只列出1个一阶条件方程式。

商在既定的资金下决定建造房屋的数量以最大化期望利润：

$$\max_{x_{it}^h} E_t \pi = \sum_{t=0}^{\infty} E_t(p_{it}^h x_{it}^h - c_{it}(x_{it}^h)^2/2 - r_{it}m_{it}), s.t. : E_t c_{it}(x_{it}^h)^2/2 = m_{it}$$

上述带有约束条件的最大化问题的一阶条件为：

$$E_t p_{it}^h = c_{it} x_{it}^h (1 + r_{it}) \tag{3.3}$$

最后，联立公式（3.2）和公式（3.3）得到房地产市场均衡价格：

$$fp_{it} = \sqrt{k y_{it} c_{it}(1 + r_{it})} \tag{3.4}$$

该价格反映了完全竞争市场上房地产市场供求均衡时的价格，将此时的均衡价格定义为房地产基本价值。可以看出该表达式反映了房地产基本价值与经济基本面的相关指标（收入、社会平均利润率、开发商的建房成本）之间的长期关系。但是考虑到房地产开发周期较长，一般从土地获取到预销售需要 1 年左右的时间周期，将公式（3.4）右边的各项滞后 1 年，改写为：

$$fp_{it} = \sqrt{k y_{it-1} c_{it-1}(1 + r_{it-1})} \tag{3.5}$$

由此，房价泡沫的最终表达式为：

$$b_{it} = p_{it} - \sqrt{k y_{it-1} c_{it-1}(1 + r_{it-1})} \tag{3.6}$$

（二）各地区房价泡沫测度结果与分析

根据公式（3.6）估算我国 30 个省、自治区、直辖市 2002—2019 年的房价泡沫水平。上述相关指标数据来源为国家统计局《中国统计年鉴》《国家数据》和中经网统计数据库，其中社会平均利润率 r 来源于国泰安数据库中的无风险利率，并采用年度平均无风险利率计算得出。图 3.14 给出了 k 取 0.2 时我国各地区的房价泡沫测算结果，其中图 3.14(a)、图 3.14(b)、图 3.14(c) 和图 3.14(d) 分别代表我国东部地区、中部地区、西部地区和东北部地区。从整体上来看，自 2002 年开始我国各地区房价泡沫均呈现出波动上升趋势。具体来说，我国的房价泡沫走势大体上可分为 3 个阶段：

（1）2008 年之前的产生阶段。自 1998 年我国停止住房实物分配以来，为鼓励个人换购住房，一系列宽松的宏观调控政策相继出台，我国房价在 1998 年后经历首轮的上涨期。鉴于房价上涨过快，中央政府于 2005—2007 年开始出台紧缩的宏观调控政策，包括 2005 年的

"新国八条"和2006年的"国六条"等①,以平稳房地产市场。在这一时期我国房价泡沫刚刚开始萌芽,从图3.14(a)中可以看出,东部地区除北京的房价泡沫超过了每平方米5 000元以外,其余各地区房价泡沫基本保持在每平方米2 000元左右。而中西部和东北部地区的房价泡沫则基本上在每平方米300—1 000元的水平。

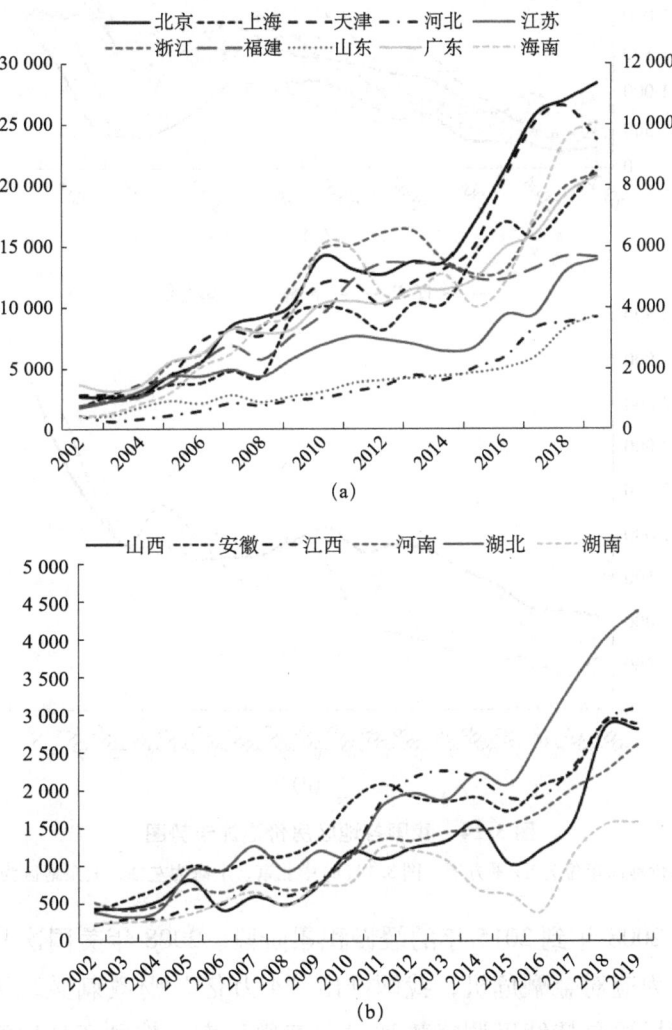

① 2006年5月17日,时任国务院总理温家宝主持召开国务院常务会议,会上提出了《促进房地产业健康发展的六项措施("国六条")》包括住房供应结构、税收、信贷、土地、廉租房和经济适用房建设等方面,这六条措施拉开了2006年房地产调控序幕。

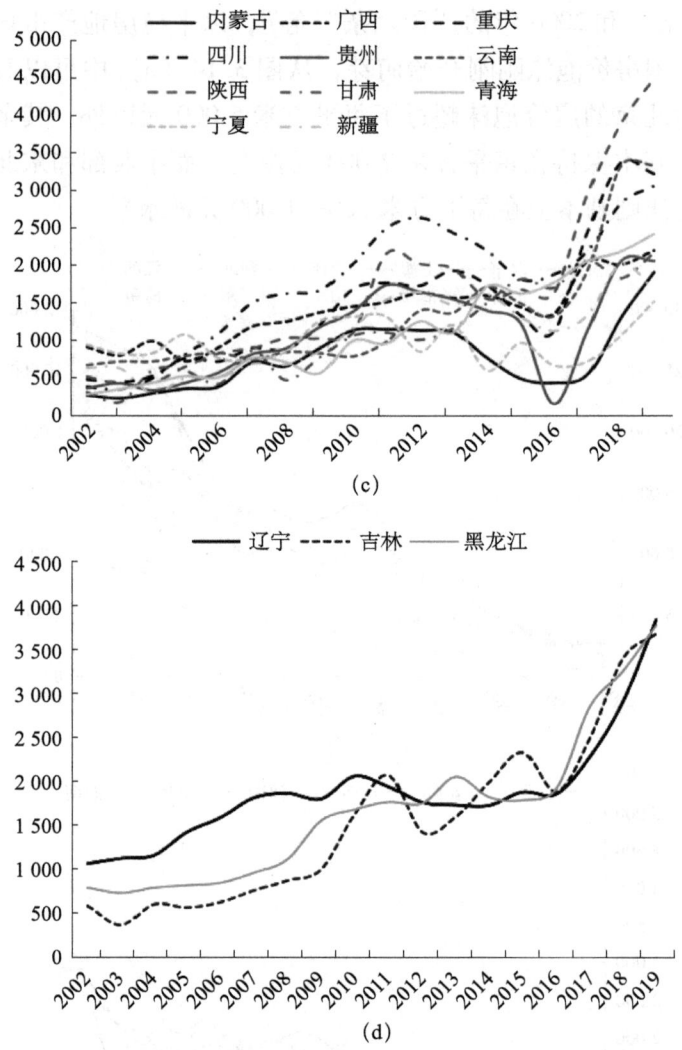

图 3.14 我国各地区房价泡沫走势图

注：房价泡沫单位为元/平方米。图 3.14(a)中北京、上海为左轴，其余地区为右轴。

（2）2008 年到 2015 年的缓慢积累阶段。2008 年美国次贷危机席卷全球，为应对金融危机，我国推出"4 万亿"财政刺激政策，针对房地产市场更是持续下调贷款利率和契税税率，鼓励商品房消费。因此，这一时期我国房价泡沫缓慢积累，东部地区北京和上海的房价泡沫突破每平方米 10 000 元的水平，其余地区基本保持在每平方米 2 000—4 000 元的水平，而中西部地区和东北部地区积累速度较为缓慢，维持在 1 000—1 500 元/平方米的水平。

（3）2016—2019 年的快速积累阶段。受上一阶段宽松的调控政策的影响，2016 年我国各地区房价进入快速上涨阶段，房价泡沫快速积累，东部地区北京和上海的房价泡沫积累至每平方米 15 000—20 000 元的水平，其余地区也高达 4 000—7 000 元/平方米。中西部地区和东北部地区的房价泡沫水平也普遍积累至 1 000—3 000 元/平方米。这一时期，大量的银行信贷流入房地产市场，房地产开发商为获得更多的盈利，将从银行获得的贷款持续投资于房地产市场。与此同时，部分无房家庭也通过住房按揭贷款购房，以赶上房价上涨最后的末班车。因此，无论是开发商还是家庭部门，资产负债率均大幅度攀升，导致房地产开发贷款和个人住房按揭贷款的不良贷款率大幅上涨，增加了银行业的信贷风险。对此，2017 年党的十九大报告提出"坚持房子是用来住的、不是用来炒的定位"的政策方针，此后，我国房地产行业开始进入长效的调控时期。由图 3.14（a）、图 3.14（b）和图 3.14（c）可以看出，无论是东部地区还是中西部地区，自 2018 年起大部分地区的房价泡沫水平开始出现缓慢的下降势头，这说明中央政府的长效调控机制逐渐生效。但这一紧缩的长效调控机制是否能够抑制房价泡沫对金融风险的影响，是值得进一步探讨的问题，本书将在第五章和第六章的实证分析中进行检验。

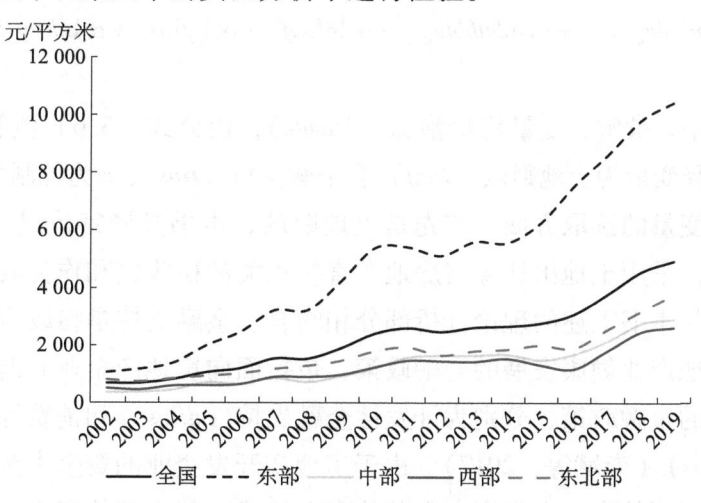

图 3.15　我国东中西以及东北部地区整体的房价泡沫走势

为进一步对比东中西部以及东北部的房价泡沫水平，本书将各地区所包含省份的泡沫水平取平均值，如图 3.15 所示，我国房价泡沫水平呈现出东部地区高于全国水平，东北部地区高于中部和西部地区的"阶梯式"的空间分布形态。总的来说，东部地区相较于中西部地区地理位置较为优越，就业岗位多，人口较多，但建设用地有限，导致其房价较高。尤其是近年来随着城镇化步伐的加快，一线城市的住房供应更加紧张，出现供不应求的局面，导致房价不断攀升，远高于其实际价值。而中西部地区人口较为适中，城市建设用地较为充裕，尤其是西部地区，人口较少，建设用地较多。因此，其房价泡沫水平相对较低。

二、土地财政、金融支持对房价泡沫的影响特征

（一）动态面板模型构建及变量选取说明

依据本章上述的理论分析，房价泡沫可能会反向影响土地财政和金融支持，为避免内生性问题导致模型估计结果偏差，本章构建动态面板模型，将房价泡沫对数值设定为内生变量，将其 1 阶滞后项作为工具变量，同时在模型中加入土地财政和金融支持的交互项，以考查二者在房价泡沫产生机制中的相互促进作用，构建回归模型：

$$\ln bubble_{it} = c + \alpha_1 \ln bubble_{it-1} + \alpha_2 \ln lanf_{it} + \alpha_3 \ln fins_{it} + \alpha_4 \ln lanf \times fins_{it} + \gamma z_{it} + \varepsilon_{it} \quad (3-1)$$

其中，被解释变量房价泡沫（$bubble$），由公式（3.6）测算所得。核心解释变量为土地财政（$lanf$）和金融支持（$fins$），z 为控制变量。

在变量的选取方面，首先是土地财政，本书参考宫汝凯（2015）的做法，采用土地出让金与房地产直接相关的税收之和作为其代理变量，也与本书上述的理论分析部分相吻合。金融支持是指政府出台的促进房地产业健康发展的金融政策，包括面向房地产企业和购房者两类主体的金融政策，分别为开发性金融支持（$dfins$）和消费性金融支持（$cfins$）（李斌等，2017）。由于房地产开发企业的资金来源由国内贷款、利用外资、自筹资金和其他资金组成，其中其他资金包括定金

及预付款和个人按揭贷款等。因此，不少学者将房地产开发资金中的国内贷款、利用外资、其他资金和商品房销售额的 70% 或 80% 作为金融支持的代理变量（周京奎，2006；孔煜，2009）。也有部分学者只采用了国内贷款作为金融支持的代理变量（项卫星等，2007）。本书考虑到房地产企业其他资金来源中包含个人按揭贷款，与商品房销售额中的个人按揭贷款存在重复计算。因此，本书用国内贷款来衡量开发性金融支持，用商品房销售额的 70% 来衡量消费性金融支持。

此外，为全面考虑住房需求与供给、地区经济发展水平、行业景气状况等因素对房价泡沫的影响，在参考孔煜（2009）、吕炜和刘晨晖（2012）等研究的基础上，本书选取以下控制变量：（1）城市人口密度（$dens$）和房地产开发企业房屋新开工面积的对数值（$lnarea$），分别表示不同地区的需求和供给因素对房价泡沫的影响；（2）人均 GDP（实际人均 GDP 取对数，即 $lnpgdp$）和经济开放度（外商直接投资取对数，即 $lnfdi$）代表各地区经济发展状况；（3）城镇居民人均可支配收入（$income$）代表各地区居民收入状况；（4）居民消费价格指数（cpi）代表各地区物价指数；（5）房地产行业景气指数（$boom$）代表不同地区房地产行业的景气状况。

（二）数据来源及描述性统计

鉴于数据可得性及缺失情况，本章数据选取我国 30 个省级行政区（不含西藏自治区、香港特别行政区和澳门特别行政区）2002—2017 年的面板数据，数据来源于国家统计局《中国统计年鉴（2002—2018）》与《国家数据（2002—2018）》《中国国土资源统计年鉴（2002—2018）》以及国泰安数据库。本章采用 Stata15 软件对动态面板模型相关参数进行估计和检验。各变量的描述性统计结果见表 3.4。当 k 取 0.2 时，各地区房价泡沫均值为 1 723.78 元/平方米，最小值为 99.321 元/平方米，最大值为 18 983.74 元/平方米。且根据标准差来看，各地区房价泡沫波动较大，存在明显的地区差异。当 k 取 0.3 时，房价泡沫同样也存在较大的波动幅度。从解释变量的波动情况来看，各地区金融支持的波动幅度显著大于土地财政，消费性金融支持相比开发性金融支持更易发生较大幅度的波动。

表 3.4　　　　　　　　　样本数据描述性统计

变量	样本量	均值	标准差	最小值	最大值
bubble ($k=0.2$)（元/平方米）	480	1 723.781	2 188.626	99.321	18 983.740
bubble ($k=0.3$)（元/平方米）	480	1 268.588	2 055.728	−536.832	17 918.940
lanf（亿元）	480	836.5857	1 045.750	3.516	6 319.922
fins（亿元）	480	1 228.434	1 487.832	8.703	12 106.360
dfins（亿元）	480	308.247	397.829	1.960	2 867.775
cfins（亿元）	480	920.188	1 126.687	6.153	9 238.583
dens（千人/平方公里）	480	2.437	1.352	0.186	6.307
lnarea	480	7.984	0.935	4.293	9.728
lnpgdp	480	9.954	0.676	8.089	11.464
lnfdi	480	7.602	1.427	3.990	11.333
income（万元/人）	480	1.476	0.685	0.594	4.606
cpi	480	102.484	1.985	97.654	110.087
boom	480	100.925	3.883	93.130	107.140

（三）动态面板模型实证结果分析

1. 动态面板模型系统广义矩估计（GMM）

由于滞后一期的房价泡沫与误差项相关，因此，在估计动态面板模型时采用固定效应组内估计（FE）的结果将会不一致。为了克服这一问题，需要对原回归方程进行一阶差分以消去个体固定效应，且使用所有可能的滞后变量作为工具变量进行 GMM 估计，即差分 GMM。但如果样本时间跨度较长，差分 GMM 估计因使用过多的工具变量而产生弱工具变量问题，样本回归结果将出现偏差。而系统 GMM 估计，可以将差分方程和水平方程作为一个系统方程进行估计，以提高方程的估计效率。

表 3.5 给出了 k 取 0.2 时的系统 GMM 的估计结果。就整体方程

回归结果而言,扰动项的差分三阶自相关检验均在10%的水平下接受原假设,工具变量过度识别检验也均在10%的水平下接受原假设,这说明方程的扰动项无自相关且模型所有工具变量均有效。因此,系统GMM回归结果稳定可靠。

具体来看,滞后一期的房价泡沫回归系数在回归结果模型(1)至模型(5)中均为正,且均通过了1%的显著性水平检验。因此,可以说我国各地区的房价泡沫具有显著的正向积累效应。核心解释变量土地财政在回归结果模型(1)和模型(3)中均显著为正,这说明地方政府的土地财政行为对房价泡沫有显著的正向促进作用。回归结果模型(2)和模型(3)中金融支持对房价泡沫的影响系数在1%的水平上显著为正。回归结果模型(4)和模型(5)显示,开发性金融支持和消费性金融支持对房价泡沫的影响系数均在1%的水平上显著为正。这说明过度的金融支持通过开发商和消费者两个渠道进入房地产业,对房价泡沫产生正向影响。回归结果模型(6)显示,土地财政和金融支持的交互项系数显著为正,这说明二者在房价泡沫产生机制中具有正向的相互促进作用。因此,在深化土地制度改革,严控土地财政行为的同时,也要严防过多的资金流入到房地产业。

就控制变量而言,城市人口密度的增加不利于房价泡沫的控制,说明城镇人口的增加造成的住房需求增加会助推泡沫的扩张。代表住房供给的房地产开发企业房屋新开工面积对房价泡沫有显著的抑制作用,说明增加住房供给在一定程度上能够抑制房价泡沫的扩张。因此,泡沫水平较高的地区应该配置更多的建设用地供给指标,以增加住房供给的方式来解决城市人口增加造成的泡沫扩张问题。人均GDP和外商直接投资对房价泡沫均有显著的正向促进作用,说明经济发展水平的提升能够显著地推动房价泡沫的积累。人均可支配收入对房价泡沫的影响显著为负,可能的解释是人均可支配收入的增加在促进房价上升的同时,更多推动了房价基本面的上涨,因此,其对房价泡沫的最终影响为负。房地产行业景气指数对房价泡沫的影响显著为正,说明市场越繁荣,越有利于助长泡沫的产生。

表 3.5　　模型（3-1）系统 GMM 回归结果（$k=0.2$）

解释变量	$lnbubble_{it}$					
	模型（1）	模型（2）	模型（3）	模型（4）	模型（5）	模型（6）
$lnbubble_{it-1}$	0.509*** (0.038)	0.493*** (0.043)	0.483*** (0.036)	0.545*** (0.030)	0.548*** (0.067)	0.470*** (0.030)
$lnlanf_{it}$	0.085** (0.036)		0.062* (0.036)			-0.002 (0.055)
$lnfins_{it}$		0.349*** (0.034)	0.328*** (0.038)			0.354*** (0.053)
$lnlanf \times fins_{it}$						0.011* (0.006)
$lndfins_{it}$				0.073*** (0.025)		
$lncfins_{it}$					0.327*** (0.037)	
$dens_{it}$	0.020 (0.013)	0.007 (0.009)	0.003 (0.010)	0.044*** (0.006)	0.006 (0.007)	
$lnarea_{it}$	-0.052 (0.065)	-0.176*** (0.021)	-0.222*** (0.030)	0.151*** (0.027)	-0.165** (0.083)	-0.200*** (0.017)
$lnpgdp_{it}$	0.574*** (0.153)	0.327*** (0.102)	0.339*** (0.127)		0.250** (0.109)	
$lnfdi_{it}$	0.131*** (0.032)	0.045** (0.020)	0.051* (0.027)		0.039 (0.033)	0.087*** (0.030)
$income_{it}$	-0.302*** (0.080)	-0.308*** (0.057)	-0.343*** (0.073)	0.07*** (0.020)	-0.244*** (0.056)	-0.287*** (0.033)
cpi_{it}	-0.018*** (0.002)	-0.006* (0.003)	-0.006** (0.003)	-0.012*** (0.002)	-0.007** (0.003)	0.008*** (0.002)
$boom_{it}$	0.015*** (0.002)	0.014*** (0.002)	0.013*** (0.002)	0.014*** (0.002)	0.013*** (0.002)	
AB test (3)	0.127	0.254	0.264	0.178	0.317	0.308
Sargan test	1.00	1.000	1.000	1.000	1.000	1.000

注：***、**、* 分别表示 1%、5%、10% 的统计显著性水平。

2. 动态面板回归结果稳健性检验

为进一步验证上述结论的准确性，本章从以下三个方面对模型的回归结果进行三重稳健性检验。

首先，选取 k 取 0.3 时的泡沫变量进行稳健性检验，具体结果如

表 3.6 所示。可以看出核心变量土地财政和金融支持的系数符号和显著性均与表 3.5 中的回归结果一致。土地财政和金融支持依旧对房价泡沫有显著的正向影响。且二者的相互促进作用也显著为正，消费性金融支持和开发性金融支持对房价泡沫的影响也依旧显著为正，且也通过了 1% 的显著性水平的检验。这可以初步说明本书上述的回归结果较为稳健。

表 3.6　k 取 0.3 时模型 (3−1) 系统 GMM 回归结果

解释变量	$lnbubble_{it}$					
	模型 (1)	模型 (2)	模型 (3)	模型 (4)	模型 (5)	模型 (6)
$lnbubble_{it-1}$	0.204 *** (0.019)	0.233 *** (0.018)	0.222 *** (0.018)	0.201 *** (0.019)	0.227 *** (0.017)	0.194 *** (0.007)
$lnlanf_{it}$	0.181 *** (0.035)		0.137 *** (0.034)			−0.162 *** (0.054)
$lnfins_{it}$		0.303 *** (0.041)	0.297 *** (0.035)			0.135 *** (0.050)
$lnlanf \times fins_{it}$						0.049 *** (0.009)
$lndfins_{it}$				0.124 *** (0.028)		
$lncfins_{it}$					0.222 *** (0.028)	
controls	是	是	是	是	是	是
AB test (2)	0.064	0.115	0.135	0.052	0.138	0.276
Sargan test	1.000	1.000	1.000	1.000	1.000	1.000

注：***、**、* 分别表示 1%、5%、10% 的统计显著性水平。

其次，将样本分为金融危机之前和金融危机之后两个时间段，估计结果如表 3.7 所示。可以发现，在金融危机之前我国各地区的房价泡沫并不具有显著的正向积累效应，而金融危机之后这种显著的正向效应才得以凸显。这说明在外在的金融危机的冲击下，房地产业成为支柱产业和主要的投资领域在拉动经济增长的同时，推动了房价泡沫的积累。无论是金融危机之前还是之后，土地财政、金融支持对房价泡沫的正向推动作用以及二者的相互促进作用均十分显著。按时间分样本的估计结果表明前文的结论比较稳健。

表 3.7　金融危机前后模型（3-1）系统 GMM 回归结果（k=0.3）

解释变量	$lnbubble_{it}$					
	金融危机之前					
	模型（1）	模型（2）	模型（3）	模型（4）	模型（5）	模型（6）
$lnbubble_{it-1}$	-0.129* (0.072)	-0.140** (0.071)	-0.131* (0.069)	-0.138 (0.090)	-0.007 (0.057)	-0.151** (0.074)
$lnlanf_{it}$	0.091** (0.036)		0.058*** (0.018)			-0.164*** (0.045)
$lnfins_{it}$		0.535*** (0.049)	0.511*** (0.045)			0.297*** (0.041)
$lnlanf \times fins_{it}$						0.028 (0.007)
$lndfins_{it}$				0.132** (0.058)		
$lncfins_{it}$					0.418*** (0.034)	
controls	是	是	是	是	是	是
AB test (2)	0.102	0.317	0.379	0.066	0.358	0.235
Sargan test	0.132	0.641	0.659	0.178	0.630	0.354
	金融危机之后					
$lnbubble_{it-1}$	0.130*** (0.010)	0.125*** (0.007)	0.137*** (0.011)	0.048*** (0.009)	0.145*** (0.016)	0.127*** (0.011)
$lnlanf_{it}$	0.313*** (0.048)		0.279*** (0.053)			-1.567*** (0.412)
$lnfins_{it}$		0.342*** (0.044)	0.210*** (0.056)			-1.506*** (0.359)
$lnlanf \times fins_{it}$						0.257*** (0.054)
$lndfins_{it}$				0.490*** (0.045)		
$lncfins_{it}$					0.044 (0.028)	
controls	是	是	是	是	是	是
AB test (2)	0.930	0.890	0.892	0.457	0.721	0.038
Sargan test	0.872	0.817	0.889	0.833	0.894	0.900

注：***、**、* 分别表示 1%、5%、10% 的统计显著性水平。

最后，为进一步考察核心解释变量土地财政、金融支持对房价泡沫正向促进作用的稳健性,采用改变核心解释变量的衡量方式,其中土地财政用土地出让金作为其代理变量,开发性金融支持采用房地产开发企业资金来源中除自筹资金以外的资金来衡量,消费性金融支持采用商品房销售额的80%来作为其代理变量。回归结果见表3.8。可以看到无论是土地财政还是金融支持对房价泡沫的正向促进作用均在1%的水平上显著,回归结果模型(4)和模型(5)显示开发性金融支持和消费性金融支持对房价泡沫的正向影响也通过了1%的显著性水平检验。回归结果模型(6)显示土地财政和金融支持的相互促进效应在1%的水平下显著为正。

表3.8　　模型(3-1)系统 GMM 回归结果($k=0.3$)

解释变量	$lnbubble_{it}$					
	模型(1)	模型(2)	模型(3)	模型(4)	模型(5)	模型(6)
$lnbubble_{it-1}$	0.197*** (0.018)	0.234*** (0.017)	0.204*** (0.014)	0.217*** (0.015)	0.227*** (0.017)	0.195*** (0.013)
$lnlanf_{it}$	0.242*** (0.022)		0.195*** (0.029)			-0.137*** (0.052)
$lnfins_{it}$		0.377*** (0.042)	0.326*** (0.041)			0.195*** (0.051)
$lnlanf \times fins_{it}$						0.050*** (0.007)
$lndfins_{it}$				0.435*** (0.067)		
$lncfins_{it}$					0.222*** (0.028)	
controls	是	是	是	是	是	是
AB test (2)	0.080	0.109	0.173	0.069	0.138	0.404
Sargan test	1.000	1.000	1.000	1.000	1.000	1.000

注:***、**、*分别表示1%、5%、10%的统计显著性水平。

综合上述检验,本章上述的研究结论不受房价泡沫、土地财政、金融支持变量选取和样本研究区间的影响。因此,可以说本章的理论预期和实证检验结果较为稳健。

三、土地财政、金融支持对房价泡沫影响的地区差异

(一)面板门槛回归结果分析

我国地域辽阔,各地区的土地资源、金融配置、房价水平以及地方财政和经济发展状况等均有显著的差异。因此,需要进行分样本回归以判断土地财政和金融支持对房价泡沫的影响是否存在明显的地区差异。然而,以往的大多数文献研究更多采用的方法是将样本划分为东部、中部和西部,这一划分标准具有强制性和外生性。针对此问题,本章通过构建面板门槛模型,根据数据的内生性来对数据进行分组,合理地考察土地财政和金融支持对房价泡沫影响的地区差异性。这对精准剖析我国不同地区的房价泡沫的产生机制的文献研究具有重要的意义。

根据前文的分析不难推测,房价较高的地区,地方政府可以获得更多的土地出让金和相关税收收入,土地财政对泡沫的影响力度可能会更强。与此同时,房价较高也意味着房地产开发商和住房消费者有更多盈利和投机的可能性,大量的资金将会涌入该地区,进一步加剧房价泡沫。因此,本章在此采用面板门槛模型回归方法,以房价为门槛变量检验该假设。模型设定如下:

$$\ln bubble_{it} = c + \sigma_1 \ln lanf_{it}(p_{it} \leq \lambda_1) + \sigma_2 \ln lanf_{it}(\lambda_1 < p_{it} \leq \lambda_2) + \sigma_3 \ln lanf_{it}(p_{it} > \lambda_2) + \sigma_4 \ln fins_{it} + \delta z_{it} + \varepsilon_{it} \quad (3-2)$$

$$\ln bubble_{it} = c + \sigma_1 \ln lanf_{it} + \sigma_2 \ln fins_{it}(p_{it} \leq \mu_1) + \sigma_3 \ln fins_{it}(\mu_1 < p_{it} \leq \mu_2) + \sigma_4 \ln fins_{it}(p_{it} > \mu_2) + \phi z_{it} + \varepsilon_{it} \quad (3-3)$$

在面板门槛模型估计之前,需要对模型的门槛效应进行相关的检验,以房价水平作为门槛变量,采用 Bootstrap 方法抽样 300 次对门槛变量存在不同门槛值的假设进行检验。表 3.9 显示,检验结果拒绝了模型存在两个以上的门槛值的假设,土地财政、金融支持、开发性和消费性金融支持对房价泡沫的影响均具有显著的双重门槛效应。

表 3.9　　　　　　　　面板门槛模型检验结果

门槛变量 (p_{it})	模型 (3-2)			模型 (3-3) $fins$		
	门槛值	F 值	P 值	门槛值	F 值	P 值
单一门槛	1 693.063	36.160	0.003	1 693.063	36.810	0.013
双重门槛	4 361.826	38.890	0.010	3 133.509	38.050	0.003

门槛变量 (p_{it})	模型 (3-3) $dfins$			模型 (3-3) $cfins$		
	门槛值	F 值	P 值	门槛值	F 值	P 值
单一门槛	1 693.063	54.400	0.000	1 693.063	32.110	0.030
双重门槛	4 361.826	51.790	0.007	3 134.744	38.890	0.010

注：P 值与临界值均采用 Bootstrap 方法抽样 300 次得到。

表 3.10 报告了面板门槛模型 (3-2) 和模型 (3-3) 的回归结果。结果显示，土地财政对泡沫影响的门槛值分别为 1693.063 和 4361.826，突破第一重门槛，回归系数由 0.168 变为 0.216。而当突破第二重门槛值时，回归系数由 0.216 提升至 0.577。可见，房价越高的地区，土地财政对泡沫的正向促进作用越大，且当突破房价的双重门槛值后，土地财政对房价泡沫的正向促进作用明显跃升。金融支持对泡沫影响的门槛值分别为 1693.063 和 3133.509，当房价相继突破双重门槛时，影响系数由 0.505 变为 0.590，再跃升至 0.624。对比土地财政对泡沫的影响，其第二重门槛值相对较低。开发性金融支持和消费性金融支持也存在相同的情况，且消费性金融支持的第二重门槛值相对较低。

表 3.10　模型 (3-2) 和模型 (3-3) 面板门槛模型回归结果

解释变量	$lnbubble_{it}$		
	模型 (3-2)	模型 (3-3)	
$lnlanf_{it}$		0.180 *** (0.050)	0.203 *** (0.051)	0.210 *** (0.050)
$lnlanf_{it}$ ($price_{it} \leq \lambda_1$)	0.082 * (0.049)		
$lnlanf_{it}$ ($\lambda_1 < price_{it} \leq \lambda_2$)	0.168 *** (0.049)		
$lnlanf_{it}$ ($price_{it} > \lambda_2$)	0.216 *** (0.050)		

续表

解释变量	$lnbubble_{it}$			
	模型（3-2）		模型（3-3）	
$lnfins_{it}$	0.577*** (0.071)			
$lnfins_{it}$（$price_{it} \leq \lambda_1$）		0.505*** (0.074)		
$lnfins_{it}$（$\lambda_1 < price_{it} \leq \lambda_2$）		0.590*** (0.071)		
$lnfins_{it}$（$price_{it} > \lambda_2$）		0.624*** (0.070)		
$lndfinsit$（$price_{it} \leq \lambda_1$）			0.116** (0.050)	
$lndfinsit$（$\lambda_1 < price_{it} \leq \lambda_2$）			0.252*** (0.047)	
$lncfinsit$（$price_{it} > \lambda 2$）			0.317*** (0.047)	
$lncfinsit$（$price_{it} \leq \lambda_1$）				0.376*** (0.068)
$lncfinsit$（$\lambda_1 < price_{it} \leq \lambda_2$）				0.466*** (0.064)
$lncfinsit$（$price_{it} > \lambda_2$）				0.505*** (0.062)
controls	是	是	是	是
R^2	0.734	0.732	0.711	0.726

注：***、**、*分别表示1%、5%、10%的统计显著性水平。

上述实证结果说明高房价地区的利润空间较大，无论是开发商还是消费者均对此类地区有强烈的投资和投机动机，从而加剧了房价泡沫。此外，在东部等房价较高的发达地区人口较多，但建设用地指标配置反而较少，开发商对该地区的土地竞价支付意愿也较高，地方政府对土地财政的依赖度较高。而房价较低的西部地区人口较少，城镇土地资源反而更充裕，建设用地指标配置较多，开发商对该地区的土地竞价支付意愿不高，地方政府对土地财政的依赖度自然很低。

根据各地区房价水平与门槛值的关系，表3.11分别列出了东、中、西部各省2002年和2017年基于房价水平门槛变量的空间分布。

2002年，除北京地区的房价水平超过了4 361.826元/平方米，突破了土地财政对房价泡沫正向促进作用的第二重门槛值外，其余各省均未突破该门槛值。此外，大部分的中西部地区和少数的东部地区（河北和山东）没有突破土地财政对房价泡沫正向促进作用的第一重门槛值。随着各地房价水平的持续攀升，可以看出2017年，突破土地财政对房价泡沫正向促进作用的双重门槛的地区主要集中在东部地区，以及少数的中西部地区（黑龙江、湖北、重庆、陕西），其余全部中西部地区均突破了土地财政对房价泡沫影响的第一重门槛值。

表3.11　2002年和2017年各省基于房价水平门槛变量的空间分布

	$price_{it} \leqslant 1693.063$	$1693.063 < price_{it} \leqslant 4361.826$	$price_{it} > 4361.826$
2002年			
东部	河北、山东	天津、辽宁、上海、江苏、浙江、福建、广东、海南	北京
中部	山西、吉林、安徽、江西、河南、湖北、湖南	黑龙江	
西部	内蒙古、重庆、四川、贵州、陕西、甘肃、青海	广西、云南、宁夏、新疆	
2017年			
东部			全部
中部		山西、吉林、安徽、江西、河南、湖南	黑龙江、湖北
西部		内蒙古、广西、四川、贵州、云南、甘肃、青海、宁夏、新疆	重庆、陕西

（二）门槛效应稳健性检验

为进一步考察土地财政和金融支持对房价泡沫的双重门槛效应的稳健性，本部分通过改变土地财政、金融支持的衡量方式（同前文的稳健性检验），同样以房价为门槛变量，进行门槛效应检验和模型估计。检验结果见表3.12，可以看出检验结果同样在1%显著性水平下拒绝存在两个以上的门槛值的假设，即土地财政、金融支持、开发性和消费性金融支持对房价泡沫的影响均具有显著的双重门槛效应。

表 3.12　面板门槛模型检验结果

门槛变量 (p_{it})	模型 (3-2)			模型 (3-3) $fins$		
	门槛值	F 值	P 值	门槛值	F 值	P 值
单一门槛	1 693.063	42.070	0.010	1 693.063	42.960	0.010
双重门槛	3 134.744	43.510	0.003	3 134.744	47.550	0.000

门槛变量 (p_{it})	模型 (3-3) $dfins$			模型 (3-3) $cfins$		
	门槛值	F 值	P 值	门槛值	F 值	P 值
单一门槛	1 693.063	53.020	0.000	1 693.063	32.450	0.010
双重门槛	3 150.096	57.900	0.000	3 134.744	41.210	0.003

注：P 值与临界值均采用 Bootstrap 方法抽样 300 次得到。

表 3.13 报告了面板门槛模型 (3-2) 和模型 (3-3) 的稳健性检验结果。回归结果显示无论是土地财政还是金融支持，在房价越高的地区，二者对泡沫的正向促进作用就越大，且当突破房价的双重门槛值后，二者对房价泡沫的正向促进作用出现了明显的跃升。稳健性检验结果显示开发性金融支持和消费性金融支持也存在同样的情况。可见，通过改变核心解释变量的衡量方式以后，本书上述的门槛效应回归结果依旧较为稳健。

表 3.13　模型 (3-2) 和模型 (3-3) 面板门槛模型稳健性检验结果

解释变量	$lnbubble_{it}$		
	模型 (3-2)	模型 (3-3)	
$lnlanf_{it}$		0.152 *** (0.035)	0.164 *** (0.036)	0.163 *** (0.035)
$lnlanf_{it}$ ($price_{it} \leq \lambda_1$)	0.052 (0.035)		
$lnlanf_{it}$ ($\lambda_1 < price_{it} \leq \lambda_2$)	0.147 *** (0.035)		
$lnlanf_{it}$ ($price_{it} > \lambda_2$)	0.191 *** (0.036)		
$lnfins_{it}$	0.606 *** (0.077)		
$lnfins_{it}$ ($price_{it} \leq \lambda_1$)		0.510 *** (0.079)	
$lnfins_{it}$ ($\lambda_1 < price_{it} \leq \lambda_2$)		0.593 *** (0.077)	

续表

解释变量	lnbubble$_{it}$			
	模型（3-2）		模型（3-3）	
lnfins$_{it}$（price$_{it}$ > λ_2）	0.632*** (0.076)			
lndfinsit（price$_{it}$ ≤ λ_1）		0.288*** (0.074)		
lndfinsit（λ_1 < price$_{it}$ ≤ λ_2）		0.393*** (0.072)		
lncfinsit（price$_{it}$ > λ2）		0.440*** (0.072)		
lncfinsit（price$_{it}$ ≤ λ_1）			0.390*** (0.067)	
lncfinsit（λ_1 < price$_{it}$ ≤ λ_2）			0.478*** (0.063)	
lncfinsit（price$_{it}$ > λ_2）			0.518*** (0.062)	
controls	是	是	是	是
R²	0.729	0.732	0.714	0.729

注：***、**、*分别表示1%、5%、10%的统计显著性水平。

第四节 本章小结

本章首先对我国房地产业40多年来的发展历程进行回顾与梳理，研究发现伴随着改革开放的进行，我国房地产业市场与政策的发展总体上可以分为三个阶段，在不同的发展阶段，都有其典型的特征，主要结论如下：

第一，在房地产商品化的开启时期，房地产市场与政策的发展经历了初期的住房制度改革以及市场投资过热下的结构调整两个阶段。这一时期我国房地产改革伴随着改革开放进程中外资企业进入、国有企业改革逐渐展开，政策的出台在不断地迎合住房资金短缺、经济发展过热、房地产投资规模过度膨胀、投资结构不合理等问题的解决。

可以说，房地产相关政策的出台滞后于产业的发展，缺乏前瞻性，且政策本身也未能形成规制经济主体行为模式的有效机制。

第二，在拉动经济增长的产业化时期，我国房地产市场陷入了"救市—稳房价—再救市—再稳房价"的不定向发展的循环中。这一时期我国房地产市场与政策脱离了以"建立和完善以经济适用房为主的住房供应体系"为核心的发展目标，并未形成多层次的房地产市场供应体系。导致不同收入阶层人群的住房问题均需要依靠市场解决，房地产业成为拉动经济增长的工具。此外，1994年的"分税制"改革造成地方政府财权与事权的不匹配，以及地方官员"晋升锦标赛式"的绩效考核机制使得中央与地方的调控目标不一致，造成房价越控越高、房价泡沫产生并积累、房地产市场发展畸形的局面。

第三，在回归住房的居住本质时期，我国房地产市场历经了去库存的攻坚阶段、回归住房的居住本质阶段和行业深度调整时期，而且目前正处于供求关系发生重大变化和防范房地产市场金融风险的关键阶段。这一时期我国房地产市场与政策逐渐回归"住房多层次体系的构建"以及"建立健全长效调控机制"的政策方向，在促进房地产业健康发展的同时，正确认识房地产供求关系的重大变化，持续关注房价波动情况，合理及时化解房地产市场金融风险，开启了"顶层设计"式的改革，政策设计具有系统性和前瞻性，更加的全面化和有目标化。

在梳理我国房地产市场与政策发展历史脉络的基础上，本章进一步基于制度因素和市场因素的视角深入剖析我国房价泡沫的产生机制，在对我国各地区房价泡沫进行测算的基础上，通过构建动态面板和面板门槛模型将制度因素与市场因素置于统一的框架中，分析了土地财政与金融支持对房价泡沫的影响特征和区域差异。研究发现：

第一，在对内财税制度和土地制度改革以及外部环境冲击的背景下，土地财政和金融支持成为我国房价泡沫产生的关键因素，且二者在房价泡沫产生机制中可相互促进，加剧房价泡沫的扩张和积累。

第二，2002年以来我国各地区房价泡沫水平呈波动上升趋势，具体可分为2008年之前的产生阶段、2008—2015年的缓慢积累阶段以及2016—2019年的快速积累阶段。此外，我国房价泡沫水平呈现出东部地区高于全国水平，东北部地区高于中部和西部地区的"阶梯式"的空间分布形态。且后金融危机时代房价泡沫具有显著正向的积累效应。

第三，基于动态面板模型的回归结果表明，土地财政和金融支持对房价泡沫具有显著的正向影响。过度的金融支持通过开发商和消费者两个渠道进入房地产业，对房价泡沫产生正向影响。土地财政和金融支持在房价泡沫产生机制中具有显著的正向相互促进作用。基于面板门槛效应分析结果表明，土地财政和金融支持对泡沫的影响均具有鲜明的基于房价水平的双重门槛特征，突破双重门槛后，土地财政和金融支持的正向促进作用明显跃升。且突破土地财政对房价泡沫影响的双重门槛的省份主要集中在东部地区，大部分中西部地区仅突破了土地财政的第一重门槛。

第四章　房价波动对金融风险的影响机制

　　作为资金密集型的产业，房地产业的繁荣发展与金融机构的资金支持密不可分。因此，房地产业贷款已成为房地产市场影响金融风险的关键"桥梁"。尤其是由房地产业贷款引发的不良贷款问题将对金融风险产生重要影响。根据本书文献综述部分的内容可知，房价可以分解为房地产基本价值和房价泡沫两个部分。房地产基本价值的波动通常是由经济发展的基本面支撑，更多体现的是抵押品价值效应，有利于降低金融体系内的风险。但是，房价泡沫的积累和膨胀使得房价不断脱离其基本面，失去经济基本面支撑的房价泡沫仅靠金融体系中源源不断输入的资金维持，一旦出现资金运转困难或者发生贷款违约的情况，这种市场繁荣的假象将难以为继。因此，其更多体现的是增加金融体系内的风险。从本书的第三章可知，银行等金融机构对房地产业的金融支持主要通过开发商和消费者两个渠道对房价泡沫产生影响，而房价的不断攀升又会进一步刺激银行等金融机构加大对房地产业的贷款，以从中谋取更高的资金收益。因此，本章首先从房地产开发企业和购房者两个市场主体的角度来剖析我国房地产市场对金融风险影响的特征事实。其次，房地产作为家庭部门重要的固定资产，其价值的高低将会直接影响家庭部门的消费行为和资产负债情况,并可通过财富效应、抵押品效应、挤出效应等对家庭部门和金融机构产生影响。因此,本章从财富效应、抵押品效应、挤出效应、逆向选择与道德风险以及再融资棘轮效应等方面分析房价波动对金融风险的直接影响机制。最后,伴随着改革的深化、户籍制度的完善、互联网金融的发展以及以国内大循环为主体、国内国际双循环相互促进的新发展格局的构建,区域间要素流动规模扩大、速度加快,各地区的房地产市场和金融市场紧密关联,使得房价波动和金融风险具有显著的空间溢出效应。因此,本章在考虑空间溢出效应的作用下,从资本流动效应和金融机构网络关联效应两个方面进一步分析房价波动对金融风险的空间溢出效应机制。

第一节 我国房地产业对金融风险影响的特征事实

一、房地产开发企业融资信贷风险

(一)过度依赖银行信贷,企业面临资金链断裂风险

银行贷款是我国房地产业的重要资金来源。根据国家统计局公布的数据,我国房地产开发企业获取的资金来源主要有国内贷款、利用外资、外商直接投资、自筹资金、定金及预收款、个人按揭贷款以及其他资金。表4.1显示,房地产开发企业直接从银行获得的贷款(包含国内贷款和其他资金来源中的个人按揭贷款)占比自2005年后持续走高,并最终稳定至29%左右,其中2007年和2009年的直接贷款占比高达32.28%和34.47%。

表 4.1　　　　　　房地产开发企业资金来源　　　　　　单位：万亿元

年份	本年实际到位资金	国内贷款	利用外资+外商直接投资	自筹资金	其他资金	定金及预收款	个人按揭贷款	其他到位资金	自筹资金占比（%）	直接贷款占比（%）
1998	0.44	0.11	0.06	0.12	0.18	—	—	—	26.43	—
1999	0.48	0.11	0.04	0.13	0.21	—	—	—	28.04	—
2000	0.60	0.14	0.03	0.16	0.28	—	—	—	26.91	—
2001	0.77	0.17	0.02	0.22	0.37	—	—	—	28.38	—
2002	0.97	0.22	0.03	0.27	0.46	—	—	—	28.09	—
2003	1.32	0.31	0.03	0.38	0.61	—	—	—	28.57	—
2004	1.72	0.32	0.04	0.52	0.86	—	—	—	30.33	—
2005	2.14	0.39	0.04	0.70	1.02	0.70	0.13	0.19	32.72	24.58
2006	2.71	0.54	0.07	0.86	1.28	0.82	0.26	0.20	31.68	29.28
2007	3.75	0.70	0.11	1.18	1.80	1.07	0.51	0.23	31.41	32.28
2008	3.96	0.76	0.14	1.53	1.60	0.98	0.39	0.23	38.65	29.01
2009	5.78	1.14	0.09	1.79	2.80	1.62	0.86	0.32	31.05	34.47
2010	7.29	1.26	0.15	2.66	3.30	1.93	0.95	0.42	36.52	30.28
2011	8.57	1.31	0.15	3.50	3.68	2.25	0.87	0.57	40.85	25.37
2012	9.65	1.48	0.08	3.91	4.23	2.66	1.05	0.52	40.48	26.21
2013	12.21	1.97	0.10	4.74	5.45	3.45	1.40	0.60	38.83	27.60
2014	12.20	2.12	0.12	5.04	4.97	3.02	1.37	0.58	41.33	28.62
2015	12.52	2.02	0.06	4.90	5.57	3.25	1.67	0.65	39.17	29.45
2016	14.42	2.15	0.03	4.91	7.34	4.20	2.44	0.71	34.07	31.84
2017	15.61	2.52	0.02	5.09	7.98	4.87	2.39	0.72	32.60	31.49
2018	16.64	2.41	0.01	5.58	8.64	5.57	2.36	0.70	33.51	28.71
2019	17.86	2.52	0.02	5.82	9.50	6.14	2.73	0.64	32.56	29.40
2020	19.31	2.67	0.02	6.34	10.29	6.65	3.00	0.63	32.82	29.34
2021	20.11	2.33	0.01	6.5	—	7.39	3.24	0.6	32.32	27.7
2022	14.82	1.74	0.008	5.2	—	4.91	2.37	0.56	35.09	27.73
2023	12.98	1.62	0.004	4.3	—	4.36	2.17	0.55	33.13	29.2

数据来源：中经网统计数据库。

与此同时，银行贷款也是我国商业银行的重要业务领域（Zhang 等，2018）。尤其是房地产业贷款，其在银行贷款业务中占据着重要地位。随着房价的上涨，银行等金融机构纷纷将资金投入到房地产业，以获得更高的盈利（Liu 等，2016）。根据中国人民银行发布的《金融机构贷款投向统计报告》的相关数据计算，2020 年上半年，多数银行房地产业新增贷款占其全部新增贷款比例仍维持在 30% 左右，其中，国有商业银行中中行和邮政的这一比例相对较高，分别为 36.68% 和 30.86%。而相比国有商业银行，股份制商业银行的涉房贷款规模则普遍更高，其中浦发银行为 49.31%，平安银行突破了 50%，占比高达 52.01%。图 4.1 显示了 Wind 数据库发布的金融机构贷款投向中的房地产开发贷款余额及其增长情况，可以看出，截至 2021 年第三季度，金融机构向房地产业投入的贷款余额已高达 121 600 亿元，自 2010 年后，其同比增长率始终维持在 15% 左右的水平波动。可见我国房地产业与金融业已实现深度"捆绑"。

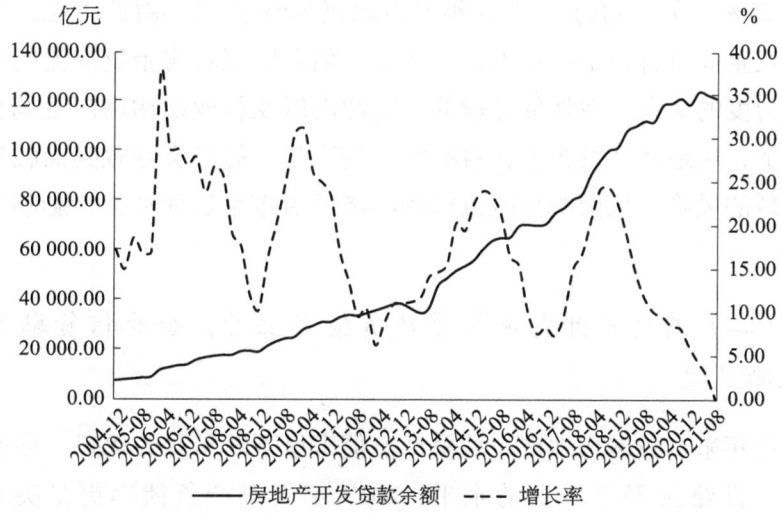

图 4.1　房地产开发贷款余额（左轴）及其同比增长率（右轴）

数据来源：Wind 数据库。

上述现象说明房地产开发企业融资渠道单一，过度依赖银行贷款，一旦遭遇外部环境和政策冲击或房地产市场交易活动放缓，企业极易出现资金链断裂风险，继而给金融机构带来负面冲击。2021 年后伴随着外部的环境冲击和行业结构性调整，国内众多知名房地产企业，诸如融创、富力、碧桂园等房企均出现了债务问题和流动性危机。根据中指研究院相关统计数据显示，2022年房企到期债务规模为9 000多亿元，2023年房企到期债务规模上升为9 579.6亿元，各大房企均面临着较大的偿债压力。这一现象也印证了我国房地产开发企业面临的上述融资短板。

此外，为抑制房地产行业投机现象，早在2006年，国务院办公厅就转发建设部等部门的《关于调整住房供应结构稳定住房价格的意见》（国办发〔2006〕37号），该意见明确提出"为抑制房地产开发企业利用银行贷款囤积土地和房源，对项目资本金比例达不到35%等贷款条件的房地产企业，商业银行不得发放贷款"。这说明对房地产开发企业来说，自筹资金达到35%及以上的比例才能保证企业资金安全运营。然而，表4.1中列出的房地产开发企业资金来源显示，自1998年以来房地产开发企业本年实际到位资金中自筹资金的比例几乎均在35%以下，超过35%的年份占比仅30%左右。由此可见，房地产开发企业自有资金严重不足。那么，随着国家对房企贷款流向资金管制力度的加大，在外部环境的不断冲击以及行业结构性深度调整等情况下，房地产开发企业在自有资金的不足，势必会导致其面临资金链断裂的风险，从而给金融机构和经济发展带来负面冲击，影响金融稳定。

（二）房地产开发企业资产负债率上升，企业信贷融资风险逐渐显现

近年来，我国房地产企业资产负债率呈不断攀升的状态，且近10年间一直处在75%以上的水平，2019年其资产负债率更是突破了80%（如图4.2所示），这远远超越了国际公认的企业资产负债率50%的警戒值水平。伴随着新冠疫情冲击以及外部国际经济环境的影响，我国房地产开发企业的总体负债情况也远超预期，例如：根据相关企业披露的财务数据显示，截至2022年底，知名房企碧桂园、万科、融创和华润置地的总负责分别高达1.4万亿、1.3万亿、1万亿

和 7 396 亿元。由此可见，我国房地产开发企业总体上面临着较大的资金风险。

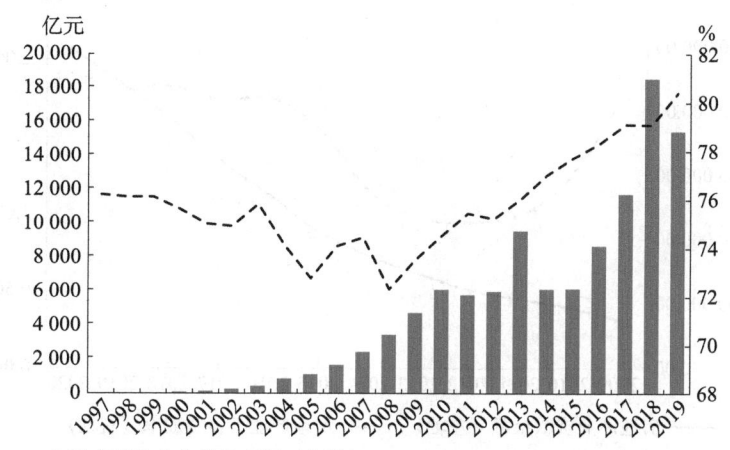

图 4.2　房地产开发企业营业利润和资产负债率

数据来源：中经网统计数据库。

房地产市场和银行是通过贷款连接成的一个复杂的信贷和债务网络，这一网络既是房地产市场从银行获得融资的渠道，又是银行从房地产业获得收益的渠道，债务违约风险正是由此网络而产生（Wang 等，2020）。而过高的资产负债率则意味着企业存在较高的贷款违约的风险，这一风险将通过债务网络传导至银行系统，增加银行的不良贷款率。而且，自 2010 年以来，针对房地产市场大规模的投机现象，中央多次出台紧缩的宏观调控政策，包括"国十一条""新国八条"和"新国五条"等。尤其是在党的十九大报告以来，我国房地产市场在"房住不炒"的总基调下，宏观调控政策持续收紧。在此背景下，房地产开发企业经营难度逐渐加大，其营业利润在 2011 年、2014 年和 2019 年均出现大幅度下降的趋势（如图 4.2 所示），从而导致房地产开发企业信贷融资风险逐渐显现。图 4.3 显示，随着房地产贷款余额的不断增加，房地产业不良贷款率以及商业银行不良贷款率随之攀升，且房地产业不良贷款率的波动趋势与商业银行不良贷款率波动趋势趋同。尤其是在 2013 年之后房地产业贷款快速增长的阶段，房地产业不良贷款率以及商业银行不良贷款更是呈现出了"爬坡式"的增长趋势。

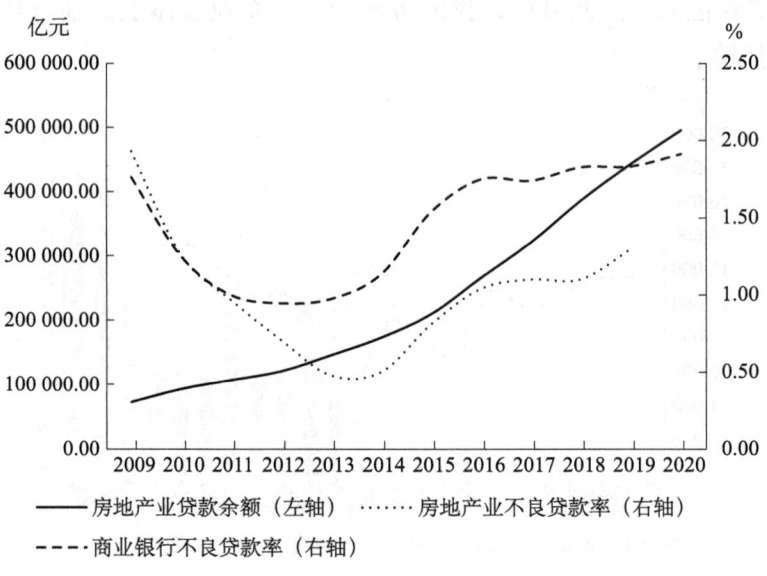

图 4.3　房地产业贷款余额、房地产业不良贷款率及商业银行不良贷款率

数据来源：Wind 数据库。

因此，可以说随着银行等金融机构不断扩大其对房地产业的贷款规模，其风险资产敞口也在不断扩大，伴随着房地产业资产负债率的攀升以及营业利润的下降，房地产开发企业的信贷融资风险逐渐显现。在遭遇外部环境变化、行业结构性周期调整、新冠疫情冲击等因素的影响下，房地产行业进入下行阶段，此时部分房地产开发企业因市场销售遇阻，资金无法及时回流，难以及时偿还银行贷款，从而产生不良贷款，加大银行等金融机构面临的金融风险问题。

二、购房者个人按揭不良贷款风险

（一）过度依赖银行贷款，家庭部门负债风险持续升高

1998 年我国全面实行住房商品化，近 40 年的住房实物分配制度逐步退出历史舞台。为全面推进住房制度改革，住房信贷政策随之跟进。1998 年 7 月，国务院在颁布《关于进一步深化城镇住房制度改革加快住房建设的通知》（国发〔1998〕23 号）中明确提出"扩大个人

住房贷款的发放范围,所有商业银行在所有城镇均可发放个人住房贷款"。住房信贷政策的配套出台使得大部分居民可以在只支付首付款的情况下购买住房,极大地促进了住房消费。此后,银行的住房按揭贷款业务蓬勃发展。如今,通过银行贷款购买住房已成为大部分购房人的选择。但是,伴随着房价的不断上涨,住房需求者不得不通过背负巨额的债务来购买住房,导致买房支出占家庭收入的比重过高,就形成了家庭的高负债率。可以说,房价偏离其基本价值的持续攀升使得他们需要积攒更多的首付款和申请更多的住房抵押贷款来购买住房,导致这部分家庭的负债率上升,从而增加金融体系内的风险。部分购房者的首付款甚至通过"首付贷""首付分期""消费贷"等信用贷款的形式来获取。表4.2显示,金融机构贷款投向中个人按揭贷款余额持续增长,截至2023年末,个人住房贷款余额达38.17万亿元,在房地产贷款余额中的占比高达72.53%。根据中国债券信息网发布的不良支持证券相关数据显示,2023年包含农业银行、建设银行、工商银行、中国银行等在内的8家银行发行个人住房抵押贷款不良资产抵押债券(ABS)已达到22单,发行规模225.23亿元,涉及10.73万户借款人,未偿本息余额481.66亿元,预计可回收274.38亿元。相比2022年仅有建设银行、工商银行、兴业银行、浦发银行、邮储银行5家银行发行的8单住房抵押贷款不良ABS(发行规模共84.64亿元),2023年的个人住房抵押贷款不良ABS的发行单数和规模远超去年。由此可见,个人住房贷款逾期率也在加速上升。

表4.2　　　房地产开发贷款及个人按揭贷款余额　　　单位:万亿元

年份	房地产贷款余额	房地产开发贷款余额	占比(%)	个人按揭贷款余额	占比(%)	其他	占比(%)
2012	12.11	3.00	24.77	8.10	66.89	1.01	8.34
2013	14.61	3.52	24.09	9.80	67.08	1.29	8.83
2014	17.37	4.28	24.64	11.52	66.32	1.57	9.04
2015	21.01	5.04	23.99	14.18	67.49	1.79	8.52
2016	26.68	5.66	21.21	19.14	71.74	1.88	7.05
2017	32.20	7.00	21.74	21.90	68.01	3.30	10.25

续表

年份	房地产贷款余额	房地产开发贷款余额	占比（%）	个人按揭贷款余额	占比（%）	其他	占比（%）
2018	38.70	10.19	26.33	25.75	66.54	2.76	7.13
2019	44.41	11.22	25.26	30.07	67.71	3.12	7.03
2020	49.58	11.91	24.02	34.44	69.46	3.23	6.51
2021	52.17	12.01	23.02	38.32	73.45	1.84	3.53
2022	53.16	12.69	23.87	38.80	72.99	1.67	3.14
2023	52.63	12.88	24.47	38.17	72.53	1.58	3.00

数据来源：中国人民银行《金融机构贷款投向统计报告》。

根据上海财经大学高等研究院发布的研究报告《警惕家庭债务危机及其可能引发的系统性金融风险》显示，2017年我国家庭债务占GDP的比重已经高达48%，家庭债务与可支配收入之比也已高达107.2%。根据Wind数据库中《2021年安联全球财富报告》显示，2020年家庭债务与GDP之比攀升至61.5%。国际货币基金组织指出，当家庭债务与GDP之比超过30%时，将会影响一国的经济增长，而超过65%则会影响金融系统的稳定性。由此可见，房价的持续波动引发的家庭部门负债风险正在积累并逐渐显现。

（二）购房者偿还贷款能力不足，个人住房按揭不良贷款显著增加

自2008年金融危机以来，我国房价在宽松的调控政策下不断上涨。与此同时，城镇化步伐的加快，使得人口不断流入一线城市，住房需求激增，进一步刺激了我国房价上涨，如今我国部分地区房价已超过城镇就业人员工资的数十倍。

图4.4显示我国35个大中城市以及一线城市、新一线城市、二线城市、三线城市的房价与城镇就业人员工资的倍数。可以看出，自2002年以来，35个大中城市整体上的房价已超越城镇人员工资的20倍之多。其中，一线城市房价与工资的倍数呈波动上升趋势，部分年份已超过40倍。新一线城市和二线城市的房价工资比在20倍上下波

动，三线城市相对较低，但房价工资比也超过了 10 倍。这意味着在一线城市置业需要一个工薪阶层将近 40 年的收入，不得不说这已经远远超过大部分工薪阶层的购房能力。然而，随着房价的不断上升，房价增长率逐渐超越城镇居民可支配收入增长率和 GDP 增长率，此时，房价泡沫已经产生并积累，现有的经济基础已难以支撑快速上涨的房价。如图 4.5 所示，尤其是 2016 年以来，随着我国经济发展进入高质量发展阶段，GDP 增长率和城镇居民人均可支配收入增长率趋于平缓，低于房价增长率，这势必会造成购房者偿还贷款能力疲软。即使是 2021 年后，房地产业进入下行阶段，全国新建商品房平均销售价格在 2022 年仅出现小幅度下降，由 2021 年的 10 546 元/平方米下降至 2022 年的 10 210 元/平方米，降幅仅 3.19%。随后，在 2023 年又出现了反弹，上升至 10 438 元/平方米，涨幅 2.18%。

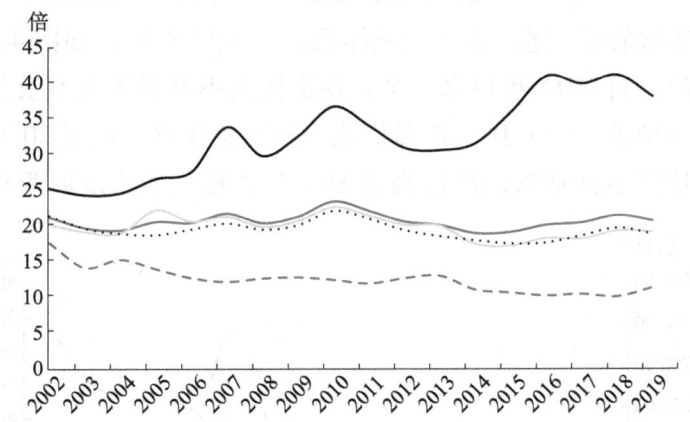

—— 35个大中城市　—— 一线城市　—— 新一线城市　……二线城市　--- 三线城市

图 4.4　一二三线城市房价与城镇就业人员工资比

数据来源：中经网统计数据库。

注：城市分类依据城市发展研究院发布的《2021 年全国城市综合实力排行榜》。此外，根据《关于做好稳定住房价格工作的意见》（国办发〔2005〕26 号）规定，满足"单套建筑面积在 120 平方米以下，住宅小区建筑容积率在 1.0 以上，实际成交价格低于同级别土地上住房平均交易价格 1.2 倍以下"即可定义为普通住宅，各地可根据实际情况在该标准的 1.2 倍（即 144m²）内自由调整，因此，该处住房价格按照 144m² 新建住宅进行计算。

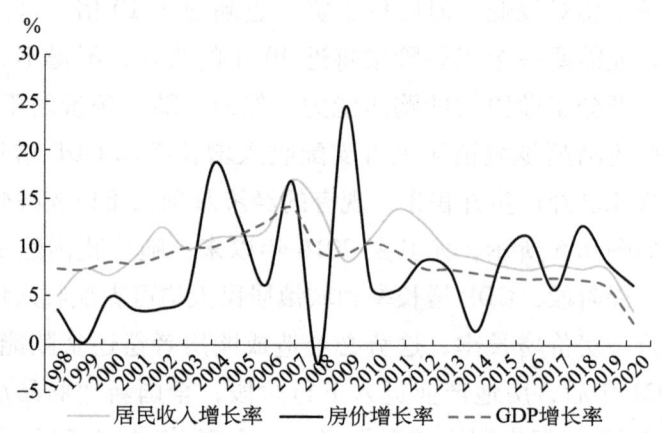

图 4.5　居民收入、房价和 GDP 增长率

数据来源：国家统计局国家数据。

购房者偿还能力不足，将会给银行造成大量的贷款损失，增加银行的不良贷款余额，进而提升金融体系内的风险水平。如图 4.6 所示，可以看出，自 2011 年以来，个人住房按揭不良贷款余额及其同比增长率显著增加，个人住房按揭贷款违约现象频发，截至 2019 年，个人住房按揭不良贷款余额已高达 805.5 亿元。尤其是近两年，受外

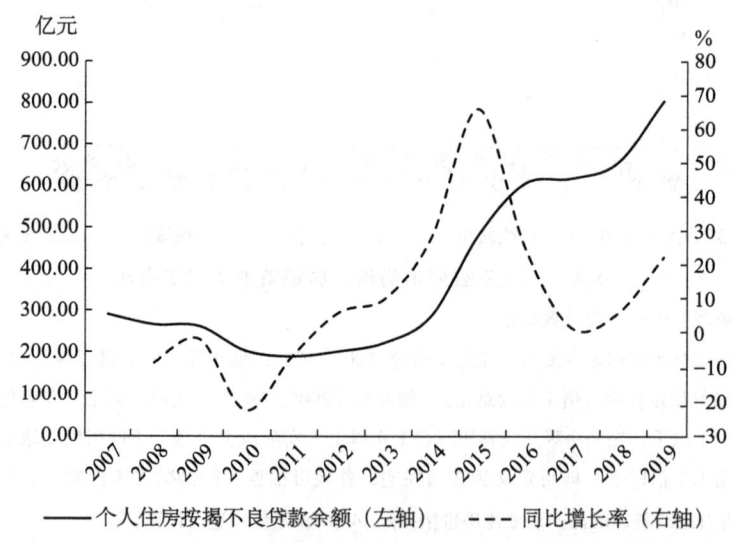

图 4.6　个人住房按揭不良贷款余额及其同比增长率

数据来源：Wind 数据库。

部环境以及经济发展结构性调整的影响，多数行业收入水平降低，个人住房贷款违约现象频发。2023年中国建设银行个人住房贷款6.41万亿元，不良贷款余额为269.28亿元，高于2022年末的238.47亿元，不良贷款率达0.42%。2023年末中国工商银行个人不良贷款为607.57亿元，其中个人住房不良贷款较2022年增长24.33亿元。由此可见，房价波动背后所带来的信贷违约风险正在增加。

第二节 房价波动对金融风险的直接影响机制

基于特征事实分析的基础，本书发现，房价波动主要通过房地产业贷款这一中介桥梁对金融风险产生影响。如图4.7所示，房价波动对金融风险的直接影响机制显示：第一，房价波动可通过财富效应的资产负债渠道刺激居民消费，对金融风险产生负向影响；第二，房价波动通过抵押品效应的信贷渠道增加借款人的借款能力和偿债能力并提升银行抵押品价值，对金融风险产生负向影响，同时也可以通过该渠道增加银行的风险资产敞口，对金融风险产生正向影响；第三，房价波动通过挤出效应的资金分配渠道增加金融机构对房地产业的投资，扭曲经济结构，从而对金融风险产生正向影响；第四，房价波动通过逆向选择与道德风险的信贷渠道增加银行对低信用借款人的贷款投向，对金融风险产生正向影响；第五，房价波动通过再融资棘轮效应的杠杆率渠道提升借款人的杠杆率，对金融风险产生正向影响。

一、财富效应

财富效应（Wealth Effect）是用来描述货币的财富效应，由于金融资产价格的上涨（或下跌），造成金融资产持有人财富的增加（或减少）。20世纪80年代以后，众多国内外学者开始对房地产的财富效

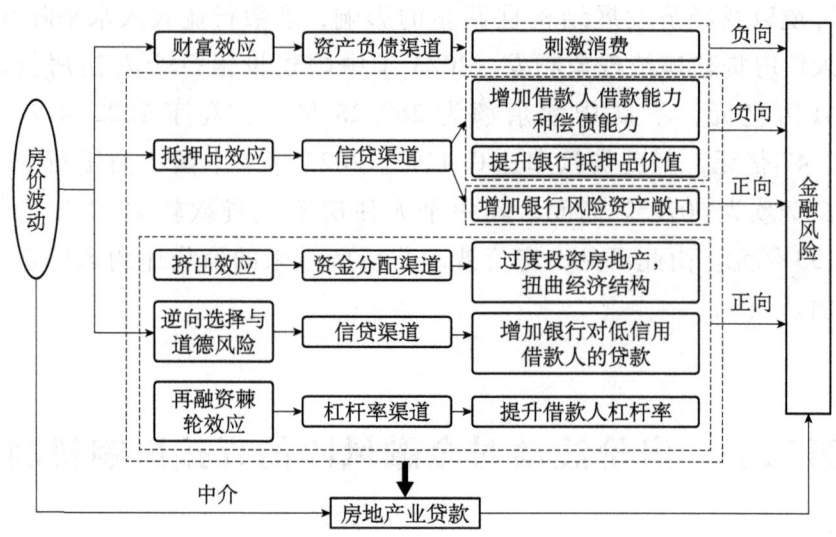

图 4.7　房价波动对金融风险的直接影响机制

应进行广泛的探讨。显然，房地产的财富效应是通过房价的波动来体现的，是由于房价的上升（或下降）导致的房屋所有者财富的增加（或减少）（陈伟和陈淮，2013）。Skinner（1989）研究发现房价的上涨会降低储蓄率，刺激消费，从而得出房地产业具有显著的财富效应的结论。Case 等（2005）对美国等 14 个国家过去 25 年的数据进行观察研究发现，房地产市场具有显著的财富效应，对家庭消费的影响在统计上十分显著。国内学者刘建江等（2005）基于生命周期理论和持久收入理论的视角，分析了房地产业显著的财富效应，通过构建 LC-PIH 模型研究发现持续上涨的房地产市场具有显著的正向财富效应，这种正向的财富效应既可以增加公众的财富，又可以增强人们对市场的信心，从而扩大他们的边际消费倾向，并最终推动经济增长。邹丽萍（2006）研究认为我国房地产价格上涨存在显著的财富效应，可影响消费者的消费决策、消费总支出与消费结构，并最终将这种影响传导至宏观经济。周建军和鞠方（2009）基于协整理论，采用误差修正模型和格兰杰因果关系检验实证研究发现我国房地产市场具有显著的财富效应，且这种显著的效应随着时间的推移逐渐增强。谢文佳（2019）从理论上分析了房产价格波动对居民消费升级的影响传导效应,并基于 VAR 模型的向量自回归方法实证检验了房价波动对居民消费升级的影响效应,研究发现房价波动会通过财富效应、预期效应和资产抵押效应对资产持有者的消费升级产生正向溢出效应,不论是从长期还是短期来看,我国房价上涨对居民消费升级的正向促进效应均要强于负向挤出效应。李育和刘凯(2019)使用中国家庭追踪调查数据库的数据,在微观层面分析了房地产的财富效应,研究发现房产财富对家庭消费存在正向的"财富效应"和负向的"挤出效应",其中,已购房家庭存在显著的房产"财富效应",住房财富净值增加 1% 会导致其平均消费水平增加约 0.05%。周利和易行健(2020)研究指出对于有房的家庭而言,房价上涨可通过资产增值形成促进居民消费的"财富效应"。陈华和胡晓龙(2020)研究发现房产持有的"财富效应"大于对消费的"挤出效应",房产持有对家庭的股票市场参与程度、股票资产的配置均可产生正向效应。

财富效应显示,房价波动可通过资产负债渠道,改善住房所有者的资产状况,刺激居民消费,通过对经济的推动来稳定金融体系。如今,住房已成为我国居民家庭实物资产的重要组成部分,根据中国人民银行调查统计司城镇居民家庭资产负债调查课题组于 2019 年进行的我国城镇居民家庭资产负债情况调查显示,我国城镇居民家庭的实物资产中 74.2% 为住房资产,户均住房资产高达 187.8 万元,住房资产占家庭总资产的比重为 59.1%。根据国家统计局数据,我国新建商品房平均销售价格由 2000 年的 2 112 元/平方米上涨至 2023 年的 10 438 元/平方米。因此,就近年来我国总体房价上涨的趋势而言,对于拥有住房的家庭部门来说,房价波动可通过财富效应来间接地促进金融稳定。

二、抵押品效应

房地产作为固定资产投资的重要组成部分,在银行贷款业务中常被用作抵押品为借款人的借款行为提供担保。抵押品效应(Collateral Effect)则是指,抵押品价值的变化所引起的借款人与银行的消费和贷款的经济行为变化。众多国际研究表明,房地产具有显著的抵押品效应。Aoki 等（2004）研究认为，房价上涨导致了家庭部门的住房抵押品价值提升，降低了家庭部门外部融资的交易成本，进而刺激家庭部门的住房消费行为。Gan（2007）也指出，房地产业作为一种重要的抵押品，其价值的提升不仅可以减轻融资过程中借款方和银行之间的信息不对称和委托代理问题，同时也可以增强借款方的借款能力缓解其融资约束问题。Corradin 和 Popov（2015）利用美国个人层面的调查数据显示，房价的上涨可显著增加家庭部门的资产价值，缓解家庭部门的信贷约束。国内学者钟腾（2017）分别从微观层面和宏观层面研究了我国房地产业显著的抵押品效应，采用两阶段最小二乘回归的实证分析结果表明房地产抵押价值的提升能够提升借款方的借款能力，缓解银行对其的融资约束。

在此基础上，部分学者探讨了房地产显著的抵押品效应对金融风险的影响。刘晓欣等（2017）基于 SVAR 模型实证检验房价与金融稳定的关系时发现，房价上升，短期内可通过提升抵押房产的价值来提升金融体系内部的稳定性。马亚明和邵士妍（2012）从借款人的角度探讨抵押品价值效应，他们认为资产价格波动导致的抵押品价值变动可通过资产负债表——信贷渠道对金融稳定产生影响，对借款人而言，当资产价格上升时，其持有的抵押品价值上升，改善其资产负债表项目，进而增加借款人的偿债能力，减小其违约的可能性。李斌等（2019）从银行的角度探讨了房地产作为抵押品其价值的暴涨和暴跌对金融风险的影响，一方面房价的上涨提升了银行抵押品的价值，在其资产状况得到改善后，房地产开发企业和购房者可以获得更多的银行贷款；但另一方面，资金持续不断地涌入房地产市场，将刺激房价进一步上涨，不断地循环上述过程，银行过度投资到房地产领域，增加了其对风险资产的敞口，金融体系内蕴藏的风险将逐渐积累。对此，温博慧和柳欣（2009）也指出房价上升时使得借款人可供抵押的资产价值上升，提高了借款者获取银行贷款的能力。此时，如果存在盈利的空间，借款人会增加其贷款需求，这将会增加银行资产暴露于风险的比重，为系统性金融风险的产生埋下隐患。

抵押品效应显示，房价上涨过程中显著提升了抵押品的价值，一方面，可通过信贷渠道，缓解借款人的信贷约束，提升借款人的借款能力和偿债能力，减少房地产业不良贷款的产生。同时，一旦住房抵押人出现违约，银行可以将其房屋进行拍卖，而较高的抵押品价值在一定程度上可以减少银行可能面临的损失（Bester，1985；Shin，2008）。但另一方面，随着房价的持续上涨，房价泡沫产生并积累，可通过信贷渠道，吸引更多的资金流入高收益的房地产市场，增加银行对高风险资产的敞口，导致其面临的金融风险升高，在一定程度上可能会削弱抵押品效应对金融风险的负向作用。

三、挤出效应

挤出效应（Crowding-Out Effect）最早是用来描述财政政策对私人投资的影响，是指政府部门扩张性的财政政策导致的利率上升，进而引起的私人部门投资的减少。由于社会财富的总量是一定的，因此，政府投资的增加势必会减少私人部门所占用的资金。而房地产的挤出效应主要体现在以下几个方面：首先是房地产行业的高收益或者持续攀升的房价吸引社会资金过度流入，并造成实体企业投资的减少和空心化；其次是房价的过快上涨需要占用更多购房者的储蓄资金以用来支付购房的首付款和住房按揭贷款，进而挤占购房者的其他投资和消费支出；最后是房地产行业的过度膨胀会扭曲经济结构，造成金融体系的"脱实向虚"，最终对金融稳定造成隐患（朱晓明和童小龙，2021）。

有关房价上涨的挤出效应，近些年来国内外学者进行了广泛的探讨。首先是从实体经济发展的角度，武康平和胡谍（2010）通过构建结构向量自回归模型实证分析了我国房地产市场过度"繁荣"对居民消费和非房地产投资显著的挤出效应，他们认为房价过快上升使得房地产业有利可图，吸引大量的社会资金涌入，使得原本并不涉及房地产业务的企业纷纷将其用于研发、设备更新等方面的资金投入到房地产业以获得较高的投资回报，导致其他行业的投资萎缩。Chen 和 Liu（2015）研究发现不断上涨的房地产价格促使更多的投资投向房地产业，从而挤压银行对其他非房地产企业的投资，与此同时，房地产价格的上涨也拉大了有地企业和无地企业之间的财务约束差距，导致信贷资源的配置失衡，房地产繁荣的挤出效应会导致实体经济的效率低下。郑东雅等（2019）通过构建包含家庭、房地产部门、房地产相关部门和其他实体经济部门的一般动态模型，研究我国房价上涨对实体经济的挤出效应，并进一步基于2001—2015年的省级面板数据进行实证分析，研究发现房价每上涨1%，将会引起实体经济投资下降0.295%。其次是从家庭消费的角度，Sheiner（1995）以美国年轻的家庭部门为研究对象，研究发现房价上涨使租房者减少当期的消费，以储备更多的首付款来应对未来的购房计划。Haurin 和 Rosenthal（2006）对美国1983—2001年的消费者金融调查数据以及1990—2000年全国青年纵向调查数据研究发现，房价上涨对个人的消费有显著的挤出效应。袁冬梅和刘建江（2009）研究指出房价上涨可以通过预算约束效应、替代效应以及预防性储蓄等渠道对居民消费产生挤出效应，进而不利于经济增长，并进一步通过实证检验确证房价上涨的挤出效应已成为制约居民当前消费的重要因素。最后是从信贷资源分配的角度，张延群（2016）指出社会资本过度地向房地产业集中，会给实体经济带来长期的负面影响，尤其是当政策导向促进房地产市场发展时，在短期内虽然能够拉动经济增长，但长期会使得房地产投资和资本存量偏离均衡状态，以致最后不得不对房地产业进行大幅度的调整，并最终对实体经济和金融系统造成损害。祝梓翔等（2016）研究发现我国房地产业快速发展伴随着的高房价波动，对居民消费和非房地产业有挤出效应，不但造成了金融资源的错配，还为宏观经济埋下了风险。Zhang 和 Meng（2021）通过将挤出效应引入动态随机一般均衡模型，认为房地产市场繁荣对企业投资产生了两种相反的影响。一方面，房价上涨缓解了公司的财务约束，导致企业投资扩张；另一方面，家庭贷款回报相对较高，导致银行减少对企业的贷款供应，从而导致企业的投资下降。因此，他们认为房地产市场繁荣对企业投资的最终影响取决于这两种影响的大小，而最终的研究结果表明住房繁荣对投资的挤出效应占主导地位。

挤出效应显示，房价的不断上涨可通过资金分配渠道影响实体经济投资，增加金融机构对房地产业的贷款投向。首先是部分非房地产开发企业逐渐将其资金投入到房地产领域，以获得高的投资回报，经济发展结构逐渐扭曲，导致金融体系"脱实向虚"，系统内的金融风险逐渐上升；其次是部分购房者利用家庭储蓄和银行住房按揭贷款进入房地产市场，对家庭部门的其他消费产生挤出效应，不利于经济发展；最后是房地产市场的非理性繁荣使得商业银行将更多信贷分配给生产效率低下的家庭部门和房地产业，从而挤出企业投资和实体经济投资，影响经济发展。而居民消费能力的下降意味着拉动经济增长的内需不足，对实体经济投资的挤出将导致实体经济发展长期处于低迷，这些都将不利于我国的经济发展，进而影响金融部门的稳定性（Crowe 等，2013；Li 等，2018）。

四、逆向选择与道德风险

信息不对称引发了金融市场中的逆向选择（Adverse Selection）和道德风险（Moral Hazard）问题。其中，逆向选择发生在交易完成之前，主要是指在商品交易市场中，由于卖方比买方掌握了更多的产品信息，导致卖方更倾向于隐藏商品的不利信息，甚至以次充好，最终导致劣质商品在市场中流通，优质商品被迫退出市场的过程。相对于逆向选择，道德风险则是发生在交易完成之后，最早源于保险行业，指被保险人在投保之后，往往不会像之前一样约束自己的行为，而是更倾向于做出不利于保险公司的行为。美国数理经济学家阿罗于1963年将道德风险一词的含义引申到经济学中，并指出道德风险是指个体行为由于受到保险的保障后而发生变化的倾向，是由于交易的一方难以观测和监督交易另一方的行为而产生损失的风险。

房价过度偏离其基本价值的持续上涨，会使人们产生房价将进一步上涨的预期，并认为价格在未来可能会超出他们的购买能力。因此，低收入人群或者是信用风险较大的投资者将追加其贷款申请，用于购买住房和投资（Li 等，2018）。然而，信息不对称使得金融机构无法准确判断贷款客户的信用状况，只能根据市场情况和潜在客户的平均信用情况来确定贷款的利率水平，通常情况下，利率水平会高于那些信用风险较低的优质客户所能接受的水平。因此，部分优质客户会选择退出信贷市场。但是，这一利率水平一般会低于那些信用风险较高的劣质客户所能接受的水平，最终导致申请到贷款的客户往往是金融机构本来不愿意向其提供贷款的信用风险较大的借款人。尤其是在逆向选择严重的情况下，信贷需求中大部分为信用风险很高的借款人，导致金融机构的信用风险上升。

此外，金融机构在放出贷款后可能会面临道德风险问题，无法准确地监督和跟踪已获得住房贷款的借款人的资金使用状况和风险管理决策，一旦外部环境或还款条件发生变化（例如经济增长放缓、工资收入降低等），借款人可能会做出不利于金融机构收回贷款的行为决策，从而使得金融机构的风险增加。可见，在逆向选择与道德风险存在的情况下，房价波动可通过信贷渠道影响银行的贷款决策，增加银行对房地产业不良贷款的敞口，提升金融体系内的风险。

五、再融资棘轮效应

住房作为一种重要的固定资产抵押物，房价泡沫的产生助推了其价值的快速膨胀，住房拥有者可以将抵押物重新评估以获得额外的抵押贷款。Khandani 等（2013）提出"再融资棘轮效应"，他们认为当房价上涨、利率下降以及再融资成本降低时，住房拥有者就会基于房价上涨的增值部分向银行提出再融资的请求，并且这种再融资随着房价的持续上涨具有"棘轮效应"（Ratchet Effect），以致购房者的杠杆率不断扩张，最终导致系统性风险的产生和增大。许多奇和阿福古利亚斯（2017）也指出在不存在杠杆约束的情况下，股东控股的银行更倾向于高杠杆运营，且股东对高杠杆比率的偏爱具有"棘轮效应"，根据该效应，银行支持低质量贷款的高负债行为将会加剧其面临的风险问题。Mian 和 Sufi（2011）通过对美国住房家庭的借贷行为进行调查显示，住房拥有者以房屋价值上涨为基础而大举进行的借贷行为给银行造成了一定的危机。房价的上涨推动了住房拥有者的借贷行为，提升家庭部门的杠杆率，且信用等级较低的家庭更倾向于以房屋抵押进行贷款，用于消费支出和住房改善。进一步，他们使用美国次贷危机前的数据研究发现，对于信用评分较低的家庭而言，房价增长与贷款违约率之间呈现出显著的正相关关系。可见，在再融资棘轮效应存在的情况下，房价波动可促使借款人的再融资行为，通过杠杆率渠道提升借款人的杠杆率，增加房地产业贷款违约的可能性，提升金融体系内的风险水平。

综上，在房价波动影响金融风险的直接作用机制中，对金融风险产生负向影响的财富效应与抵押品效应和对金融风险产生正向影响的挤出效应、道德风险与逆向选择效应以及再融资的棘轮效应是同时存在的。且正向效应多源自于房价基本价值波动上涨，即没有偏离经济发展的基本面因素的部分，而负向效应源自于房价偏离其基本价值的过度上涨，即房价泡沫的产生和积累。但是，根据上述分析，不难猜测在我国房价波动的"膨胀式"泡沫时期，正向效应更可能占据主导地位，即房价泡沫的积累和扩张不利于金融风险的控制，这将在本书的第五章和第六章进一步的实证分析中得到验证。然而，在近两年房价波动的"衰退式泡沫"时期，正向效应是否依然占据主导地位？答案犹未可知，本书将在第五章的实证分析中揭晓答案。

第三节　房价波动对金融风险的空间溢出效应机制

空间溢出效应是对变量间在空间上存在的关联关系进行分析（Anselin，1988），也可称为空间滞后效应。根据前文的文献分析可知，房价和金融风险均具有传染效应，那么在这种传染效应的作用下，就需要考虑房价波动对金融风险影响的空间溢出效应机制，即相邻地区（可能是地理相邻，也可能是经济发展程度相似或者存在其他要素相关联的地区）之间的房价波动对金融风险的溢出作用机制是一种复杂和间接的作用机制。具体来说，空间溢出效应作用机制主要包含三个方面，如图 4.8 所示，一是本地区的房价波动通过空间传染对邻近地区的房价产生影响，进而通过邻近地区的直接作用机制传导影响邻近地区的金融风险产生；二是本地区的房价波动通过直接作用机制对本地区的金融风险产生影响后，通过地区间金融风险传染影响邻近地区的金融风险；三是本地区的房价波动通过资本流动或者金融机构地区间的相互关联网络直接对邻近地区的金融风险产生影响。目前，多数研究已表明房价波动和金融风险在空间上均具有显著的外溢性，并指出这种空间上的外溢性依赖于各地区之间在地理邻近、经济发展程度相似或信贷市场相似的关联（孙焱林和张攀红，2016；沈悦等，2017；王营和曹廷求，2017；刘海云和吕龙，2018；李伦一和张翔，2019；张卓群和张涛，2021）。但较少有研究涉及本地区房价波动对相邻地区的金融风险产生影响的内部作用机制。本章在此基于金融地理学和空间经济的视角，从资本流动和金融机构网络关联两个方面，依据资本和金融机构在空间上的不同分布来分析房价波动对金融风险的空间溢出效应机制。图 4.8 显示，房价波动一方面可通过资本流动效应的跨区域关联渠道对邻近地区的金融风险产生空间溢出；另一方面还可以通过金融机构网络关联效应的信贷关联渠道和债务关联渠道对邻近地区的房价波动和金融风险产生空间溢出，造成金融风险的传染。

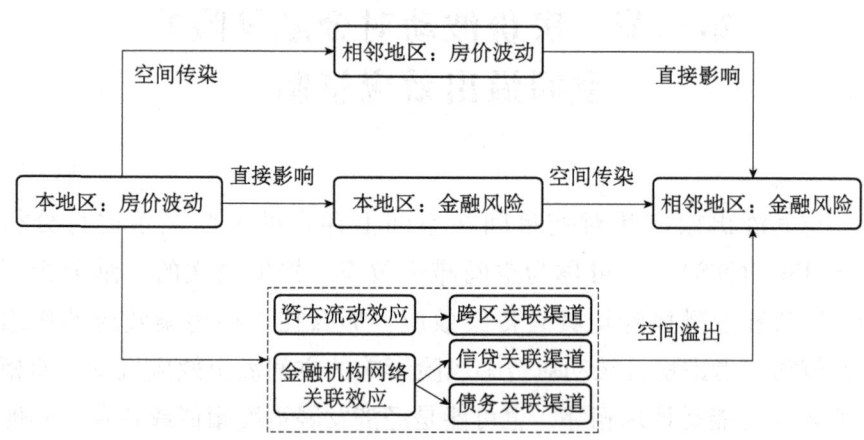

图 4.8　房价波动对金融风险的空间溢出效应机制

一、资本流动效应

资本的跨区域流动效应显示，各地区间资本的快速流动有利于缩小地区间的经济差距，促进我国各地区经济的协调发展（刘霆和谭晓萍，2009；姜金婵和巩云华，2012）。但与此同时，资本的跨区域流动是金融一体化背景下最重要的风险传染渠道（吴炳辉和何建敏，2014）。随着金融自由化程度的加深，各个国家（地区）间的投资者开始出现跨国（地区或市场）交易，逐渐打破了国际（地区）间资本流动的壁垒，各个国家（地区）间市场和资金联系得更为紧密，加之现代网络技术的快速发展，使得风险通过资本流动渠道的传染变得更为迅速（于衍淇，2020）。对此，张华勇（2014）指出金融市场间资本流动和信息传递机制的加强，使得金融市场日益呈现出一体化的变化趋势，增强了金融风险的传导性和破坏性。赵雪瑾（2018）基于多资产组合平衡模型研究了主要金融市场间的联动和风险传染效应，并使用风险指数验证了资本流动对风险传染起到的传播媒介作用。宋玉臣和吕静茹（2021）研究指出金融自由化的深入使金融风险通过国际资本流动进行传染，且跨境资本流动量的不断加大导致风险在全球范围内传播。由此可见，资本打破地域限制实现区域间的快速流动已成为风险快速传染的媒介。

过度的金融支持是推动房价持续上涨偏离其基本价值的关键（周京奎，2006），因此，信贷资源的跨区域流动也会成为房价波动传染的重要媒介，同时也是房价波动对金融风险产生空间溢出效应的关键。伴随着区域经济一体化以及互联网金融、区块链等新型金融业务模式的出现，各地区之间在空间上的交易壁垒逐渐被打破。资本在逐利效应的驱动下，实现了跨区域的快速流动，尤其是向地理距离邻近、经济发展程度相似以及有着信贷资源关联的地区流动，最终导致资本在空间上呈现一定的分布结果。譬如，因资本趋向于流向经济发达、投资回报率较高的地区，若相邻地区均为经济发达的城市，则其资本在空间上表现为正相关性。反之，若相邻地区的资本要素在空间上表现为负相关性，即相邻地区对本地区的资本产生虹吸效应，则相邻地区的资本要素会给本地区带来负向影响。那么，这种正向关联或者负向关联使得邻近区域的房价波动对本地区的金融风险产生影响，即空间溢出效应。

二、金融机构网络关联效应

伴随着金融创新的快速发展，金融新业态和新模式的出现使得金融关系网络日益复杂化，而复杂的金融网络在优化资源配置、降低信息传递和投融资成本的同时，也加速了金融风险的传染（余博，2019）。可以说，金融市场间的高度关联性已成为金融风险传染的关键因素（Drehmann 和 Tarashev，2013；Diebold 和 Yılmaz，2014；Silva 等，2017）。对此，众多学者分别从金融机构和金融市场的角度探讨金融关系网络对风险的传染作用。

从金融机构的层面来看，Allen 和 Gale（2000）通过构建银行间的网络结构研究指出银行对其他银行拥有跨地区债权成为金融风险传染的关键。因此，银行间跨地区的网络结构关联成为地区间风险传染的重要原因。尤其是大型的金融机构往往集聚在地理位置优越、经济发达的地区，这些地区间金融机构网络的关联性更强，为风险的快速传染提供了有利条件。Paltalidis 等（2015）基于最大熵值法，从金融网络的视角研究欧元区银行间强有力的风险传染效应，并指出主权信用风险的扩张通过银行间金融网络传染至整个欧元区银行体系。国内学者杨子晖和周颖刚（2018）从金融机构网络关联的角度研究我国的金融风险现状，他们指出以往所提出的关于金融机构"大而不能倒"的传统观念正逐渐向"太关联而不能倒"的新观念转变，并基于有向无环图技术方法以及网络拓扑分析方法，从网络关联的角度分析了系统性金融风险的动态演变趋势以及显著的跨市场传染的特征。贾彦东（2011）也基于金融网络结构模型对系统性金融风险进行重新度量，并指出金融机构间的相互关联性在系统风险的形成、累积与扩散过程中起到重要的助推作用。从金融市场的角度来看，石俊志（2001）研究指出金融市场的相互关联性是促成金融风险传染的关键原因之一。周伟（2008）认为由于金融市场上的商业银行之间因互相持有存款而产生较为紧密的资金关联，一旦某一银行因流动性不足而提出相互存款，则会导致风险在这些资金关联紧密的银行间传染。Hart 和 Zingales（2009）研究指出金融风险是通过金融体系内在的关联结构进行不断地传导和扩散并最终导致系统性金融风险的产生。张华勇（2014）指出金融市场的相互关联使得单个金融市场出现风险时，迅速地传染至整个金融市场。

此外，资本在区域间的流动也会拉长债权债务的链条，从而使得债权债务的网络更加复杂化（沈丽等，2019a）。加之金融机构资产投资组合的趋同使得金融风险集聚到某一领域，加剧了风险传播的速度。尤其是多年来，我国金融机构纷纷将资金投入到地方投融资平台和房地产市场，导致资金的"脱实向虚"，资金错配和流动性风险逐渐凸显。可见，金融机构（市场）间紧密的网络关联效应将各地区或各市场间的资本和债务紧密连接，已成为房价波动和金融风险快速传播的重要渠道。

第四节 本章小结

本章从特征事实和内在机制两个层面剖析了房价波动对金融风险的影响。研究发现：

第一，我国房地产开发企业面临着过度依赖银行信贷，存在资金链断裂风险以及企业资产负债率上升，信贷融资风险逐渐显现的风险现状。我国购房者则面临着过度依赖银行贷款，家庭部门负债风险持续升高以及购房者偿还贷款能力不足，个人住房按揭不良贷款显著增加的风险现状。房价波动主要通过金融支持这一中介桥梁对金融风险产生影响。

第二，房价波动可通过财富效应、抵押品效应对金融风险产生负向影响。其中，财富效应使房价波动通过资产负债渠道，改善住房所有者的资产状况，刺激居民消费，推动经济发展进而对金融风险产生负向影响。抵押品效应使房价波动通过信贷渠道缓解借款人的信贷约束，增加借款人的借款能力和偿债能力并提升银行抵押品价值，减少房地产业不良贷款的产生。同时也可通过信贷渠道增加银行的风险资产敞口，对金融风险产生正向影响。

第三，房价波动可通过挤出效应、逆向选择与道德风险以及再融资棘轮效应对金融风险产生正向影响。其中，挤出效应显示房价波动可通过资金分配渠道影响实体经济投资，增加金融机构对房地产业的贷款投向，进而加大金融机构的风险敞口。逆向选择和道德风险显示房价波动通过信贷渠道影响金融机构的贷款决策，增加银行对低信用借款人的贷款投向。再融资的棘轮效应显示房价波动可促使借款人的再融资行为，通过杠杆率渠道提升借款人的杠杆率，增加金融体系内的风险。

第四，在直接影响机制中，对金融风险产生负向影响的财富效应与抵押品效应和对金融风险产生正向影响的挤出效应、道德风险与逆向选择效应以及再融资的棘轮效应是同时存在的。但是，在我国房价波动的"膨胀式"泡沫时期，正向效应更可能占据主导地位，即房价泡沫的积累和扩张不利于金融风险的控制。

第五，空间溢出效应机制显示房价波动可通过资本流动效应的跨区域关联渠道、金融机构网络关联效应的信贷关联渠道和债务关联渠道对邻近地区的房价波动和金融风险产生空间溢出，进而造成金融风险的传染。

第五章 房价波动对金融风险直接影响的时变特征

　　伴随着房价的持续上涨，银行等金融机构纷纷将资金投入到房地产业，以获得更高的投资收益（司登奎等，2019b）。根据中国人民银行发布的《金融机构贷款投向统计报告》相关数据推算，2020年上半年，多数银行房地产业新增贷款占其全部新增贷款比例仍维持在30%左右，部分银行甚至突破了50%。图5.1显示了自2004年以来，我国商业性房地产贷款余额增长情况，可以看出，我国商业性房地产贷款余额呈不断上涨的态势，其同比增长率保持在25%左右上下波动，其中2010年第一季度同比增长率高达44.3%。可见，房地产业与金融业已深度捆绑，即银行对房地产业的金融支持已成为房价波动影响金融风险的重要桥梁。

　　2024年12月中央经济工作会议指出未来一年的重点任务之一是有效防范化解重点领域风险，牢牢守住不发生系统性风险底线。持续用力推动房地产市场止跌回稳，加力实施城中村和危旧房改造，充分释放刚性和改善性住房需求潜力。会议明确了未来一段时间内我国金融领域的重点任务和房地产市场的政策调控走向，也为经济发展防风险促稳定指明了方向。那么，在此背景下，精准识别我国目前面临的金融风险水平，厘清房价波动将如何影响金融风险，以及在房价波动

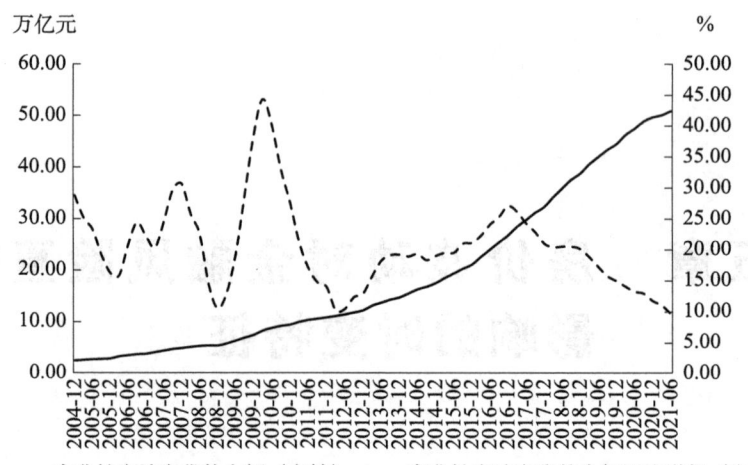

图 5.1　商业性房地产贷款余额及其同比增长率

数据来源：Wind 数据库。

不同组成情形下或差异化的宏观调控政策背景下，其影响力度和方向是否具有明显差异，这些问题的研究对维护金融稳定、克服宏观经济异常波动、防范系统性金融风险的发生具有重要的现实意义。

鉴于此，本章在第四章论述的房价波动对金融风险的直接影响机制的基础上，从全国的层面出发，通过构建金融风险综合指标体系，测度我国金融风险水平。在此基础上，基于房价基本面与异质性泡沫成分的分解视角，通过房地产市场局部均衡价格模型对房价基本面与泡沫成分进行分解，将房价波动分解为房价基本面、"膨胀式"泡沫和"衰退式"泡沫，借助带有随机波动的时变参数向量自回归模型（TVP-SV-VAR）探讨房价波动的异质性成分（房价基本面和房价泡沫）对金融风险的差异化影响，进一步，通过模型实证检验"膨胀式"泡沫和"衰退式"泡沫对金融风险影响的异质性。不仅实证了房价波动对金融风险的异质性影响，而且也为房价波动带来的异质性泡沫成分提供理论支撑，拓宽了现有房价波动对金融风险影响的研究范畴，为化解房价波动带来的市场风险提供经验证据。此外，本章还通过变量间影响关系的时变特征探讨因经济发展水平、房地产市场繁荣程度等差异而产生的金融支持差异对房价波动与金融风险间关系的中介作用，为明晰金融支持的影响和作用提供事实依据。同时还分析了不同的宏观调控政策时点，房价波动对金融风险影响的时变特征，为不同时期宏观调控政策的制定提供经验参考。

第一节　金融风险综合指标体系构建

一、指标选取与赋权

根据本书的第二章文献综述部分可知，目前关于金融风险的测量方法较为丰富，从宏观层面来看，基于熵权法、层次分析法和主成分分析法或因子分析法等构建综合指标来测算各地区的金融风险，或者以银行不良贷款率作为金融风险的替代变量的做法较多；从微观层面来看，以 VaR（在险价值法）、MES（边际期望损失法）、CoVaR（条件风险价值法）以及 CCA（或有权益定价法）等来测算某一部门的金融风险的研究方法为主。鉴于本书的研究对象为我国整体的金融风险以及各省、自治区、直辖市的金融风险（本书的第六章），总体来说是从宏观层面来衡量全国或某一地区面临的全国性的或区域性的风险大小。因此，本书在参考陈守东等（2020）和沈悦等（2017）等文献的基础上，出于数据覆盖全面性及有效性的考量，采用熵权法对我国整体或各地区的金融风险水平进行测算。与主成分分析或因子分析法的多变量降维处理以及层次分析法的主观赋权不同，熵权法主要依据各项指标观测值的大小来确定该指标的权重，某一指标所含信息的大小由该指标自身的变异程度决定，不涉及指标间的相互关系。因此，熵权法是一种客观的赋权，指标赋权过程更为科学。在指标选取方面，结合我国整体上以及各地区的金融市场情况，本书选取了保险市场、股票市场、银行信贷市场以及房地产市场的主要指标进行金融风险综合指标构建。该综合指标体系既体现了保险、股票和银行信贷等金融体系内各市场的指标变化对金融风险的影响，同时又能体现出房地产市场的相关指标变化对金融风险的影响。各指标选取情况及风险贡献方向如表5.1所示。

表5.1　　　　　　　　　金融风险测算指标体系

指标体系	指标名称	指标计算方法	风险贡献方向
保险市场	保费收入	保费收入/GDP	负向
股票市场	股票市场总市值	股票总市值/GDP	负向
银行信贷市场	不良贷款率	（次级类贷款＋可疑类贷款＋损失类贷款）/各类贷款×100%	正向
银行信贷市场	存贷比	银行贷款总额/存款总额	正向
银行信贷市场	银行短期信贷	银行业短期贷款/GDP	正向
房地产市场	房地产市场投资	房地产开发企业投资总规模/GDP	正向
房地产市场	房地产开发企业资产负债率	房地产开发企业总负债/房地产开发企业总资产×100%	正向

其中，保险市场采用保费收入与GDP的比值来衡量，反映其市场运行情况，其比值越大，抗风险能力越强，对金融风险的贡献方向为负向；股票市场采用股票市场总市值与GDP比值衡量，反映其市场运行情况，同样其比值越大，抗风险能力越强，对金融风险的贡献方向也为负向；银行信贷市场则采用不良贷款率、存贷比和银行短期信贷来反映其市场运行情况。其中，不良贷款率采用银行次级类贷款、可疑类贷款、损失类贷款与银行各类贷款之比来表示，是评价银行业信贷资产安全状况的重要指标之一，主要反映其面临的信用风险大小，不良贷款率越高，表明银行面临的金融风险越大，对金融风险的贡献方向为正；存贷比采用银行贷款总额与银行存款总额之比表示，是反映银行业短期偿债能力的重要指标，体现其流动性风险的大小，存贷比越高，说明银行面临的流动性风险越大，其对金融风险的贡献方向也为正；银行短期信贷采用银行业短期贷款与GDP比值来衡量，反映银行面临短期贷款的信用风险以及"短借长投"的资金错配风险大小，银行短期信贷越高，其面临的短期信用风险越高，对金融风险的贡献方向也为正；房地产市场则采用房地产市场投资和房地产开发企业资产负债率反映其市场运行情况。其中，房地产

市场投资采用房地产开发企业投资总规模与 GDP 比值来衡量，反映房地产市场是否发展过热，该指标越大，其对金融市场的依赖性越高，越有可能带来金融风险，其对金融风险的贡献方向为正；房地产开发企业资产负债率采用房地产开发企业总负债与房地产开发企业总资产的比值来表示，反映房地产开发企业负债情况以及银行向其发放贷款的安全程度，该比值越高，说明房地产企业负债经营面临的风险较大，银行向其发放的资金的安全程度越低，其对金融风险的贡献方向为正。

熵权法计算各指标权重的步骤如下：

第一步，分别对正向指标和负向指标进行标准化处理：

正向指标：$X'_{ij} = \dfrac{X_{ij} - \min\{X_j\}}{\max\{X_j\} - \min\{X_j\}}$

负向指标：$X'_{ij} = \dfrac{\max\{X_j\} - X_{ij}}{\max\{X_j\} - \min\{X_j\}}$

其中，i 代表年份，由于本章选取的样本为 2003 年第四季度到 2023 年第四季度的季度数据，因此，i = 2003Q4，2004Q1，…，2023Q4；j 为本章选取的 7 个指标，j = 1，2，…，7。

第二步，确定第 i 个时期第 j 项指标的比重：

$p_{ij} = \dfrac{X'_{ij}}{\sum\limits_{i=1}^{n} X'_{ij}}$，$n$ 为样本的时间跨度，n = 81。

第三步，计算第 j 项指标的信息熵：

$e_j = -k \sum\limits_{i=1}^{n} (p_{ij} \times \ln p_{ij})$，其中 $k = 1/\ln n$

第四步，计算各指标权重：

$w_j = \dfrac{1 - e_j}{\sum\limits_{j=1}^{m}(1 - e_j)}$，$m$ 为样本的横截面维度，m = 7。

最后，根据各指标权重计算各个时期的金融风险水平：

$$R_i = \sum_{j=1}^{m} w_i X'_{ij}$$

二、我国金融风险水平测度

根据上文构建的金融风险测度指标体系利用熵权法测度我国 2003 年第四季度到 2023 年第四季度的金融风险水平。上述相关指标数据来源为 Wind 数据库、国家统计局《国家数据》、金融机构贷款投向统计报告、金融统计数据报告，部分最新年度数据通过新闻网页爬虫获取。

图 5.2 显示了我国总体上的金融风险在 2003 年第四季度到 2023 年第四季度的变化趋势。可以看出，总体上，我国的金融风险水平呈先下降后波动上升的趋势，后金融危机时期，我国金融风险水平显著降低，但 2020 年的金融风险水平显著高于 2008 年金融危机时的水平。此外，2023 年的金融风险水平有明显的趋高倾向。

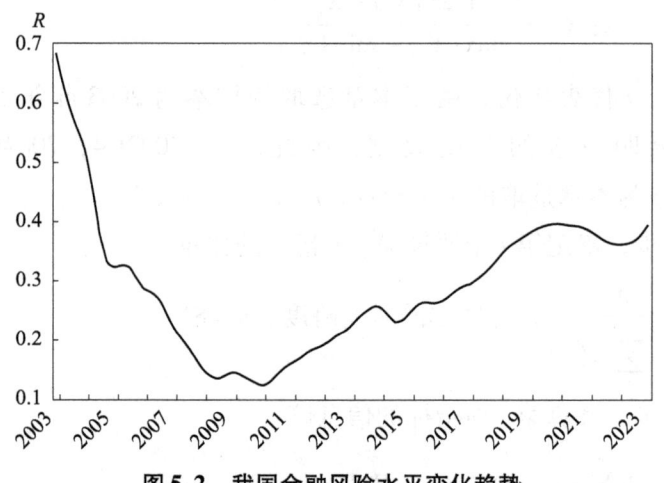

图 5.2 我国金融风险水平变化趋势

数据来源：根据本书构建的综合指标体系计算得出。

具体来说，我国金融风险变化趋势可分为三个阶段，分别为金融危机前的阶段（2009 年之前）、后金融危机阶段（2009—2013 年）以及金融业"脱实向虚"阶段（2014 年之后）。首先，在 2009 年之前我国各地区金融风险呈现持续下降的态势，这与我国自 1999 年开始的不良贷款处置政策息息相关。根据《国际统计年鉴》数据显示，2000年末我国商业银行不良贷款占全部贷款比重已高达22.5%。为应对大量不良贷款问题，1999年由财政部牵头组建了四家金融资产管理公司，并向每家资产管理公司提供100亿元的注册资本金，分别用于处置中国工商银行、中国农业银行、中国银行、中国建设银行和国家开发银行的不良贷款。随后我国商业银行的不良贷款余额和不良贷款率开始下降（如图5.3所示）。因此，这一阶段，金融体系中风险的持续下降得益于我国合理和及时的不良贷款处置政策。其次，在金融危机爆发后的阶段（2009—2013年），我国金融风险呈波动上升的趋势，但鉴于"4万亿"计划的推出，加之我国国际收支资本项目并未放开，世界金融危机对我国经济发展的影响并没有预期中的那么大。因此，这一时期，金融风险上涨的趋势较为缓慢，甚至在2008年第三季度和第四季度还出现了短暂的下降趋势。这同时也说明在金融危机时期我国出台的一系列货币政策和财政政策在一定程度上起到了积极的作用。最后，2014年以后伴随着利率市场化改革和金融业的"脱实向虚"，大量资金流入房地产业，推动了房价的上涨，实体企业经济效益不断下滑。与此同时，"4万亿"计划扩大内需刺激住房的消费政策也进一步刺激了房价上涨，房地产市场的繁荣导致各地区房价泡沫不断积累，极有可能引发金融风险问题。与此同时，银行业不良贷款率在2012年触底后开始反弹（如图5.3所示），金融风险问题逐渐凸显。尤其是在2017年党的十九大报告提出的要将深化供给侧结构性改革作为未来我国经济改革的重点突破方向，坚持"房住不炒"的政策方针，要求回归住房的居住属性，避免资金过多地流入投机性的房地产业等相关要求下，对金融业"脱实向虚"问题的改革以及持续紧缩的房地产市场宏观调控政策使得金融体系内隐含的风险逐渐显现。2021年后，随着新冠疫情的持续，经济增长乏力，房地产市场预期持续低迷，信用风险和流动性风险集中暴露，2022年之后金融风险水平持续上升。

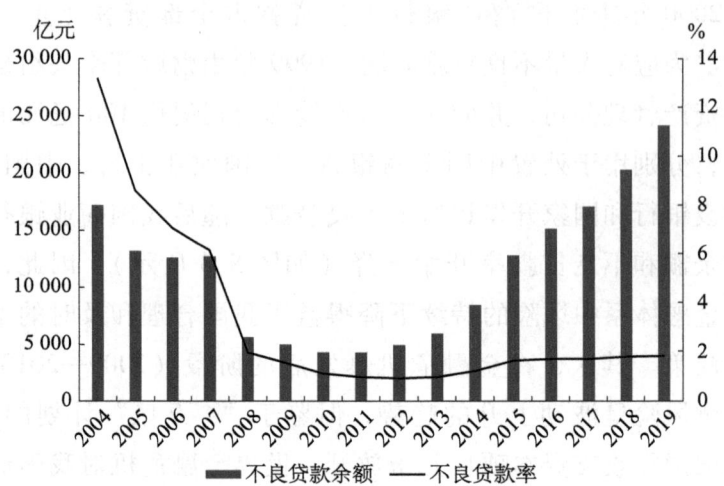

图 5.3　我国商业银行不良贷款情况

数据来源：中国银行保险监督管理委员会。

第二节　TVP-SV-VAR 模型构建

一、TVP-SV-VAR 模型基本设定

时变参数向量自回归（Time Varying Parameter-Stochastic Volatility-Vector Auto Regression，TVP-SV-VAR）模型是由 Primiceri 于 2005 年提出（Primiceri，2005）。与传统的 VAR 模型相比，带有随机波动的 TVP-SV-VAR 模型增加了时变参数和随机波动两个关键因素，既包含了时点脉冲响应函数又包含了等间隔脉冲响应函数。其中，时点脉冲响应函数主要体现的是不同时期各变量之间的动态关系，等间隔脉冲响应函数主要考察的是变量之间短期、中期和长期影响效应的差异性。因此，TVP-SV-VAR 模型能够准确地刻画出冲击反映的时变特征，捕捉变量之间的非线性关系。同时又可以考察不同时期（短期、中期和长期）变量之间相互影响的变化趋势。

由于受政府调控政策以及宏观经济环境结构性变化的影响，我国房地产市场具有明显的阶段性特征，而 TVP-SV-VAR 模型的参数和协方差矩阵的时变特征能够准确地反映出在不同的房地产周期下房价波动与金融风险之间的动态关系。通过本书前述的理论分析可知，房价泡沫可通过房地产贷款影响金融风险。因此，本书通过构建如下 TVP-SV-VAR 模型来研究不同时点房价波动、房地产贷款以及金融风险三者之间的动态关系。模型设定如下：

$$y_t = X_t\beta_t + A_t^{-1} \sum\nolimits_t \varepsilon_t \tag{5-1}$$

模型（5-1）中 $t = s+1,\cdots,n$；β_t，A_t，$\sum_t$ 均随时间而变化。假设 a_t 为矩阵 A_t 中下三角元素的堆积向量，即：$A_t = \begin{bmatrix} 1 & 0 & \cdots & 0 \\ a_{21} & 1 & 0 & \vdots \\ \vdots & a_{23} & \ddots & 0 \\ a_{k1} & \cdots & \cdots & 1 \end{bmatrix}$，$\sum_t = diag\{\sigma_{1t}^2,\cdots,\sigma_{kt}^2\}$ 为对角矩阵，其随机波动率向量 $h_t = (h_{1t},\cdots,h_{kt})'$，并令 $h_{jt} = \log\sigma_{jt}^2$，$j = 1,\cdots,k$。参照 Nakajima（2011）的设定，模型中所有时变参数均服从随机游走过程：

$$\begin{aligned} \beta_{t+1} &= \beta_t + \mu_{\beta t} \\ a_{t+1} &= a_t + \mu_{at} \\ h_{t+1} &= h_t + \mu_{ht} \end{aligned}, \begin{pmatrix} \varepsilon_t \\ \mu_{\beta t} \\ \mu_{at} \\ \mu_{ht} \end{pmatrix} \sim N\left(0, \begin{pmatrix} I & O & O & O \\ O & \sum_\beta & O & O \\ O & O & \sum_a & O \\ O & O & O & \sum_h \end{pmatrix}\right) \tag{5-2}$$

其中，$\beta_t \sim N(\mu_{\beta 0}, \sum_{\beta 0})$，$a_t \sim N(\mu_{a0}, \sum_{a0})$，$h_t \sim N(\mu_{h0}, \sum_{h0})$，$\sum_\beta$，$\sum_a$，$\sum_h$ 均为对角矩阵，时变参数的扰动项均不相关。

二、数据选取及描述

本章选取房价基本价值、房价泡沫、金融支持和金融风险的季度数据展开建模分析,时间跨度为2004年第四季度到2023年第四季度。其中,房价基本价值、房价泡沫两个变量均由房价波动分解结果获取。金融支持表现为整个房地产业涉及的信贷情况。相关指标数据均来源于Wind数据库、金融机构贷款投向统计报告、金融统计数据报告,部分最新年度数据通过新闻网页搜索爬虫获取。各指标具体选取情况说明如下:

(1) 房地产基本价值F和房价泡沫B。该指标根据本书第三章构建的房地产市场局部均衡模型计算得出。局部均衡模型中涉及到的房价、城镇居民人均可支配收入以及竣工房屋造价数据均来源于Wind数据库,其中房价数据由商品房销售额与商品房销售面积之比得出,无风险利率数据同第三章来源于国泰安数据库,采用季度平均无风险利润率。同第三章做法相同,将k取0.2时的房价泡沫数据用于本章的主要实证分析,将k取0.3时的房价泡沫用于本章的稳健性检验分析。

(2) 金融支持L。为准确反映整个房地产业涉及的银行信贷情况(包含房地产开发贷款和个人购房贷款),本书选取人民币房地产贷款余额(包含房地产开发贷款和个人住房贷款)增加值来表示金融业对房地产业的金融支持情况。

(3) 金融风险指标R。金融风险采用本章构建的综合指标体系,并基于熵权法测算。

各变量的描述性统计结果见表5.2,各变量描述性统计分析均为标准化前的数据。可以看出,我国整体上的房价泡沫水平在4 000—4 500元/平方米,部分季度的最高值达到7 726元/平方米的水平,最小值为正值1 409元/平方米。这组数据说明即使在我国房地产业深度调整的下行阶段,目前的房价水平依然存在泡沫成分,即"衰退式"泡沫。与房地产业相关的金融支持活动(新增房地产贷款)某些季度高达19 000亿元。金融风险最小值为0.110,最大值为0.701,金融风险指标数据波动范围较大。

表 5.2　　　　　　　　　各变量描述性统计

变量	观测数值	均值	标准差	最小值	最大值
F ($k=0.2$)	81	1 956.131	807.914	732.896	3 564.247
F ($k=0.3$)	81	2 395.761	989.489	897.611	4 365.293
B ($k=0.2$)	81	4 539.726	1 742.724	1 573.629	7 726.259
B ($k=0.3$)	81	4 100.096	1 568.081	1 408.914	7 067.273
L（亿元）	81	6 263.881	5 656.375	-5 600	19 000
R	81	0.294	0.121	0.110	0.701

三、数据平稳性检验

时间序列数据平稳是建立 TVP-SV-VAR 模型的前提条件，否则可能出现估计结果偏差以及伪回归等问题。因此，需要对房地产基本价值、房价泡沫、金融支持以及金融风险四个变量进行平稳性检验。本书采用 ADF 检验对标准化后的四个变量进行平稳性检验，检验结果见表 5.3。ADF 检验结果显示，无论 k 取 0.2 还是 0.3，变量房价泡沫和金融风险的原序列均不平稳，但其一阶差分后的数据均在 1% 的显著性水平下平稳。变量房地产基本价值和金融支持的原序列也不平稳，一阶差分后的数据在 5% 的显著性水平下平稳。因此，可以说房地产基本价值、房价泡沫、金融支持和金融风险四个序列均为一阶单整序列，记为 I（1）。所以，本书取差分后的变量进行建模分析，分别记为 f，b，l 和 r。

表 5.3　　　　　　　　　各变量平稳性检验

变量	ADF 统计值	1% 的临界值	5% 的临界值	10% 的临界值	是否平稳
F	1.6713	-3.5285	-2.9042	-2.5896	否
$\triangle F$	-3.1455	-3.5285	-2.9042 **	-2.5896	是
B	-0.8255	-3.5203	-2.9007	-2.5877	否
$\triangle B$	-3.5533	-3.5203 ***	-2.9007	-2.5877	是
L	-1.0784	-3.5178	-2.8996	-2.5871	否
$\triangle L$	-2.9793	-3.5178	-2.8996 **	-2.5871	是

续表

变量	ADF 统计值	1%的临界值	5%的临界值	10%的临界值	是否平稳
R	-1.5859	-3.5191	-2.9001	-2.5874	否
△R	-4.5184	-3.5203***	-2.9007	-2.5877	是

注：（1）△代表变量的一阶差分；（2）临界值一列中带**的数值表示在5%的显著水平下显著，带***的数值表示在1%的显著水平下显著。

四、时变参数估计与检验

由于 TVP-SV-VAR 模型的参数存在随机波动的情况，这使得极大似然估计法失效。同时，本章选取的样本时间跨度为 81 期，为了克服时间序列短的问题，本章参照 Nakajima（2011）的做法，采用马尔可夫链蒙特卡洛方法（MCMC）对模型（5-1）进行估计，并将 MCMC 采样次数设置为 20 000 次，在模拟过程中舍弃前 2 000 个预烧样本。多次模拟抽样解决了样本规模小可能导致估计结果偏差的问题。本章采用 Eviews 9 和 Oxmetrics 6.0 软件对 TVP-SV-VAR 模型进行模拟检验。

根据标准的 TVP-SV-VAR 模型，在对模型估计之前，需要对模型的滞后阶数进行选择，一般是根据 AIC、SC 或者 HQ 等信息准则进行确定，该信息准则选择模型滞后阶数的原则是在增加滞后阶数的过程中使 AIC、SC 或者 HQ 达到最小。表 5.4 显示了该模型的最优滞后阶数判读情况，可以看出，无论是 AIC 准则还是 SC 和 HQ 准则，模型最优的滞后阶数均为 3 阶。因此，本章在此设定模型的滞后阶数为 3。

表 5.4　　　　　　　模型最优滞后阶数确定

滞后阶数	AIC	SC	HQ
0	1.458307	1.549624	1.494833
1	0.190590	0.555858	0.336694
2	-0.224446	0.414774	0.031237
3	-2.206461*	-1.293290*	-1.841201*

注：带*的数值表示此列的最小值。

在确定模型滞后阶数的前提下，本章采用 MCMC 法对模型进行估计和参数检验。表 5.5 给出了模型抽样参数估计和检验结果，参数 $sb1$ 至 $sh2$ 表示公式（5-1）扰动项的方差-协方差矩阵中主对角线元素中的前两个元素，MCMC 方法认为选取主对角线上的前两个元素通过检验，则表示整个矩阵上的所有元素均可通过检验。其中参数方差的 Geweke 收敛值用来检验样本数据是否收敛于后验分布的原假设，无效因子用来分析该方法模拟抽样的有效程度。可见各参数的后验均值均处于 95% 的置信区间内，Geweke 均低于 5% 显著水平的临界值 1.96，表明在 5% 的显著性水平下所有参数均不能拒绝收敛于后验分布的零假设，因此，在迭代周期中预烧抽样完全有效使得马尔可夫链趋于集中。此外，模型所有参数估计结果的无效因子最大值为 97.72，低于通常所能接受的范围，在抽样为 20 000 次的情况下能够获得的不相关样本个数为 205 个，满足后验估计的需要。

表 5.5　　　　　　TVP-SV-VAR 模型参数估计结果

参数	均值	方差	95% 置信区间	Geweke 值	无效因子
$sb1$	0.0228	0.0026	[0.0184, 0.0286]	0.1800	6.8800
$sb2$	0.0228	0.0026	[0.0184, 0.0285]	0.1690	5.3600
$sa1$	0.0893	0.0414	[0.0433, 0.2035]	0.8500	53.3100
$sa2$	0.0870	0.1086	[0.0424, 0.1611]	0.2100	97.7200
$sh1$	0.2473	0.1272	[0.0746, 0.5527]	0.6820	80.1300
$sh2$	0.2684	0.1091	[0.1154, 0.5280]	0.2510	50.3700

进一步，本书通过图形显示了样本的自相关函数、样本的取值路径以及后验分布的密度函数。如图 5.4 所示，可以看出，随着样本抽样模拟的进行，样本的自相关性在逐渐下降。同时参数的选取也并非是随机的，而是围绕着某一均值在上下波动，后验分布的密度函数也显示各参数的后验均值均处于 95% 的置信区间内。因此，TVP-SV-VAR 模型采用 MCMC 算法进行参数估计的结果是有效的。

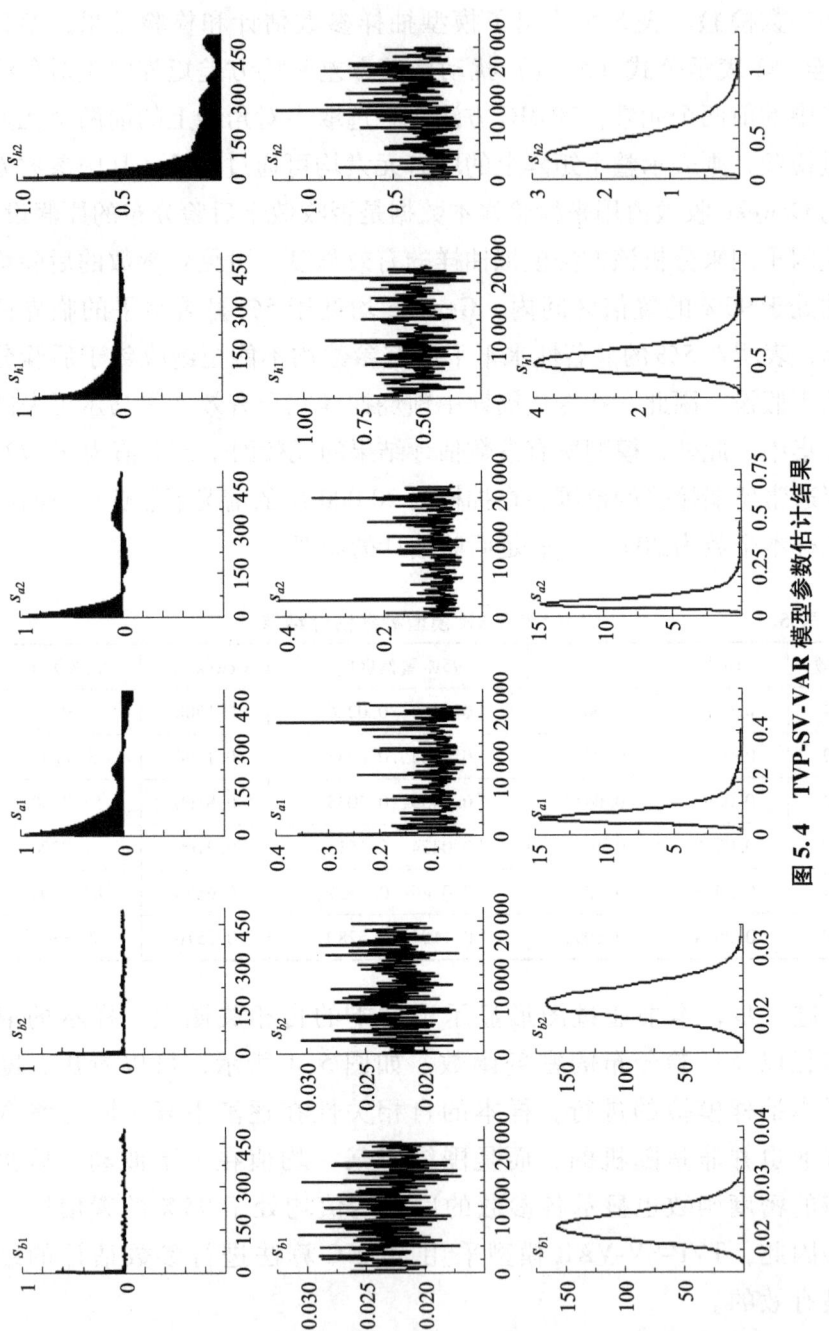

图 5.4 TVP-SV-VAR 模型参数估计结果

第三节 房价波动影响金融风险的时变特征

一、房地产基本价值、房价泡沫与金融风险间同期关系分析

图 5.5 至图 5.6 反映的是房地产基本价值、房价泡沫与金融风险的相互影响关系随时间变化的特征。从图 5.5 可以看出，房地产基本价值对金融风险的影响系数 $a\,(f{\rightarrow}r)$ 为负，在样本期间，时变特征较弱，基本维持在 -2.3 左右。可以说明，房价基本价值的波动更多体现的是抵押品价值效应，有利于降低金融体系内的风险。

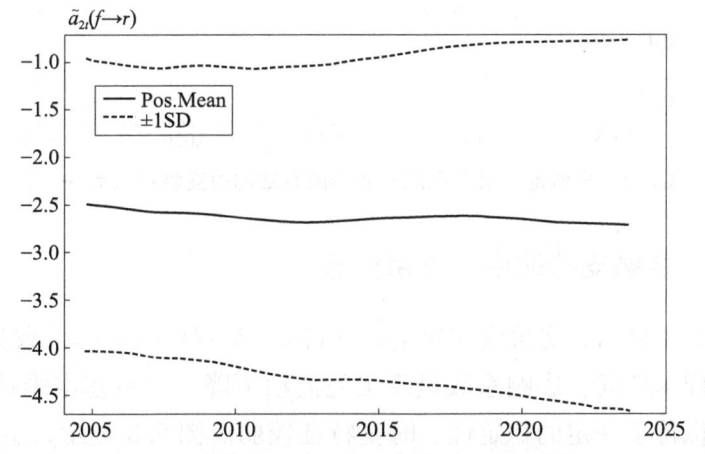

图 5.5 房地产基本价值对金融风险的影响系数的时变特征（$k=0.2$）

相反，图 5.6 显示的房价泡沫对金融风险的影响系数 $a\,(b{\rightarrow}r)$ 基本为正，样本期间波动幅度较大，呈现先波动下降后波动上升而后又波动下降的变化趋势。这说明房价的泡沫成分更多体现的是增加金融体系内的风险，且受异质性泡沫的影响，其对金融风险的影响系数具有明显的时变特征。受金融危机的影响，房地产市场在 2008 年前后出现了短暂的下行阶段，因此，其对金融风险的影响系数在这一阶段出现了短暂的下降趋势。但我国政府于 2008 年底迅速出台了"4 万

亿"的利好政策以扩大内需，刺激经济增长，与此同时，对房地产市场的调控政策也由"收紧"的调控政策方向转向"偏松"。此外，我国宽松的货币政策和财政政策吸引了大量的国际资本流入，加剧了我国房地产市场的繁荣发展，银行信贷资金过多的流入，加大了银行对风险资产的敞口，导致房价泡沫对金融风险的影响系数再次逐渐升高。

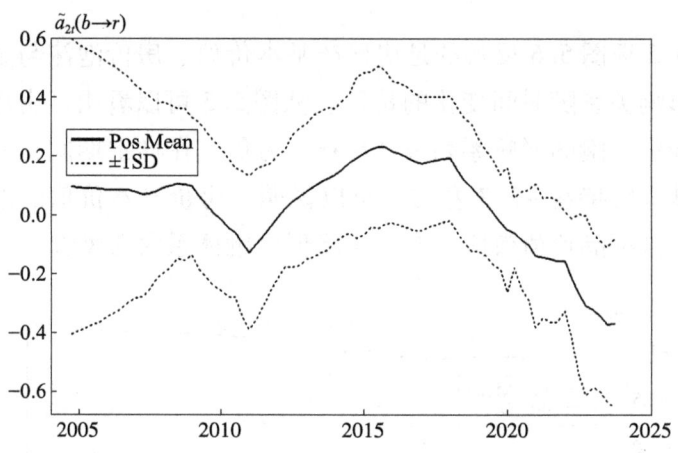

图 5.6　房价泡沫对金融风险的影响系数的时变特征（$k=0.2$）

二、金融支持的中介作用检验

图 5.7 显示，房价泡沫对金融支持 $a(b \rightarrow l)$ 的影响系数为正值，在整个样本期间，影响系数呈现出先波动下降，而后基本维持在 0.6 左右，保持了一定的稳定性，时变特征较弱。图 5.8 显示，金融支持对金融风险的影响系数 $a(l \rightarrow r)$ 同样在样本期间出现了先波动下降后波动上升而后又波动下降的变化趋势，表现出了明显的时变特征。对比图 5.6 和图 5.8 发现，$a(b \rightarrow r)$ 和 $a(l \rightarrow r)$ 两个参数的变化趋势十分相似，而 $a(b \rightarrow l)$（图 5.7）的参数值始终为正，并保持一定的稳定性。这说明房价泡沫与金融风险因金融支持为"桥梁"而联系在一起，说明以金融支持为中介，来研究房价泡沫对金融风险的影响关系的设定是合理的。

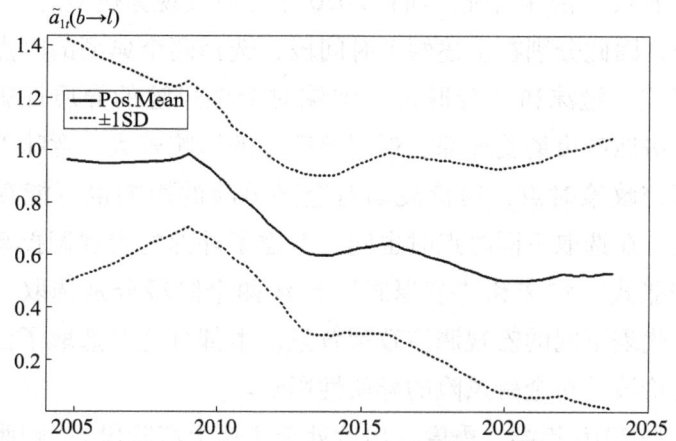

图 5.7　房价泡沫对金融支持的影响系数的时变特征（$k=0.2$）

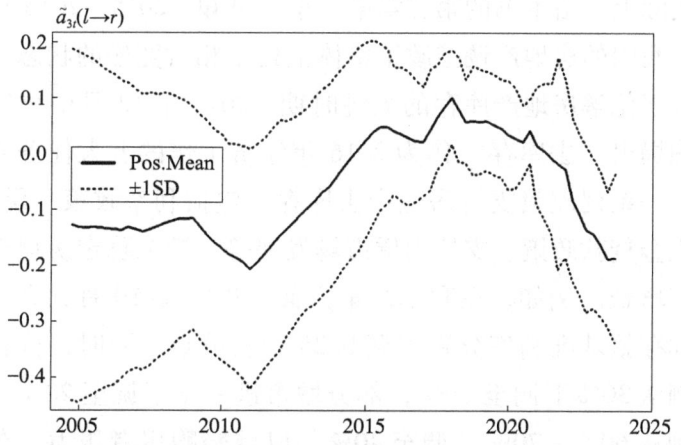

图 5.8　金融支持对金融风险的影响系数的时变特征（$k=0.2$）

三、不同时点下房价波动的异质性影响分析

根据前述分析可知，房价波动对金融风险的正向影响主要源自于房价中的泡沫成分。因此，本书接下来的分析中，重点分析房价波动中的泡沫成分对金融风险的异质性影响。

由于房地产市场受宏观调控政策影响，具有明显的周期性特征，在不同时间段以及不同的宏观政策环境下，房价波动均表现出显著的差异性。根据本章房价的分解结果可知，2011—2020 年，房价波动表现为"膨胀式"泡沫特征,而在2020年之后表现为典型的"衰退式"泡沫特征,因此分别在上述两个时间段,选择两个典型的时点分别探讨"膨胀式"泡沫和"衰退式"泡沫对金融风险的异质性影响。此外,由于房地产市场受外部宏观调控政策的影响较大,意味着在不同的宏观调控政策时点,房价波动对金融风险的影响也可能存在异质性。因此,在选取不同时点时也同时考虑了外部的宏观调控政策,即针对"膨胀式"泡沫和"衰退式"泡沫两个阶段分别选取了两个时间点,以代表不同的宏观调控政策背景。本部分主要选取了四个时点来分析房价波动对金融风险的异质性影响。

首先是2016年第二季度,房价处于快速上涨阶段,"膨胀式"泡沫特征显著,同时该时点房地产行业的外部宏观调控政策偏向于宽松状态。实际上,由本书的第三章第一小节可知,2015—2016年第二季度期间,我国的房地产调控政策整体上处于相对宽松的状态,整个房地产业处于化解房地产库存的关键时期。2015年12月中央经济工作会议明确提出"去库存"作为2016年经济工作的五大任务之一,各地出台了一系列政策支持房地产去库存,包括利率政策、税收减免、放宽公积金贷款政策、支持租赁市场发展等,旨在稳定房地产市场并促进经济增长。例如,在利率政策方面,2015年10月,央行将一年期贷款和存款基准利率分别下调0.25个百分点。同时,首套房的首付款比例从30%下调至25%,部分城市进一步下调至20%,二套房首付比例从60%—70%下调至40%,以减轻购房者压力。在税收优惠方面,2016年第一季度财政部、国家税务总局等发布通知,调整房地产交易环节的契税和营业税政策,对个人购买家庭唯一住房,面积在90平方米及以下的,减按1%的税率征收契税;面积在90平方米以上的,减按1.5%的税率征收契税。这一时期,多地调整公积金贷款政策,提高贷款额度、降低首付比例、放宽提取条件等。例如,北京、上海等地将公积金贷款最高额度提高至120万元。

但是,自2016年10月起,全国先后有21个城市出台新的楼市调控政策,各地重启限购限贷。2016年10月21日,银监会召开第三季度经济金融形势分析会,提出了七项措施,其中第二条要求"严控房地产金融业务风险，严格执行房地产贷款业务制度要求与调控政策，规范各类贷款业务管理，严禁违规发放或挪用信贷资金进入房地产领域，加强理财资金投资管理，严禁银行理财资金违规进入房地产领域"。2016 年 12 月 14 日中央经济工作会议提出"房子是用来住的，不是用来炒的"。此后，党的十九大报告明确指出"房住不炒"的政策方针，房地产业宏观调控政策进一步收紧，各地限购限贷政策升级。

其次是 2018 年第三季度，该时点房价波动同样表现为"膨胀式"泡沫特征，但外部宏观调控政策趋于收紧，主要在于 2017 年中央经济工作会议和党的十九大报告提出"房住不炒"的政策方针后，针对房地产业非理性投资的调控政策渐进收紧。这一时期，我国整体的宏观调控政策进入"房住不炒"，回归住房居住属性的阶段，相关部门围绕限购限贷限售等方面逐渐升级调控政策，以抑制房价过快上涨、防范金融风险，并推动房地产市场长期健康发展。在限购政策方面，持续扩大限购城市范围，除原有的一线城市（如北京、上海、广州、深圳）和二线城市（如杭州、南京、成都、武汉等）继续严格执行限购政策外，部分三、四线城市也加入限购行列。此外，部分城市的本地户籍与非本地户籍实施差异化限购，本地户籍家庭通常限购 2 套住房，非本地户籍家庭需提供一定年限的社保或个税缴纳证明（通常为 2—5 年），且限购 1 套住房。也有部分城市（如西安、长沙、杭州等）出台政策，禁止企业以任何形式购买住房，防止企业炒房推高房价。在限贷政策方面，一方面提高首付比例，首套房首付比例普遍提高至 30% 以上，部分热点城市提高至 35%—40%，二套房首付比例提高至 40%—70%，部分城市甚至要求 80%。另一方面，实施认房又认贷，在热点城市开启"认房又认贷"政策，即无论是否有贷款记录，只要名下有房，再购房均按二套房标准执行。在限售政策方面，主要是限制房屋交易时间，要求购房者在取得房产证后一定年限（通常为 2—5 年）内不得上市交易。例如，成都市出台政策要求新购住房须取得不动产权证满 3 年后方可转让。厦门市出台政策要求新购住房须取得不动产权证满 2 年后方可转让。

再次是2021年第四季度，该时点房价波动表现出明显的"衰退式"泡沫特征，同时该时点外部宏观调控政策整体上仍然处于较为收紧的阶段。这一时期，我国的房地产业的调控政策仍然延续上一时期收紧的宏观调控政策，继续坚持"房住不炒"的基调，进一步收紧和细化相关政策，关键在于防范房地产金融风险。尽管部分地区受到新冠疫情的影响，行业整体处于发展缓慢阶段，但宏观调控政策仍未放松：2020年8月出台的"三道红线"政策在2021年全面实施，要求房企满足以下三个财务指标：剔除预收款后的资产负债率不得大于70%；净负债率不得大于100%；现金短债比不得小于1倍。此项政策在2021年的开始实施，使得部分房地产开发企业的融资受到严格限制，高负债房地产开发企业被迫降杠杆，部分出现流动性危机。同时，限购限售政策进一步升级，热点城市（如深圳、上海、杭州、成都等）进一步出台限购政策，非本地户籍购房者需提供更长时间的社保或个税缴纳证明（如5年）。部分城市也将限售年限从2年延长至3—5年，抑制短期炒房行为。此外，还打击假离婚购房，北京、上海等城市规定离婚后一定时间内（如3年）购房按离婚前家庭住房套数计算。在税收政策方面，也实现了新的突破，2021年10月，全国人大常委会授权国务院在部分地区（如上海、重庆）开展房地产税改革试点，释放出通过税收手段调控房地产市场的信号。

最后是2023年第一季度，该时点房价波动同样表现为"衰退式"泡沫特征，不同的是该时点我国各地陆续出台宽松的房地产宏观调控政策，政策环境持续放松。这一时期，我国房地产业宏观调控政策由收紧转向宽松，原因主要有以下三个：一是经济下行压力加大。2023年我国经济面临多重挑战，包括内需不足、外需疲软、就业压力等，房地产作为国民经济的重要支柱，其稳定对经济增长至关重要。二是房地产市场持续低迷。2021—2022年严格的调控政策导致房地产市场交易量大幅下降，部分房企出现流动性危机，房价下跌预期增强，市场信心不足。三是防范系统性风险。该时期房地产开发企业债务违约事件频发（如恒大、融创等），可能引发金融风险，政策需要适度宽松以缓解房地产开发企业资金压力。因此，这一时期我国的房地产政策开始放宽松，但政策主要转向支持刚需和改善性住房需求，促进房地产市场的良性循环。例如，在首付款比例方面，二套房首付比例降至 30%—40%，以降低购房门槛，刺激改善性的购房需求。在房贷利率方面，央行引导 5 年期以上贷款市场报价利率（LPR）下调，降低购房者贷款成本，减轻购房者还款压力，提振市场信心。部分城市还放宽限购政策或优化限售政策，取消非本地户籍购房限制，缩短社保或个税缴纳年限要求，支持多孩家庭购房，以释放更多购房需求，特别是改善性需求。部分城市缩短限售年限（如从 5 年缩短至 2 年），或取消限售政策，以增加市场流动性，促进二手房交易。在税收政策方面，部分城市出台相关政策以减免契税、增值税等交易环节税费，对换购住房的个人所得税予以退税优惠，以降低交易成本，刺激市场活跃度。与此同时，针对房地产开发企业也放宽了对其融资的监管要求，允许部分优质的房地产开发企业增加融资额度，支持其发行债券、股权融资等，以缓解房企资金压力，防止更多房企出现债务违约现象。

在上述四个时间节点的基本设定下，本部分分析不同时点下房价波动对金融风险的影响。根据带有随机波动的 TVP-SV-VAR 模型的回归结果，不同时点各变量之间的脉冲响应结果如图 5.9 所示。

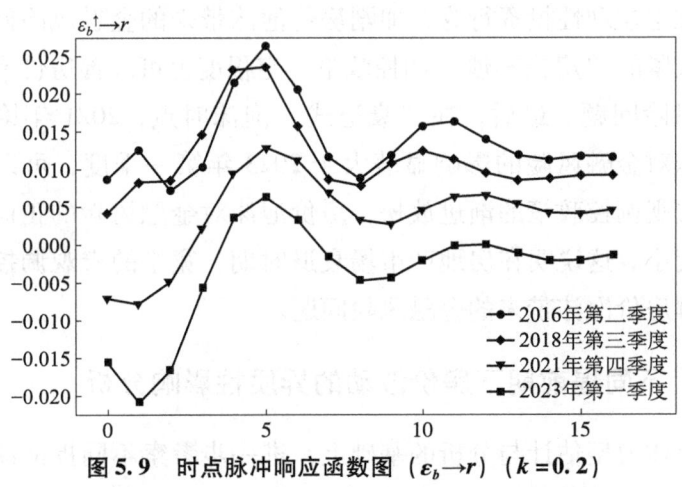

图 5.9　时点脉冲响应函数图（$\varepsilon_b \to r$）（$k = 0.2$）

由图 5.9 可以看出，在四个不同的时点，金融风险对房价波动的冲击响应（$\varepsilon_b \to r$）存在一定的时变特征。首先，在"膨胀式"泡沫时点（2016年第二季度和2018年第三季度），房价泡沫对金融风险的影响始终为正，并表现为先波动上升后波动下降，最终在第10期之后其影响系数逐渐趋向于0.01。在"衰退式"泡沫时点（2021年第四季度和2023年第一季度），房价泡沫对金融风险的影响基本为正，同样表现为先波动上升后波动下降的时变特性，最终在第10期之后逐渐趋向于0。其次，2016年第二季度和2018年第三季度的"膨胀式"泡沫对金融风险的影响要显著大于2021年第四季度和2023年第一季度"衰退式"泡沫对金融风险的影响。这说明，在房价快速上涨波动阶段，其对金融风险的影响具有一定的隐匿性，较难被觉察。过度繁荣的房地产市场使银行等金融机构在逐利的情形下向高风险的借款人持续放贷，资金过度流入到房地产业，杠杆率不断升高，最终在受到外部冲击时，流动性危机显现，风险暴露，可以说房地产市场过度繁荣的假象掩盖了其带来的风险问题。再次，在"膨胀式"泡沫时点，2016年第二季度房价泡沫对金融风险的影响显著大于2018年第三季度，可以看出随着外部"房住不炒"调控政策的渐进收紧，房价泡沫对金融风险的正向冲击力度逐渐变小，冲击的变动幅度也趋于平缓。这说明在房地产市场繁荣时期，过度宽松的宏观调控政策会催生非理性投资行为，加剧房价泡沫带来的金融风险问题，而渐进式收紧的"房住不炒"调控政策一定程度上可改善房价泡沫带来的金融风险问题。最后，在"衰退式"泡沫时点，2021年第四季度房价泡沫对金融风险的影响显著大于2023年第一季度，可以看出随着外部宏观调控政策的渐进放松，房价泡沫对金融风险的正向冲击力度逐渐变小。这说明在房地产市场衰退时期，宽松的宏观调控政策有利于缓解房价泡沫带来的金融风险问题。

四、不同提前期下房价波动的异质性影响分析

在上述模型估计与分析的基础上，进一步考察不同提前期下外生冲击的时变脉冲响应函数。提前期分别选取1期（一个季度）、4期（一年）和8期（两年）来刻画短期、中期和长期房价波动与金融风

险之间的冲击影响。脉冲响应结果如图5.10所示，可以看出，在三个不同提前期下，房价泡沫对金融风险的影响也存在一定的时变特征。

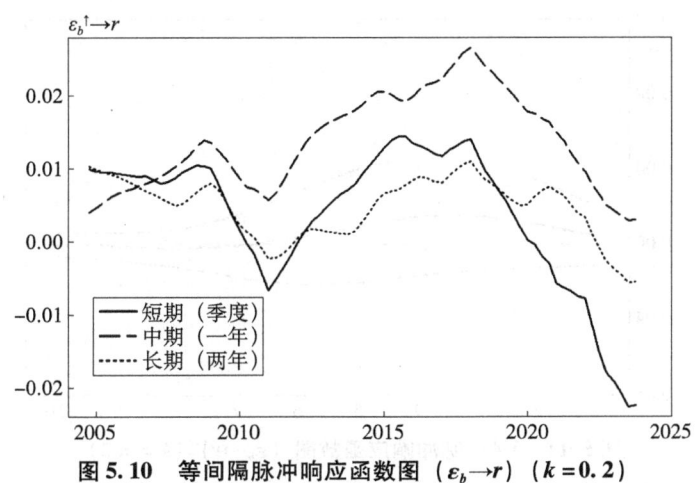

图5.10　等间隔脉冲响应函数图（$\varepsilon_b \uparrow \to r$）（$k=0.2$）

首先，三个不同提前期冲击的时变脉冲响应函数的冲击方向基本相同，但各提前期冲击形成的脉冲响应在冲击幅度上存在一定的差异。其次，样本期内，房价泡沫对金融风险的冲击无论是在短期、中期还是在长期基本为正，总体上呈现出先波动上升后波动下降的变化趋势。这说明无论是短期、中期还是长期，房价泡沫的产生均会增加金融风险。最后，从冲击幅度来看，长期和短期的冲击幅度显著小于中期，即随着提前期的延长，房价泡沫对金融风险的影响呈先渐强后渐弱的趋势特征，这说明短期内，由房价波动积累的金融风险问题被隐藏，较难被察觉，随着提前期的延长，房价泡沫对金融风险的冲击幅度逐渐变大，其引发的金融风险问题逐渐暴露。但随着提前期的持续延长，房价泡沫对金融风险的影响又渐弱，说明外部宏观政策的持续干预，虽短期效果不理想，但随着政策持续时间的延长，会抑制非理性投资，削弱房价泡沫对金融风险的正向冲击。

五、与VAR模型脉冲响应函数的对比

向量自回归（VAR）模型是对模型全部内生变量的滞后值进行回

归，进而得到内生变量之间的冲击影响关系，脉冲响应函数主要考察的是某一内生变量对误差冲击的反应。图 5.11 显示了传统 VAR 模型的脉冲响应结果。

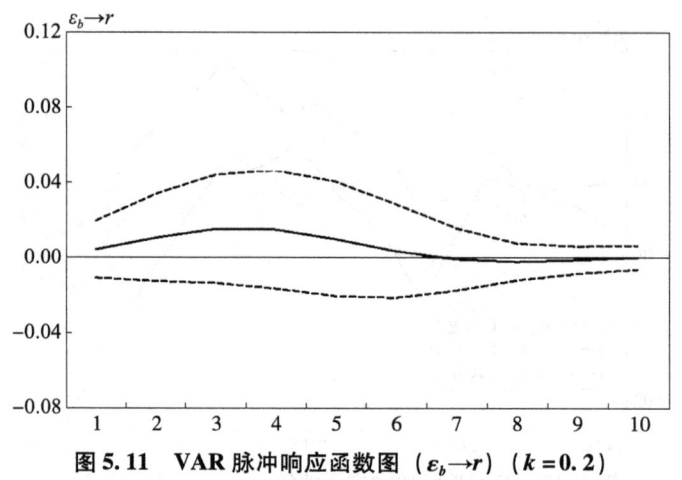

图 5.11　VAR 脉冲响应函数图（$\varepsilon_b \rightarrow r$）（$k = 0.2$）

可以看出 VAR 模型仅能识别出样本期内房价泡沫冲击对金融风险的总体影响。从图 5.11 脉冲响应函数的各期反应来看，房价泡沫对金融风险的冲击始终为正，并随着冲击期的延长，其冲击幅度呈先上升后下降的趋势并最终趋于 0。

以上 VAR 脉冲响应函数图仅能呈现出样本期内内生变量总的相互影响关系。而 TVP-SV-VAR 模型的时点脉冲响应函数反映出了四个不同的时间节点下在宏观调整政策走向发生变化时房价泡沫与金融风险之间的时变影响关系。其等间隔脉冲响应函数反映出了三个给定的时间间隔下，房价泡沫与金融风险之间短期、中期和长期的时变影响关系，可以看出不同提前期下房价泡沫对金融风险的冲击趋势基本趋同，但在冲击幅度上存在明显的异质性。该模型准确地捕捉到了房价泡沫对金融风险影响的时变特征，这是传统的 VAR 模型无法做到的。

六、时变特征稳健性检验

为进一步验证上述结论的稳健性，我们通过改变第三章中房价泡沫测算公式（3-6）中 k 的取值（k 取 0.3），来调整房价泡沫这一内生变量的大小，以检验其对金融风险影响的时变特征的稳定性。

首先，房价泡沫对金融风险影响关系的时变特征分析。图 5.12 显示了房价泡沫对金融风险的影响系数 $a(b \to r)$ 基本为正，样本期间波动幅度较大，呈现先波动下降后波动上升而后又波动下降的变化趋势，便显出了明显的时变特征。这一结论同本章上述分析的结论一致。

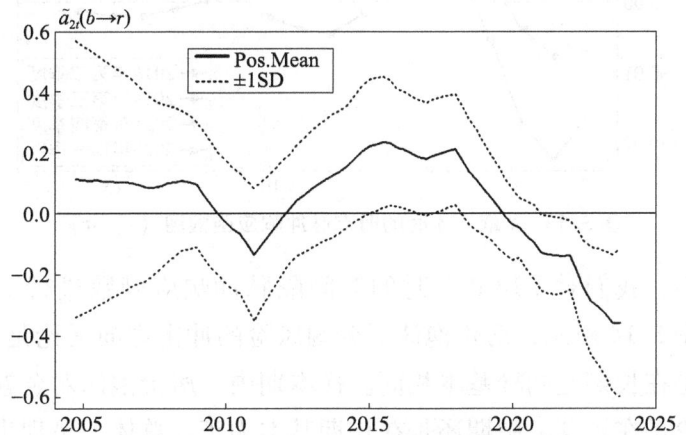

图 5.12　房价泡沫对金融风险的影响系数的时变特征（$k=0.3$）

其次，在 k 取 0.3 时，房价泡沫对金融风险影响的时点脉冲响应函数如图 5.13 所示，同样可以看出，在"膨胀式"泡沫时点（2016 年第二季度和 2018 年第三季度），房价泡沫对金融风险的影响始终为正，并表现为先波动上升后波动下降，最终在第 10 期之后其影响系数逐渐趋向于 0.01。在"衰退式"泡沫时点（2021 年第四季度和 2023 年第一季度），房价泡沫对金融风险的影响基本为正，同样表现为先波动上升后波动下降的时变特性，最终在第 10 期之后逐渐趋向于 0。其次，2016 年第二季度和 2018 年第三季度的"膨胀式"泡沫对金融风险的影响要显著大于 2021 年第四季度和 2023 年第一季度"衰退式"泡沫对金融风险的影响。再次，在"膨胀式"泡沫时点，2016 年第二季度房价泡沫对金融风险的影响显著大于 2018 年第三季度。最后在"衰退式"泡沫时点，2021 年第四季度房价泡沫对金融风险的影响显著大于 2023 年第一季度。这一结论也与本章前述研究结论一致。

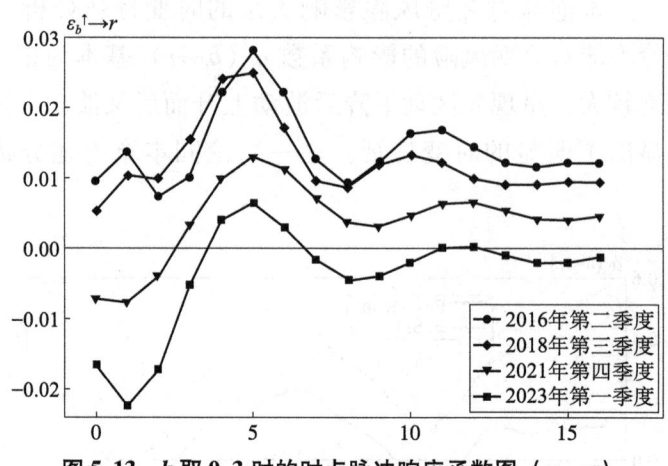

图 5.13　k 取 0.3 时的时点脉冲响应函数图（$\varepsilon_b \rightarrow r$）

最后，我们对 k 取 0.3 时的等间隔脉冲响应函数进行平稳性检验，如图 5.14 所示，房价泡沫对金融风险的冲击方向无论是在短期、中期还是在长期也同样基本相同。样本期内，房价泡沫对金融风险的冲击无论是在短期、中期还是在长期基本为正，总体上呈现出先波动上升后波动下降的变化趋势。从冲击幅度来看，长期和短期的冲击幅度也显著小于中期，随着提前期的延长，房价泡沫对金融风险的影响呈先渐强后渐弱的趋势特征。

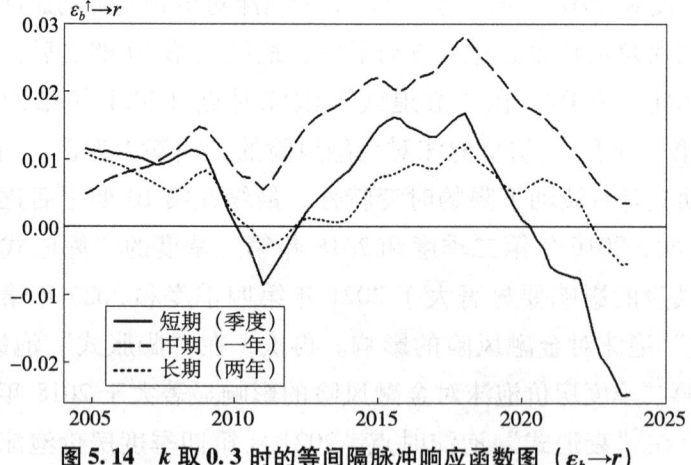

图 5.14　k 取 0.3 时的等间隔脉冲响应函数图（$\varepsilon_b \rightarrow r$）

综上，可以看出 k 取 0.3 时房价泡沫对金融风险的正向直接影响

及其时变特征均与 k 取 0.2 时雷同。且 VAR 模型结果也显示了房价泡沫对金融风险的正向影响。因此，可以说明本章采用带有随机波动的 TVP-SV-VAR 模型针对房价波动对金融风险的异质性影响的实证分析结果稳健可靠。

第四节　本章小结

本章在第四章房价泡沫对金融风险的直接影响机制分析的基础上，基于房价基本面与异质性泡沫成分的分解视角，以我国 2003 年第四季度到 2023 年第四季度的时间序列数据为研究样本，通过构建金融风险综合测度指标体系，利用熵权法对我国金融风险水平进行测算，进一步构建带有随机波动的时变参数向量自回归模型（TVP-SV-VAR），以实证分析房价波动的基本面因素和异质性泡沫成分对金融风险的差异化影响。通过时点脉冲响应函数和等间隔脉冲效应函数分析不同宏观调控政策时点以及不同提前期下房价泡沫对金融风险影响的时变效应，并对金融支持的中介作用进行检验。

第一，样本期内我国的金融风险水平呈先下降后波动上升的趋势，伴随着不良贷款处置政策的实施，后金融危机时期，我国金融风险水平显著降低。但是随着房价的持续高涨，金融机构不断"脱实向虚"，房价泡沫膨胀，2020 年的金融风险水平显著高于 2008 年金融危机时的水平。此外，2023 年的金融风险水平有明显的趋高倾向。我国整体上依然面临着较大的金融风险问题。具体而言，我国金融风险变化趋势可分为三个阶段，分别为金融危机前的阶段（2009 年之前）、后金融危机阶段（2009—2013 年）和金融业"脱实向虚"阶段（2014 年之后）。

第二，金融支持是房价波动影响金融风险的重要渠道，房价波动的泡沫成分是引发金融风险的关键原因，而符合基本面的房地产基本价值部分则表现出"抵押品价值效应"，有利于降低金融体系内的风险。

第三，异质性泡沫时点下，房价波动的泡沫成分对金融风险的影响具有明显的时变特征。具体而言，房价泡沫对金融风险的影响系数表现为先波动上升后波动下降的时变特性，且"膨胀式"泡沫对金融风险的影响要显著大于"衰退式"泡沫。在房价快速上涨波动阶段，其对金融风险的影响具有一定的隐匿性，较难被觉察，可以说房地产市场过度繁荣的假象掩盖了其带来的风险问题。

第四，不同宏观调控政策时点下，房价波动的泡沫成分对金融风险的影响具有明显的异质性，在"膨胀式"泡沫时点，随着外部"房住不炒"调控政策的渐进收紧，房价泡沫对金融风险的正向冲击力度逐渐变小，但在"衰退式"泡沫时点，房价泡沫对金融风险的正向冲击力度则是随着外部宏观调控政策的渐进放松而逐渐变小。因此，在房地产市场繁荣时期，过度宽松的宏观调控政策会催生非理性投资行为，加剧房价泡沫带来的金融风险问题，而渐进式收紧的"房住不炒"调控政策一定程度上可改善房价泡沫带来的金融风险问题。而在房地产市场衰退时期，宽松的宏观调控政策有利于缓解房价泡沫带来的金融风险问题。

第五，不同提前期下，房价波动的泡沫成分对金融风险的影响具有显著的差异特征，整体上呈现出先波动上升后波动下降的变化趋势，但随着提前期的延长，房价泡沫对金融风险的影响呈先渐强后渐弱的趋势特征。因此，短期内，由房价波动积累的金融风险问题被隐藏，较难被察觉，随着提前期的延长，房价泡沫对金融风险的冲击幅度逐渐变大，其引发的金融风险问题逐渐暴露。但随着提前期的持续延长，房价泡沫对金融风险的影响又渐弱，这说明外部宏观政策的持续干预，虽短期效果不理想，但随着政策持续时间的延长，会抑制非理性投资，削弱房价泡沫对金融风险的正向冲击。

第六章　房价波动对金融风险的空间溢出效应

区域间金融风险的传染和扩散是系统性金融风险爆发的重要诱因。一方面，在区域经济一体化以及以国内大循环为主体、国内国际双循环相互促进的新发展格局构建的背景下，地区间开放程度加深，铁路、通讯等基础设施不断完善升级，区域间资本、人口、信息技术等要素流动加速，使得各地区的房地产市场和金融市场紧密关联，房价波动和金融风险的传染性质逐渐凸显；另一方面，互联网金融、科技金融的发展打破了金融市场的地域限制，使得各地区金融机构间的网络关联更加紧密复杂化。各地区的资本流动速度在金融机构的网络关联作用下也得到加速升级，为房价波动和金融风险的传染提供了契机。

在此背景下，我国各地区的房价和金融风险表现出较强的空间溢出效应。首先是我国部分地区的房价尤其是沿海东部地区的房价表现出了明显的溢出效应，进而对邻近地区的金融风险产生了影响。黄燕芬等（2018）以京津冀城市群为例，基于单中心理论的视角，从理论上分析了京津冀城市群住房价格波动溢出效应的作用机制，并采用空间滞后模型进行了实证检验，研究发现京津冀城市群住房价格存在显著的溢出效应，北京是溢出效应的中心，而且这种溢出效应会随着外围城市到北京距离的增加而减弱。董加加和纪晗（2018）基于我国35个大中城市房地产数据，运用动态相关系数和全局VAR模型研究城市间住宅价格的联动性和溢出效应，研究发现我国城市间住宅价格的联动性随价格的上涨而增强，存在显著的溢出效应，并呈现出逐年增强的趋势，且东部城市的溢出强度和速度最高。吕龙和刘海云（2019）基于35个大中城市的房价数据，通过利用厚尾VAR模型构建了房价溢出效应的测度指数，从而量化了房价溢出效应的大小，研究发现市场整体房价溢出水平自2011年以来上升了11%，人口流动与羊群效应是房价溢出的重要途径，这导致了系统性风险加剧。石军等（2023）通过构建全国城市住房市场波动溢出关联网络模型，分析了城市住房价格波动在全国范围内的空间联动效应，研究发现全国城市房价变动存在显著的波动溢出效应，这种溢出效应反映了房地产市场系统性风险的空间关联及溢出效应。韦汝虹等（2023）以长三角地区为例，基于地理信息系统的空间计量模型尝试测度商品房价格的空间溢出效应，研究发现上海、苏州、南通和嘉兴四个城市处于高房价集聚区，该区域商品房价格与周边城市的商品住宅价格存在显著的空间溢出关系。龚金金等（2024）研究发现沿海地区、大规模城市出台的限购政策会导致本地区的房价向外溢出，且沿海地区和大规模城市的这种溢出效应高于内陆地区、小规模城市。也有学者从房价泡沫的视角对房价波动和金融风险的溢出效应进行了分析。他们认为部分地区的房价泡沫会对邻近地区的房价泡沫产生影响，进而对邻近地区的金融风险产生空间溢出效应。对此，张超（2018）研究指出各城市的房价泡沫在空间上存在较强的相关性，诸如上海这一特大城市作为全国经济发展的中心城市，因吸引大量的人才和资金流入而形成了资源集聚的优势，其辐射效应带动了长三角地区各个城市的经济发展，促进各城市间人才、技术和资金的关联交流，并最终导致各地房地产市场的需求和供给出现了趋同和传染效应。孙焱林和张攀红（2016）研究发现区域间的房价泡沫在地理因素、经济因素和信贷因素的传播渠道下存在区域间联动效应和空间传染效应。刘海云和吕龙（2018）也指出"城市圈""经济带"等区域经济协同发展机制使得各地区之间的经济发展紧密关联，为区域间房价泡沫的传染提供了经济基础。国外学者Riddel（2011）利用误差修正模型对美国拉斯维加斯和洛杉矶的房价泡沫之间的传染关系进行实证分析，研究发现作为经济发展中心的洛杉矶对边缘城市的经济引领作用是其泡沫传染的原因。因此，如若忽视各地区房价泡沫的传染风险，可能会低估房地产市场对系统性金融风险的影响。其次是部分地区的房价泡沫在对本地区的金融风险产生影响后，可进一步通过金融风险的空间溢出效应对邻近地区的金融风险产生影响。对此，王营和曹廷求（2017）指出，我国省级区域间的金融风险具有较强的传染性，且随着省际间距离的增加，传染效应逐渐减弱。最后是在资本的跨区域流动以及金融机构网络关联效应的作用下，本地区的房价泡沫可能会对邻近地区的房价泡沫产生直接的空间溢出效应。因此，有必要进一步探究房价波动对金融风险的空间溢出效应，这对有效防范区域间房价泡沫和金融风险的传染至关重要。

鉴于此，本章在第四章论述的房价波动对金融风险影响的空间溢出效应机制的基础上，以我国局部的地区层面为切入点，利用第五章所构建的金融风险综合测度指标体系，基于房价基本面与异质性泡沫成分的分解视角，实证分析房价波动对于金融风险的空间溢出效应。本章首先测度我国30个省、自治区、直辖市各地区的金融风险水平，并对测度结果进行深入剖析；其次，通过构建动态空间杜宾模型（DSDM），分别引入地理、经济和金融空间权重矩阵来研究各地区之间房价波动与金融风险的区域联动以及空间溢出效应的传播渠道和媒介，以实证检验房价波动对金融风险的空间溢出效应；最后，在上述DSDM的基础上，通过设置政策调节变量来实证分析"膨胀式"泡沫期间，持续收紧的宏观调控政策是否有利于抑制房价泡沫对金融风险的空间溢出效应，以进一步检验本书第五章的实证分析结果。

第一节 我国各地区金融风险测度

根据本书第五章构建的金融风险综合指标测度体系利用熵权法对我国 30 个省、自治区、直辖市 2006—2019 年的金融风险水平进行测度。其中各地区保险市场、股票市场、银行信贷市场以及房地产市场的相关指标数据分别来源于 Wind 数据库、国家统计局《国家数据》、中经网统计数据库。本节接下来将从时间变化趋势和地区分布特征两个方面来对我国 30 个省、自治区、直辖市的金融风险水平及变动趋势进行分析。

一、各地区金融风险时间变化趋势

为了更好地体现我国 30 个地区金融风险时间变化趋势的差异性，本节按照国家统计局分类方法，将样本区域划分为东部、中部、西部和东北部。图 6.1 分别显示了四个地区包含的所有省份的金融风险在时间上的演变趋势。可以看出，整体上来看各地区 2019 年的金融风险水平普遍高于 2008 年金融危机时的水平。且我国东部地区和中西部以及东北部地区的金融风险在时间变化趋势上存在明显的异质性。其中，图 6.1(a)显示东部地区的金融风险呈现出先下降后上升，之后经历短暂的下降后再次上升的 W 型的变动趋势，而图 6.1(b)、(c)、(d)显示中部、西部和东北部地区的金融风险则呈现出先下降后上升的 U 型变动趋势。具体来说，我国各地区的金融风险在时间上的演变趋势同我国整体上的金融风险演变趋势基本趋同，也可分为三个阶段，分别为金融危机前的阶段（2009 年之前）、后金融危机阶段（2009—2013 年）以及金融业"脱实向虚"阶段（2014 年之后）。具体分析可详见第五章第一节。

第六章 房价波动对金融风险的空间溢出效应

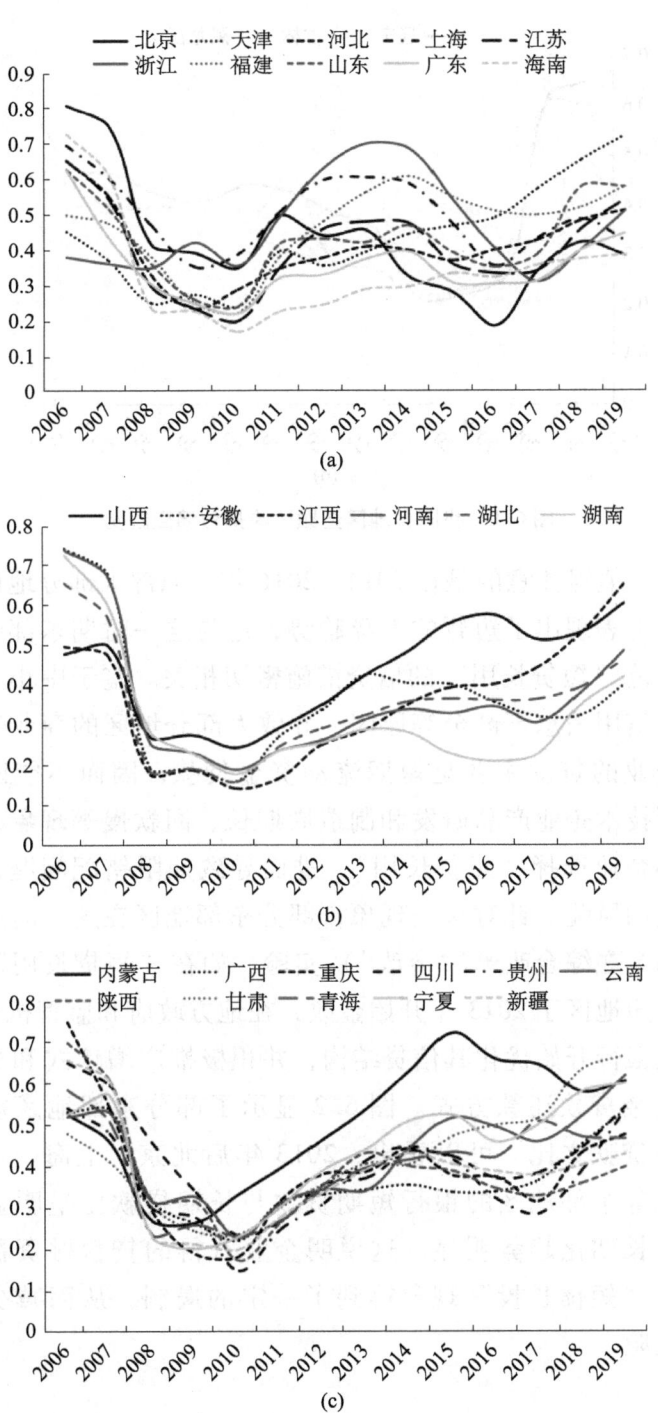

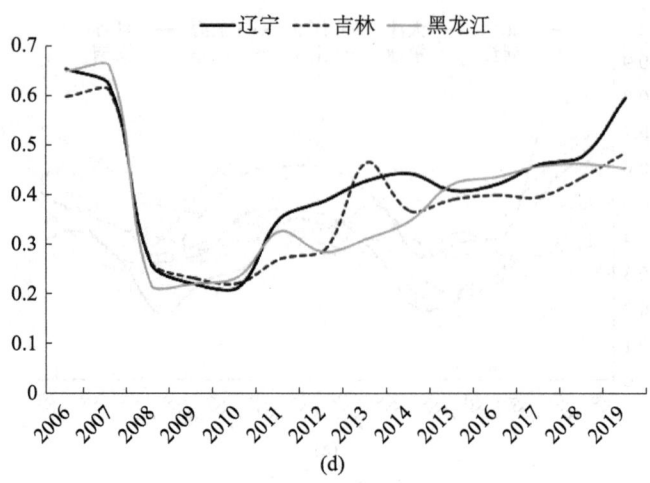

图 6.1 我国各地区金融风险指数演变趋势

然而，值得注意的是在 2014—2016 年，东部大部分地区的金融风险总体上表现出了短暂的下降趋势，这与这一时期东部部分地区开展的防范"短贷长用"的信贷措施密切相关。鉴于中小型企业经营机制、信用信息不健全等原因，导致大部分地区的商业银行发放给中小企业的贷款主要是短期流动资金贷款，因而不能匹配制造业、高新技术企业产品研发和制造周期长、回款慢等现象，造成大部分中小企业选择"短贷长用"，进而导致期限错配问题，增加了企业的违约风险。针对这一现象，部分东部地区在这一时期进行了大规模的金融综合改革（"金改"）实验。如在"短贷长用"盛行的浙江省温州地区于 2013 年开始金改，在地方政府和监管机构的介入下，各大银行开始优化其信贷结构，并积极推广增信式和分段式两种流动资金贷款还款方式。图 6.2 显示了部分东部地区短期贷款与中长期贷款之比，可以看出，2013 年后北京、上海、江苏、浙江、山东等东部地区的银行短期贷款与长期贷款比呈明显下降趋势，贷款长期化趋势明显。这说明企业获得的贷款融资稳定性提升，企业"短债长投"现象得到了一定的遏制，从而减少了资金错配的风险。

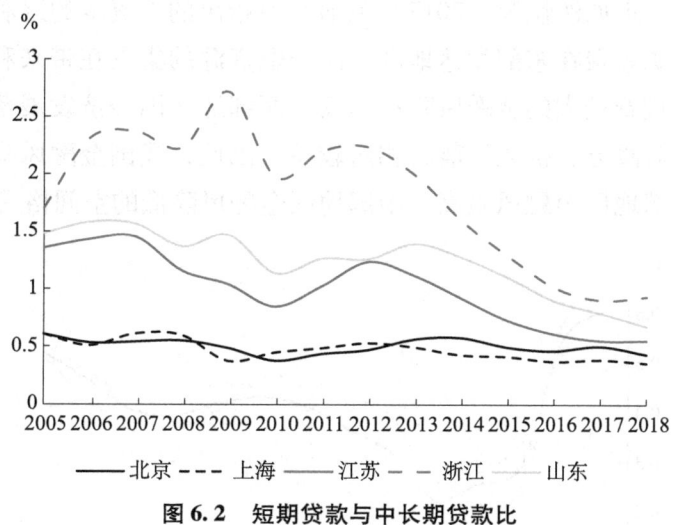

图 6.2 短期贷款与中长期贷款比

二、各地区金融风险地区分布特征

为进一步研究我国各地区金融风险的空间分布特征，本章在此进一步计算了我国东部、中部、西部和东北部所包含地区的平均金融风险。如图 6.3 所示，后金融危机时期，我国金融风险形成了东西部地区高，中部和东北部地区低的"两极分化式"的空间格局。物理距离是影响金融交易的关键因素，正如 Porteous（1995）所指出的，物理距离相距较远增加了信息不对称的风险，进而增加了金融风险发生的可能性。而金融集聚恰恰缩减了金融机构或市场间的物理距离，降低了信息的不对称程度，有效避免了金融市场中的"羊群效应"和"多米诺骨牌效应"，进而降低金融风险。但过度的金融集聚在解决信息不对称风险的同时，也增加了"噪音信息"的比例，不利于金融风险的控制。相比西部地区我国东部地区经济发达，金融资源高度集聚，大型的金融机构几乎都选取北上广深等东部一线城市落地。该地区的金融机构集聚在带来金融资源便利获取的同时，也因金融集聚区域内过度的竞争和创新以及集聚的极向化问题导致了金融风险的高度集聚。而我国西部地区地域辽阔，各省市间地理距离较远，金融资源较难集聚，也相对匮乏，信息不对称风险较大，因此其蕴藏的金融风险也较大。正如沈悦等（2017）的研究所指出的，资本的逐利本性使得金融资源集聚在东部发达地区，而金融资源的集聚在带来利好的同时，也蕴藏着较大的金融风险；相反，西部地区因经济发展落后，金融资源相对匮乏，抗风险能力相对较差。因此，我国金融风险最终呈现出东西部地区金融风险高、中部地区金融风险低的空间格局。

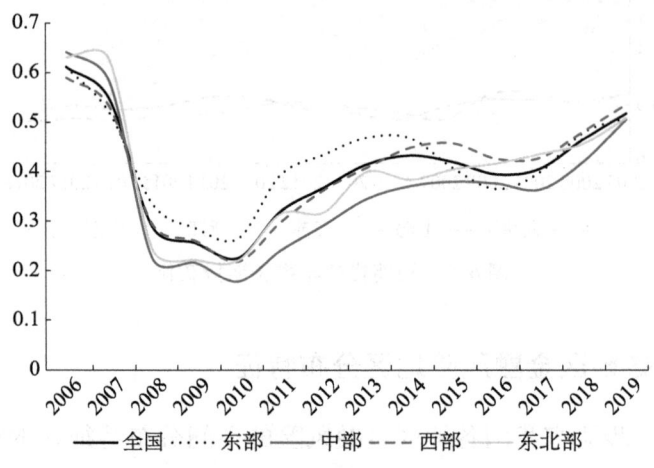

图 6.3　我国金融风险指数随时间变化的地区分布

第二节　动态空间杜宾模型构建

一、模型设计

动态空间杜宾模型（DSDM）不仅可以考察因变量和自变量的空间滞后项，同时也关注了因变量在时间上的滞后项，能够较好地体现各变量的空间溢出效应以及因变量的时空效应。由于本章的研究问题同时涉及了被解释变量和解释变量的空间相互作用，而且根据前文的文献和理论部分分析可知，各省份的金融风险和房价波动均具有一定的传染效应。鉴于此，本章采用能同时包含时间效应和空间效应的DSDM模型，以实证检验房价波动对金融风险的直接影响和空间溢出效应。具体模型设计如下：

$$y_{i,t} = \rho w y_{i,t} + \beta_1 y_{i,t-1} + \beta_2 X_{i,t} + \beta_3 Z_{i,t} + \theta_1 w X_{i,t} + \theta_2 w Z_{i,t} + \varepsilon_{i,t} \tag{6-1}$$

其中，y_{it} 为 n 阶向量，表示各地区的金融风险，y_{it-1} 为金融风险时间上的滞后项，w 为空间权重矩阵，X_{it} 为核心解释变量房地产基本价值或房价泡沫，Z_{it} 为控制变量，wy_{it}、wX_{it}、wZ_{it} 分别为因变量 y_{it}、自变量 X_{it} 以及控制变量 Z_{it} 的空间滞后项。

二、空间权重矩阵设定

在动态空间杜宾模型中，通过引入空间权重矩阵来研究各地区之间房价波动与金融风险的区域联动以及空间溢出效应的传播渠道和媒介，以界定各地区之间的关联方式和关联程度。因此，空间权重矩阵的构建对于 DSDM 模型的回归结果至关重要。基于本书第二章的文献综述和第四章的理论分析可知，地理位置邻近的地区间的金融风险和房价波动的溢出效应可能会较明显，例如上海、江苏、浙江等邻近地区的金融风险和房价波动的互相传染效应可能会较强。除此之外，各地区之间经济发展水平以及各地区房地产市场金融资源的相似性，也会影响金融风险和房价波动的空间溢出效应。鉴于此，本章在参考王火根和沈利生（2007）、孙焱林和张攀红（2016）等研究的基础上，构建如下三种空间权重矩阵：

（1）地理空间权重矩阵

地理空间权重矩阵可采用二进制的空间邻接矩阵，即如果地区 i 和地区 j 相邻，则 w_{ij} 取值为 1，否则为 0。地理空间权重矩阵的设定公式如下：

$$w_{ij}^g = \begin{cases} 1, & \text{地区 } i \text{ 和地区 } j \text{ 有共同的边界} \\ 0, & \text{地区 } i \text{ 和地区 } j \text{ 无共同的边界} \end{cases} \tag{6-2}$$

（2）经济空间权重矩阵

GDP 是衡量各地区经济发展水平的重要指标，本章在此选取各地区实际 GDP 作为经济空间权重矩阵的设定基础，如果各省份之间经

济发展水平相差越大,则其经济相似性越低,空间关联性越弱;反之,则越强。经济空间权重矩阵的设定公式如下:

$$w_{ij}^e = \begin{cases} \dfrac{1}{|\overline{GDP_i} - \overline{GDP_j}|}, & i \neq j \\ 0, & i = j \end{cases} \quad (6-3)$$

其中,$\overline{GDP_i}$ 和 $\overline{GDP_j}$ 分别表示地区 i 和地区 j 样本期内实际 GDP 的平均值。

(3) 金融空间权重矩阵

房地产市场主要从银行等金融机构获得金融支持。因此,本章在此选取房地产开发企业本年实际到位资金中的国内贷款占比作为金融空间权重矩阵的设定基础,类似上述经济空间权重矩阵的设定,若各省份之间所获得的金融支持水平相差较大,则其金融相似性越低,进而其空间关联性就越弱;反之,则越强。金融空间权重矩阵的设定公式如下:

$$w_{ij}^f = \begin{cases} \dfrac{1}{|\overline{Fin_i} - \overline{Fin_j}|}, & i \neq j \\ 0, & i = j \end{cases} \quad (6-4)$$

其中,$\overline{Fin_i}$ 和 $\overline{Fin_j}$ 分别表示地区 i 和地区 j 样本期内房地产企业本年实际到位资金中国内贷款占比的平均值。

三、变量选取与数据说明

为全面考察经济发展水平、社会投资、产业结构以及各市场参与主体对各地区金融风险的影响,本章在参考以往文献的基础上选取人均 GDP、经济开放度、通货膨胀、固定资产投资、产业结构、财政缺口以及规模以上工业企业资产负债水平为 DSDM 模型的控制变量,各变量定义详见表 6.1。其中,经济开放度用各地区进出口总额与 GDP 的比值表示,通货膨胀用居民消费价格指数同比增长率表示,产业结构用第二产业增加值与 GDP 的比值表示,财政缺口由财政支出减去收入并与 GDP 的比值表示。

表 6.1　　　　　　　　　　变量选取说明

变量类型	变量名称	变量符号	变量定义
被解释变量	金融风险	risk	由第五章金融风险综合指标体系并基于熵权法计算得出
核心解释变量	房地产基本价值	lnfoundv	由第三章公式（3-5）计算得出并取对数
	房价泡沫	lnbubble	由第三章公式（3-6）计算得出并取对数
控制变量	人均 GDP	lnGDP	人均 GDP 取对数
	经济开放度	ope	进出口总额/GDP
	固定资产投资	inv	全社会固定资产投资/GDP
	通货膨胀	inf	居民消费价格指数同比增长率
	产业结构	ind	第二产业增加值/GDP
	财政缺口	fin	（财政支出－财政收入）/GDP
	工业企业资产负债率	alr	规模以上工业企业总负责/规模以上工业企业总资产

鉴于数据完整性考虑，本章在实证分析中剔除了西藏自治区和港澳台地区的样本，选取我国 30 个省、自治区和直辖市 2006—2019 年的相关数据进行实证检验。本章的数据来源于《中国统计年鉴》、《中国金融年鉴》、Wind 数据库。为消除通货膨胀影响，对模型中所有价值型的数据均采用以 2006 年为基期的居民消费价格指数进行了平减。同时在模型回归时为避免绝对值变量波动较大引起的异方差现象，对房地产基本价值、房价泡沫和人均 GDP 变量做取对数处理。主要变量的描述性统计结果见表 6.2。可以看出，各地区金融风险最小值为 0.141，最大值为 0.810。房价泡沫相较于金融风险的波动幅度更大。

表 6.2　　　　　　　　　　变量描述性统计

变量	观测数值	均值	标准差	最小值	最大值
risk	420	0.405	0.137	0.141	0.810
lnfoundv	420	7.800	0.337	7.070	8.780
lnbubble	420	7.392	0.807	4.676	9.936

续表

变量	观测数值	均值	标准差	最小值	最大值
$lnGDP$	420	10.322	0.547	8.657	11.694
ope	420	0.309	0.355	0.013	1.711
inv	420	0.769	0.281	0.212	1.597
inf	420	0.027	0.018	-0.023	0.101
ind	420	0.453	0.086	0.162	0.615
fin	420	0.136	0.131	-0.011	1.273
alr	420	0.583	0.055	0.389	0.761

第三节 房价波动对金融风险的空间溢出效应实证回归结果

一、各地区金融风险空间自相关检验

区别于传统的面板数据模型，空间面板模型将主要经济变量的空间相关性纳入其考察的范围。因此，需要对金融风险是否存在空间自相关进行检验。目前，最为主流的度量空间自相关的检验方法是全局莫兰指数 I（Global Moran's I），由 Moran 于 1950 年提出，表示观测值与其空间滞后项的相关系数。莫兰指数表达式如下：

$$I = \frac{\sum_{i=1}^{n}\sum_{j=1}^{n}w_{ij}(risk_i - \overline{risk})(risk_j - \overline{risk})}{S^2\sum_{i=1}^{n}\sum_{j=1}^{n}w_{ij}} \tag{6-5}$$

其中，$S^2 = \frac{\sum_{i=1}^{n}(risk_i - \overline{risk})^2}{n}$ 为样本方差，$\overline{risk} = \frac{\sum_{i=1}^{n}risk_i}{n}$ 为样本均值，w_{ij} 为空间权重矩阵，表示地区 i 和地区 j 的空间距离，n 为样本个体数量。

莫兰指数的取值一般介于 -1 到 1 之间，大于 0 表示各地区金融风

险存在空间正相关,即高风险地区与高风险地区、低风险地区与低风险地区相邻,小于0则表示金融风险存在空间负相关,即高风险与低风险地区相邻,等于0表示不存在空间自相关。通常我们采用标准化的统计量Z值来检验全局莫兰指数I的显著性。统计量Z的计算公式为:

$$Z(Moran'I) = \frac{Moran'I - E(Moran'I)}{\sqrt{VAR(Moran'I)}} \quad (6-6)$$

其中,$E(Moran'I) = -\frac{1}{n-1}$。表6.3给出了基于地理空间权重矩阵2006—2019年金融风险的全局莫兰指数Moran's I以及其显著性。可以看出,除少数年份莫兰指数为负但不显著外,金融风险的莫兰指数均显著大于0。这一结果初步证明了各地区金融风险在空间上存在正相关性。

表6.3　　　　地理空间权重矩阵金融风险 Moran's I

年份	Moran's I	z 值	p 值
2006	0.336	3.060	0.001
2007	0.322	2.974	0.001
2008	-0.039	-0.035	0.486
2009	-0.047	-0.110	0.456
2010	-0.159	-1.054	0.146
2011	-0.058	-0.194	0.423
2012	0.049	0.723	0.235
2013	0.024	0.508	0.306
2014	0.144	1.508	0.066
2015	0.143	1.534	0.063
2016	0.041	0.646	0.259
2017	0.123	1.317	0.094
2018	0.098	1.101	0.135
2019	0.206	1.984	0.024

为进一步观测各地区金融风险在空间上的集聚情况,本章将各地区金融风险观测值与其空间滞后项画成散点图,即莫兰散点图。如图6.4和图6.5所示,分别列出了2006年和2019年各地区金融风险的莫兰散点图。其中,第一象限表示本地区金融风险高,邻近地区金融风险也高的地区,属于高高集聚类型(HH);依此类推,第二象限为

低高集聚类型（LH），表示本地区金融风险低，邻近地区金融风险高的地区；第三象限为低低集聚类型（LL），表示本地区金融风险低，邻近地区金融风险也低的地区；第四象限为高低集聚类型（HL），表示本地区金融风险高，邻近地区金融风险低的地区。从图 6.4 和图 6.5 可以看出，观测值中有 70% 的地区均集聚在第一象限和第三象限，而仅有 9 个地区是集聚在低高或高低的象限内。这说明，我国大部分地区的金融风险在空间上存在正相关关系。

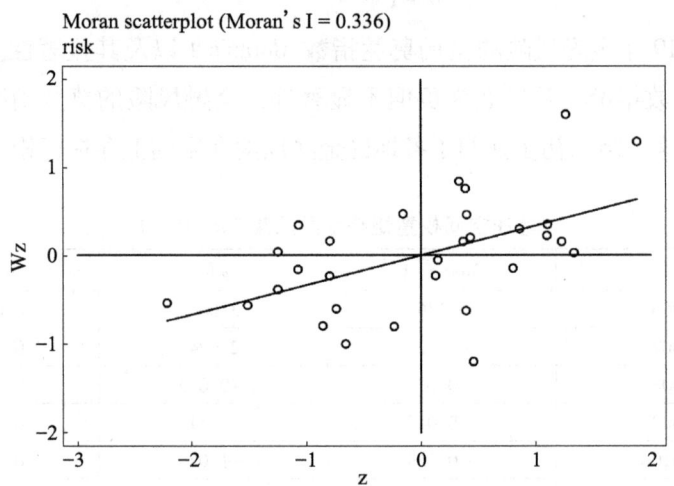

图 6.4　2006 年各地区金融风险莫兰散点图

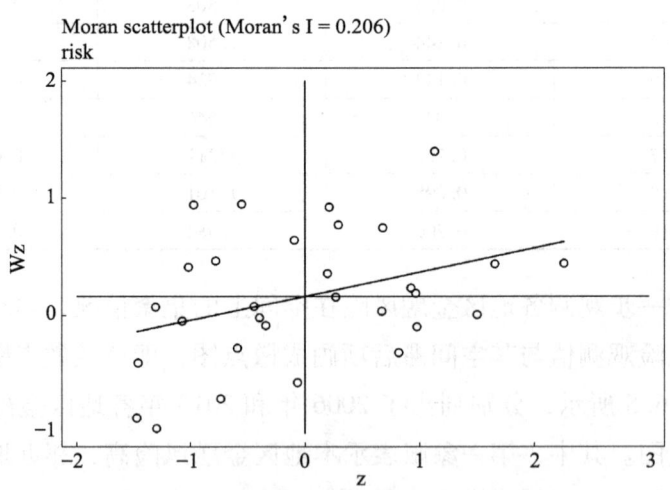

图 6.5　2019 年各地区金融风险莫兰散点图

二、空间溢出效应估计结果

对于动态空间面板而言,一般采用广义矩估义(GMM)或者最大似然估计法(MLE)两种估计方法。但鉴于在小样本的情况下,MLE 估计更加有效且估计偏差更小,故采用 MLE 估计。此外,豪斯曼检验结果拒绝原假设,因此采取固定效应。

依据地理空间权重矩阵、经济空间权重矩阵和金融空间权重矩阵对动态空间杜宾模型的估计结果见表 6.4 和表 6.5,三种空间权重矩阵下分别共给出了 6 种不同形式的模型估计结果,每种估计结果均控制了地区固定效应。其中,模型(1)、模型(3)、模型(5)中考虑了解释变量和被解释变量的空间滞后项,模型(2)、模型(4)、模型(6)中加入了控制变量经济发展水平的空间滞后项,剔除了其余控制变量空间滞后项不显著的变量。模型(1)到模型(6)中包含了以下三种效应的检验:一是直接影响效应检验(回归系数 β_{foundv} 或 $\beta_{lnbubble}$),即本地区的房地产基本价值或房价泡沫对本地区的金融风险的影响;二是滞后效应检验(回归系数 $\beta_{L1.risk}$ 和 ρ),主要用来分析金融风险在时间和空间上滞后带来的影响;三是溢出效应机制检验(回归系数 θ_{foundv} 或 $\theta_{lnbubble}$),即相邻地区房地产基本价值或房价泡沫对本地区金融风险的影响。

表 6.4 动态空间杜宾模型回归结果(房地产基本价值)

参数估计	地理空间权重矩阵(w_{ij}^g)		经济空间权重矩阵(w_{ij}^e)		金融空间权重矩阵(w_{ij}^f)	
	模型(1)	模型(2)	模型(3)	模型(4)	模型(5)	模型(6)
ρ	0.454 ***	0.494 ***	0.540 ***	0.546 ***	0.537 ***	0.630 ***
	(0.038)	(0.037)	(0.039)	(0.038)	(0.039)	(0.038)
$\beta_{L1.risk}$	0.466 ***	0.488 ***	0.475 ***	0.486 ***	0.492 ***	0.519 ***
	(0.032)	(0.031)	(0.031)	(0.032)	(0.031)	(0.030)
β_{foundv}	-0.006	-0.055	-0.011	0.016	0.088	0.055
	(0.057)	(0.056)	(0.059)	(0.060)	(0.059)	(0.058)
$\beta_{\ln GDP}$	-0.013	-0.021	0.024	-0.034	-0.030	-0.052
	(0.043)	(0.042)	(0.041)	(0.040)	(0.045)	(0.044)
β_{ope}	0.043 ***	0.127 ***	0.068 *	0.058	0.022	0.001
	(0.037)	(0.037)	(0.036)	(0.036)	(0.037)	(0.036)

续表

参数估计	地理空间权重矩阵（w_{ij}^g）		经济空间权重矩阵（w_{ij}^e）		金融空间权重矩阵（w_{ij}^f）	
	模型（1）	模型（2）	模型（3）	模型（4）	模型（5）	模型（6）
β_{inv}	0.006 (0.024)	0.007 (0.023)	0.026 (0.024)	0.048 (0.024)	0.041 * (0.024)	0.039 * (0.023)
β_{inf}	-0.130 (0.218)	-0.583 ** (0.233)	-0.193 (0.214)	0.303 (0.247)	0.516 ** (0.220)	0.048 (0.231)
β_{ind}	-0.008 (0.109)	-0.031 (0.107)	0.022 (0.114)	0.223 ** (0.112)	0.250 ** (0.117)	0.278 ** (0.115)
β_{fin}	-0.018 (0.055)	-0.017 (0.054)	0.020 (0.054)	0.057 (0.053)	0.056 (0.055)	0.014 (0.055)
β_{alr}	0.301 ** (0.128)	0.227 * (0.126)	0.427 *** (0.126)	0.576 *** (0.132)	0.664 *** (0.132)	0.686 *** (0.128)
θ_{foundv}	0.144 ** (0.064)	-0.125 (0.086)	0.094 (0.072)	0.048 (0.115)	0.095 (0.076)	-0.179 * (0.099)
$\theta_{\ln GDP}$		0.258 *** (0.056)		0.104 (0.081)		0.259 *** (0.064)
Fixed Effects	是	是	是	是	是	是
R^2	0.575	0.580	0.551	0.541	0.528	0.508

注：***、**和*分别表示1%、5%和10%显著性水平，括号内的数值表示估计参数标准误。

表6.5　　动态空间杜宾模型回归结果（房价泡沫）

参数估计	地理空间权重矩阵（w_{ij}^g）		经济空间权重矩阵（w_{ij}^e）		金融空间权重矩阵（w_{ij}^f）	
	模型（1）	模型（2）	模型（3）	模型（4）	模型（5）	模型（6）
ρ	0.438 *** (0.037)	0.474 *** (0.037)	0.432 *** (0.039)	0.471 *** (0.039)	0.546 *** (0.038)	0.538 *** (0.037)
$\beta_{L1.risk}$	0.585 *** (0.034)	0.597 *** (0.033)	0.612 *** (0.033)	0.537 *** (0.033)	0.578 *** (0.031)	0.576 *** (0.031)
$\beta_{lnbubble}$	0.039 *** (0.012)	0.036 *** (0.012)	0.034 *** (0.012)	0.025 ** (0.012)	0.023 ** (0.012)	0.024 ** (0.012)
$\beta_{\ln GDP}$	-0.015 (0.021)	-0.131 *** (0.033)	0.015 (0.020)	-0.066 * (0.035)	-0.022 (0.020)	-0.113 *** (0.035)
β_{ope}	0.055 * (0.033)	0.093 *** (0.035)	0.008 (0.033)	0.042 (0.034)	-0.004 (0.032)	0.024 (0.033)
β_{inv}	0.048 ** (0.023)	0.064 *** (0.023)	0.082 *** (0.023)	0.082 *** (0.023)	0.074 *** (0.023)	0.073 *** (0.022)
β_{inf}	-0.574 *** (0.204)	-0.262 (0.201)	-0.046 (0.201)	0.041 (0.200)	-0.151 (0.198)	-0.168 (0.197)

续表

参数估计	地理空间权重矩阵（w_{ij}^g）		经济空间权重矩阵（w_{ij}^e）		金融空间权重矩阵（w_{ij}^f）	
	模型（1）	模型（2）	模型（3）	模型（4）	模型（5）	模型（6）
β_{ind}	0.272***	0.517***	0.352***	0.358***	0.437***	0.520***
	(0.100)	(0.102)	(0.098)	(0.111)	(0.095)	(0.101)
β_{fin}	0.001	0.031	0.033	0.028	0.030	0.003*
	(0.053)	(0.052)	(0.052)	(0.052)	(0.051)	(0.052)
β_{alr}	0.405***	0.488***	0.632***	0.533***	0.679***	0.603***
	(0.122)	(0.122)	(0.121)	(0.126)	(0.119)	(0.120)
$\theta_{lnbubble}$	0.116***	0.118***	0.117***	0.099***	0.150***	0.137***
	(0.019)	(0.018)	(0.020)	(0.020)	(0.019)	(0.019)
θ_{lnGDP}		0.161***		0.105***		0.126***
		(0.035)		(0.040)		(0.040)
Fixed Effects	是	是	是	是	是	是
R^2	0.639	0.649	0.639	0.641	0.644	0.651

注：***、**和*分别表示1%、5%和10%显著性水平，括号内的数值表示估计参数标准误。

表6.4和表6.5分别显示以房地产基本价值和房价泡沫为核心解释变量的模型回归结果。可以看出，无论是在何种空间权重矩阵下，被解释变量金融风险在时间和空间上均具有明显的滞后效应。即本地区的金融风险对邻近地区的金融风险具有显著的空间传染效应，且上一期的金融风险对本期的金融风险也有显著的正向影响。这与前述研究结论保持一致。

值得注意的是，由表6.4可知，核心解释变量房地产基本价值对金融风险的直接影响效应（β_{foundv}）和空间溢出效应（θ_{foundv}）均不显著。表6.5则显示房价泡沫对金融风险的直接影响（$\beta_{lnbubble}$）和空间溢出效应（$\theta_{lnbubble}$）均显著为正。因此，房价波动对金融风险的直接影响和空间溢出效应主要源于房价泡沫部分，房地产基本价值对金融风险的直接影响和空间溢出效应并不显著。鉴于此，本章此后章节着重分析房价泡沫部分对金融风险的影响。

由表6.5可知，无论是在何种空间权重矩阵下，模型（1）至模型（6）中房价泡沫对金融风险的直接影响（$\beta_{lnbubble}$）均显著为正，表明本地区的房价泡沫会显著提升本地区的金融风险水平。从滞后效应可以看出，无论是在时间上还是在空间上（$\beta_{L1.risk}$和ρ）金融风险均表现出显著的正相关,即金融风险具有显著的正向积累效应,且邻近地区(地理邻近或经济发展水平和金融资源水平相似的地区)的金融风险对本地区的金融风险具有显著的空间传染效应,为房价泡沫的溢出作用机制提供了重要的传染路径。从溢出效应机制检验可以看出,房价泡沫对金融风险具有显著的空间溢出效应($\theta_{lnbubble}$),即邻近地区的房价泡沫会显著提升本地区的金融风险。因此,在防止房价泡沫对本地区的金融风险有影响的同时,应严防邻近地区房价泡沫对本地区金融风险的传染。

就控制变量而言,经济发展对金融风险的直接影响为负,但其空间滞后项在模型(2)、模型(4)、模型(6)中显著为正,这说明本地区经济发展水平的提升有利于抑制本地区的金融风险,而邻近地区经济发展对本地区的金融风险具有显著的正向促进作用。这可能是因为邻近地区经济发展对本地区具有挤出效应,即"虹吸效应",将会吸引本地区的资本等进入邻近地区,从而削弱了本地区的经济,进而不利于对本地区金融风险的控制。此外,固定资产投资、第二产业增加值占比、工业企业资产负债率过高均不利于金融风险的控制。

三、空间效应分解

然而,对于动态空间杜宾模型来说,由于空间权重矩阵的存在,使得上述解释变量的估计结果可能会产生偏差,因此需要对解释变量的影响效应进行分解,分别为直接影响效应和间接影响效应(空间溢出效应),两者之和为解释变量对被解释变量影响的总效应。表6.6进一步给出了三种空间权重下短期和长期房价泡沫影响金融风险的直接效应、间接效应和总效应的回归结果。可以看出在短期效应下,无论是地理空间权重矩阵还是经济空间权重矩阵和金融空间权重矩阵,房价泡沫对金融风险影响的直接效应、间接效应以及总效应均显著为正。但从长期来看,其正向影响并不显著,这说明从长期来看,房价泡沫对金融风险的影响可能不再稳健。鉴于此,下面着重分析短期效应下房价泡沫对金融风险的直接影响和间接影响。

表 6.6　　　　　　　　　空间效应回归结果分解

参数估计		短期效应			长期效应		
		直接效应	间接效应	总效应	直接效应	间接效应	总效应
地理空间权重矩阵（w_{ij}^g）							
模型(1)	lnbubble	0.055*** (0.012)	0.219*** (0.031)	0.274*** (0.036)	0.329 (6.166)	-1.673 (174.608)	-1.345 (180.622)
模型(2)		0.055*** (0.012)	0.240*** (0.035)	0.295*** (0.041)	0.689 (24.637)	-3.086 (36.873)	-2.397 (28.405)
经济空间权重矩阵（w_{ij}^e）							
模型(3)	lnbubble	0.046*** (0.012)	0.218*** (0.032)	0.264*** (0.035)	0.219 (2.262)	-0.099 (48.596)	0.120 (50.236)
模型(4)		0.036*** (0.012)	0.200*** (0.035)	0.236*** (0.039)	0.010 (2.301)	-3.804 (48.814)	-3.795 (50.469)
金融空间权重矩阵（w_{ij}^f）							
模型(5)	lnbubble	0.044*** (0.012)	0.336*** (0.043)	0.380*** (0.047)	0.146 (1.029)	-1.846 (2.230)	-1.699 (2.064)
模型(6)		0.043*** (0.012)	0.310*** (0.045)	0.353*** (0.050)	-0.273 (7.475)	-1.388 (7.514)	-1.661* (1.002)

注：***、**和*分别表示1%、5%和10%显著性水平，括号内的数值表示估计参数标准误。

首先是直接效应。本地区的房价泡沫对本地区的金融风险均具有显著的正向作用，且在1%的水平上显著。具体影响程度为：在地理空间权重矩阵下，本地区的房价泡沫变量每增加1个百分点，可使得本地区的金融风险提升0.055个百分点，在经济和金融空间权重矩阵下分别为0.046和0.044。这一结果进一步表明房价泡沫对金融风险正向的直接影响机制的存在性。其次是间接效应，即空间溢出效应。相邻地区的房价泡沫对本地区的金融风险具有显著的正向影响，且在1%的水平上显著。具体影响程度为：在地理空间权重矩阵下，相邻地区的房价泡沫每增加1个百分点，可使本地区的金融风险提升0.219个百分点，在经济和金融空间权重矩阵下分别为0.218和0.336。由此可见，考虑房价泡沫对金融风险的空间溢出效应对全面分析房价泡沫对金融风险的影响具有重要的意义。最后是总效应。综合考虑空间的相互作用时，在地理空间权重矩阵下，房价泡沫对金融风险影响的总效应为正，且在1%的水平上显著，其影响程度为

0.274，表明房价泡沫每增加 1 个百分点，可使地区的金融风险上升 0.274 个百分点，在经济和金融空间权重矩阵下分别为 0.264 和 0.380。综上，对比空间效应分解前后房价泡沫的直接影响和空间溢出效应系数可知，对于动态空间杜宾模型来说，如若未对解释变量进行空间效应分解，会低估其直接影响和空间溢出效应。

第四节 空间溢出效应的稳健性检验

一、后金融危机时期房价泡沫的空间溢出效应

外部不利冲击对金融风险和房地产市场具有重要影响。为排除 2008 年美国次贷危机对我国各地区金融风险的影响，本章在此将样本考察期调整为 2010—2019 年以进行稳健性检验，考察后金融危机时期各地区房价泡沫对金融风险的直接影响和空间溢出效应，回归结果见表 6.7。

表 6.7 后金融危机时期房价泡沫的直接效应和空间溢出效应回归结果

参数估计	地理空间权重矩阵（w_{ij}^g）		经济空间权重矩阵（w_{ij}^e）		金融空间权重矩阵（w_{ij}^f）	
	模型（1）	模型（2）	模型（3）	模型（4）	模型（5）	模型（6）
ρ	0.111 * (0.060)	0.108 * (0.059)	0.100 (0.070)	0.093 (0.070)	0.178 *** (0.065)	0.166 ** (0.065)
$\beta_{L1.risk}$	0.857 *** (0.046)	0.825 *** (0.046)	0.840 *** (0.046)	0.830 *** (0.046)	0.826 *** (0.044)	0.807 *** (0.044)
$\beta_{lnbubble}$	0.049 *** (0.011)	0.048 *** (0.011)	0.041 *** (0.011)	0.040 *** (0.011)	0.038 *** (0.012)	0.038 *** (0.011)
β_{lnGDP}	−0.029 (0.033)	−0.043 (0.035)	−0.046 (0.031)	−0.055 (0.036)	−0.037 (0.030)	−0.070 * (0.039)
β_{ope}	0.110 *** (0.042)	0.132 *** (0.043)	0.086 ** (0.041)	0.091 ** (0.041)	0.108 *** (0.040)	0.116 *** (0.040)
β_{inv}	0.052 ** (0.021)	0.052 ** (0.021)	0.074 *** (0.021)	0.075 *** (0.021)	0.056 *** (0.020)	0.062 *** (0.021)
β_{inf}	1.459 *** (0.354)	1.495 *** (0.357)	1.239 *** (0.347)	1.271 *** (0.360)	1.330 *** (0.349)	1.405 *** (0.356)

续表

参数估计	地理空间权重矩阵（w_{ij}^g）		经济空间权重矩阵（w_{ij}^e）		金融空间权重矩阵（w_{ij}^f）	
	模型（1）	模型（2）	模型（3）	模型（4）	模型（5）	模型（6）
β_{ind}	0.079 (0.098)	0.136 (0.110)	0.135 (0.098)	0.175 (0.127)	0.125 (0.096)	0.178 * (0.105)
β_{fin}	-0.012 (0.048)	-0.003 (0.048)	0.006 (0.047)	0.009 (0.047)	-0.009 (0.047)	-0.014 (0.047)
β_{alr}	0.217 (0.146)	0.245 * (0.146)	0.222 (0.142)	0.228 (0.142)	0.223 (0.142)	0.221 (0.141)
$\theta_{lnbubble}$	0.045 ** (0.018)	0.041 ** (0.018)	0.082 *** (0.021)	0.081 *** (0.021)	0.070 *** (0.019)	0.068 *** (0.019)
θ_{lnGDP}		0.069 (0.052)		0.034 (0.061)		0.081 (0.059)
Fixed Effects	是	是	是	是	是	是
R^2	0.697	0.704	0.716	0.718	0.709	0.714

注：***、**和*分别表示1%、5%和10%显著性水平，括号内的数值表示估计参数标准误。

根据表6.7分析可知，后金融危机时期，在地理空间权重矩阵、经济空间权重矩阵和金融空间权重矩阵下，房价泡沫对金融风险的直接影响均在1%的水平上显著为正。同样，无论在何种空间权重矩阵下，房价泡沫对金融风险的空间溢出效应（间接效应）也显著为正，即邻近地区房价泡沫对本地区金融风险的正向影响保持稳健。进一步，我们对上述6种回归模型中房价泡沫的回归系数进行空间效应分解，结果如表6.8所示，同样在短期效应下，房价泡沫对金融风险影响的直接效应、间接效应以及总效应均显著为正。但从长期来看，房价泡沫对金融风险的影响缺乏稳健。这一回归结果与本章上述所得结论相同。可见，本章的结论稳健可靠。

表6.8　　后金融危机时期房价泡沫的空间效应分解

参数估计		短期效应			长期效应		
		直接效应	间接效应	总效应	直接效应	间接效应	总效应
地理空间权重矩阵（w_{ij}^g）							
模型（1）	lnbubble	0.050 *** (0.011)	0.055 *** (0.019)	0.105 *** (0.022)	0.392 (5.151)	-0.544 (84.749)	-0.152 (87.550)
模型（2）		0.049 *** (0.011)	0.051 ** (0.020)	0.100 *** (0.022)	0.403 (1.237)	1.554 (20.476)	1.957 (21.156)

续表

参数估计		短期效应			长期效应		
		直接效应	间接效应	总效应	直接效应	间接效应	总效应
		经济空间权重矩阵 (w_{ij}^e)					
模型(3)	lnbubble	0.042*** (0.011)	0.093*** (0.020)	0.135*** (0.022)	0.314 (1.301)	1.444 (16.976)	1.758 (17.520)
模型(4)		0.041*** (0.011)	0.092*** (0.021)	0.133*** (0.023)	-1.983 (50.414)	1.878 (51.515)	-0.105 (12.349)
		金融空间权重矩阵 (w_{ij}^f)					
模型(5)	lnbubble	0.040*** (0.011)	0.091*** (0.022)	0.131*** (0.023)	0.030 (4.605)	-5.666 (103.795)	-5.636 (107.324)
模型(6)		0.040*** (0.011)	0.087*** (0.022)	0.127*** (0.023)	-0.026 (4.525)	-8.946 (130.197)	-8.972 (134.676)

注：***、**和*分别表示1%、5%和10%显著性水平，括号内的数值表示估计参数标准误。

二、不同住房负债比下房价泡沫的空间溢出效应

根据本书第三章房价泡沫的测算公式（3-6）可知，住房负债比的大小将会影响各地区的房价泡沫水平。在此，我们让 k 值取 0.3，测算各地区的房价泡沫水平，以对房价泡沫的直接影响和空间溢出效应进行进一步的稳健性检验。回归结果如表 6.9 所示，可以看出，无论是在地理空间权重矩阵，还是经济空间权重矩阵或金融空间权重矩阵中，不同住房负债比下的房价泡沫对金融风险的直接影响依旧为正，且均在1%的水平上显著。邻近地区房价泡沫对本地区金融风险的空间溢出效应在地理空间权重矩阵下为正，且在5%的水平上显著，在经济空间权重矩阵和金融空间权重矩阵下也同样为正，且在1%的水平上显著。可以看出，通过改变核心解释变量房价泡沫的计算方式后，其对金融风险的直接影响和空间溢出效应依旧显著为正。可见，本章上述的回归结果稳健可靠。

表 6.9 不同住房负债比下房价泡沫的直接影响和空间溢出效应回归结果

参数估计	地理空间权重矩阵 (w_{ij}^g)		经济空间权重矩阵 (w_{ij}^e)		金融空间权重矩阵 (w_{ij}^f)	
	模型（1）	模型（2）	模型（3）	模型（4）	模型（5）	模型（6）
ρ	0.109* (0.059)	0.107* (0.059)	0.104 (0.069)	0.096 (0.070)	0.170*** (0.065)	0.157** (0.065)

续表

参数估计	地理空间权重矩阵（w_{ij}^g）		经济空间权重矩阵（w_{ij}^e）		金融空间权重矩阵（w_{ij}^f）	
	模型（1）	模型（2）	模型（3）	模型（4）	模型（5）	模型（6）
$\beta_{L1.risk}$	0.860*** (0.046)	0.828*** (0.046)	0.841*** (0.045)	0.831*** (0.046)	0.830*** (0.044)	0.810*** (0.044)
$\beta_{lnbubble}$	0.072*** (0.016)	0.070*** (0.016)	0.060*** (0.016)	0.060*** (0.016)	0.055*** (0.016)	0.056*** (0.016)
β_{lnGDP}	−0.026 (0.033)	−0.039 (0.035)	−0.044 (0.031)	−0.053 (0.035)	−0.033 (0.030)	−0.070* (0.039)
β_{ope}	0.131*** (0.042)	0.153*** (0.044)	0.105** (0.042)	0.109*** (0.042)	0.124*** (0.041)	0.133*** (0.041)
β_{inv}	0.052** (0.021)	0.052** (0.021)	0.074*** (0.021)	0.075*** (0.021)	0.057*** (0.020)	0.063*** (0.021)
β_{inf}	1.351*** (0.357)	1.387*** (0.361)	1.135*** (0.350)	1.167*** (0.363)	1.246*** (0.352)	1.326*** (0.359)
β_{ind}	0.065 (0.097)	0.121 (0.109)	0.127 (0.097)	0.168 (0.126)	0.112 (0.095)	0.170 (0.104)
β_{fin}	−0.005 (0.048)	0.004 (0.048)	0.012 (0.047)	0.014 (0.047)	−0.004 (0.047)	−0.009 (0.047)
β_{alr}	0.226 (0.146)	0.254* (0.146)	0.229 (0.142)	0.236* (0.142)	0.230 (0.142)	0.228 (0.141)
$\theta_{lnbubble}$	0.042** (0.018)	0.038** (0.018)	0.079*** (0.021)	0.078*** (0.021)	0.068*** (0.019)	0.065*** (0.019)
θ_{lnGDP}		0.068 (0.052)		0.034 (0.061)	0.170*** (0.065)	0.088 (0.058)
Fixed Effects	是	是	是	是	是	是
R^2	0.699	0.705	0.718	0.720	0.710	0.716

注：***、**和*分别表示1%、5%和10%显著性水平，括号内的数值表示估计参数标准误。

进一步，我们对不同的住房负债比下房价泡沫的空间效应进行分解，结果如表6.10所示。可见，短期内，无论在何种空间权重矩阵下，房价泡沫对金融风险的直接影响均显著为正。但是，房价泡沫的空间溢出效应（间接效应）仅在地理空间权重矩阵和金融空间权重矩阵下显著为正。因此，相较于经济空间权重矩阵，房价泡沫的空间溢出效应在地理权重矩阵和金融空间权重矩阵下更稳健。总之，本章上述的回归结果稳健可靠。

表 6.10　不同的住房负债比下房价泡沫的空间效应分解

参数估计		短期效应			长期效应		
		直接效应	间接效应	总效应	直接效应	间接效应	总效应
地理空间权重矩阵（w_{ij}^{g}）							
模型(1)	lnbubble	0.071*** (0.015)	0.008* (0.005)	0.079*** (0.017)	0.790 (5.456)	2.997 (84.344)	3.787 (92.296)
模型(2)		0.070*** (0.015)	0.008 (0.005)	0.078*** (0.017)	1.047 (11.533)	1.941 (87.429)	2.988 (89.693)
经济空间权重矩阵（w_{ij}^{e}）							
模型(3)	lnbubble	0.060*** (0.015)	0.007 (0.005)	0.066*** (0.017)	0.473 (1.066)	1.165 (24.395)	1.638 (25.218)
模型(4)		0.059*** (0.011)	0.007 (0.005)	0.066*** (0.017)	0.263 (1.836)	0.694 (9.146)	0.958 (9.356)
金融空间权重矩阵（w_{ij}^{f}）							
模型(5)	lnbubble	0.055*** (0.015)	0.011** (0.005)	0.067*** (0.018)	0.074 (4.448)	-8.471 (55.955)	-0.803 (57.884)
模型(6)		0.056*** (0.015)	0.011* (0.006)	0.127*** (0.023)	-0.026 (4.525)	-8.946 (127.335)	-8.397 (131.711)

注：***、**和*分别表示1%、5%和10%显著性水平，括号内的数值表示估计参数标准误。

第五节　持续收紧的宏观调控政策的调节作用

正如本书第五章所述，宏观调控政策对房地产市场的平稳运行至关重要。Glaeser 等（2017）以美国次贷危机的发生为例，通过对比中美两国的房地产市场繁荣时期的房价、住房建造规模、房屋空置率以及政府部门的政策等差异，发现我国房地产市场存在大量的泡沫，并指出我国地方政府追求经济增长和中央政府所求房价维稳的目标相冲突，政策干预破坏了房地产市场的平衡，但正确的政策干预措施也能够避免房价泡沫带来的系统性金融风险。本书在第五章的研究结论认为在不同宏观调控政策时点下，房价波动的泡沫成分对金融风险的影响具有明显的异质性，且在"膨胀式"泡沫时点，随着外部"房住不炒"调控政策的渐进收紧,房价泡沫对金融风险的正向冲击力度逐渐变小。为进一步检验本书在第五章的上述结论,本节在构建的空间杜宾模型的基础上,进一步分析持续收紧的宏观调控政策的调节作用。

2008年金融危机后,我国房地产价格持续上涨,房地产市场的宏观调控政策陷入了"宽松(2008—2009年)—收紧(2010—2013年)—宽松(2014—2015年)—收紧(2016年至今)"的不定向循环中。但2017年党的十九大的召开,"房住不炒"政策的提出为我国房地产市场的宏观调控方向定下了总基调。自此,各地纷纷出台限购政策以控制房地产市场的过度发展,挤出房价泡沫,防范系统性金融风险的发生。那么自2017年起持续收紧的宏观调控政策是否能够抑制房价泡沫对金融风险的直接影响和空间溢出效应?为进一步回答此问题并验证本书第五章的实证检验结果,本章在此设置了虚拟变量 $policy$ 以代表政策变量,并将2016年之后设置为1,意味着中央政府继2017年起实施的持续收紧的宏观调控政策,否则为0。以通过加入房价泡沫与政策变量的交互项来考察2017年起持续收紧的宏观调控政策是否抑制了房价泡沫对金融风险的影响。

对加入房价泡沫与政策变量的交互项的动态空间杜宾模型进行重新估计,模型回归结果见表6.11。回归结果显示,房价泡沫与政策调节变量的交互项系数显著为负,说明2017年以来持续收紧的宏观调控政策减弱了本地区房价泡沫对本地区金融风险的正向影响。同时,二者交互项的空间滞后项系数也显著为负,这说明持续收紧的宏观调控政策抑制了房价泡沫的空间溢出效应,即2017年起各地持续收紧的宏观调控政策有利于抑制邻近地区房价泡沫对本地区金融风险的正向影响。

表6.11　　　　　　　　政策调节效应回归结果

参数估计	地理空间权重矩阵(w_{ij}^g)		经济空间权重矩阵(w_{ij}^e)		金融空间权重矩阵(w_{ij}^f)	
	模型(1)	模型(2)	模型(3)	模型(4)	模型(5)	模型(6)
ρ	0.454*** (0.037)	0.441*** (0.036)	0.660*** (0.039)	0.467*** (0.039)	0.755*** (0.038)	0.506*** (0.037)

续表

参数估计	地理空间权重矩阵（w_{ij}^g）		经济空间权重矩阵（w_{ij}^e）		金融空间权重矩阵（w_{ij}^f）	
	模型（1）	模型（2）	模型（3）	模型（4）	模型（5）	模型（6）
$\beta_{L1.risk}$	0.587*** (0.033)	0.623*** (0.033)	0.628*** (0.033)	0.604*** (0.033)	0.658*** (0.031)	0.573*** (0.031)
$\beta_{lnbubble}$	0.058*** (0.013)	0.058*** (0.013)	0.050*** (0.014)	0.034** (0.014)	0.051*** (0.013)	0.033** (0.013)
$\beta_{lnbubble*policy}$	-0.032*** (0.010)	-0.027*** (0.010)	-0.023** (0.010)	-0.004 (0.010)	-0.035*** (0.010)	-0.020** (0.010)
β_{lnGDP}	0.002 (0.022)	-0.111*** (0.035)	0.009 (0.022)	-0.058 (0.037)	-0.034 (0.022)	-0.064* (0.038)
β_{ope}	-0.026 (0.037)	0.044 (0.039)	-0.061 (0.037)	0.049 (0.040)	-0.113*** (0.036)	-0.024 (0.037)
β_{inv}	0.052** (0.023)	0.079*** (0.022)	0.077*** (0.023)	0.054** (0.023)	0.062*** (0.022)	0.073*** (0.022)
β_{inf}	-0.032 (0.201)	0.260 (0.198)	-0.243 (0.201)	-0.069 (0.200)	-0.416** (0.197)	0.373* (0.195)
β_{ind}	0.203* (0.114)	0.437*** (0.118)	0.476*** (0.114)	0.249* (0.129)	0.686*** (0.110)	0.440*** (0.120)
β_{fin}	0.028 (0.052)	-0.014 (0.051)	0.050 (0.052)	-0.013 (0.052)	0.036 (0.051)	0.022 (0.050)
β_{alr}	0.440*** (0.125)	0.595*** (0.123)	0.575*** (0.126)	0.409*** (0.128)	0.603*** (0.123)	0.766*** (0.121)
β_{policy}	0.205*** (0.073)	-0.010 (0.000)	0.154** (0.073)	-0.007 (0.000)	0.238*** (0.072)	1.180*** (0.161)
$\theta_{lnbubble}$	0.125*** (0.018)	0.203*** (0.022)	0.114*** (0.020)	0.187*** (0.025)	0.165*** (0.019)	0.246*** (0.025)
θ_{lnGDP}		0.113*** (0.035)		0.081** (0.040)		0.031 (0.042)
θ_{policy}		0.938*** (0.131)		0.859*** (0.157)		0.019 (0.000)
$\theta_{lnbubble*policy}$		-0.100*** (0.016)		-0.112*** (0.021)		-0.140*** (0.020)
Fixed Effects	是	是	是	是	是	是
R^2	0.654	0.648	0.599	0.666	0.586	0.643

注：***、**和*分别表示1%、5%和10%显著性水平，括号内的数值表示估计参数标准误。

为了直观地展示这种调节作用，本书以地理权重矩阵为例，分别绘制了回归模型（2）中政策调节变量对直接效应和空间溢出效应的调节效应图，见图6.6和图6.7。由图可以直观地发现，当加入政策调节变量后，房价泡沫对金融风险的直接影响斜率以及空间溢出效应的斜率相较于之前更趋于平缓。因此，可以认为，在"膨胀式"泡沫期间，收紧的宏观调控政策的实施同时抑制了房价泡沫对金融风险的直接影响和空间溢出效应。

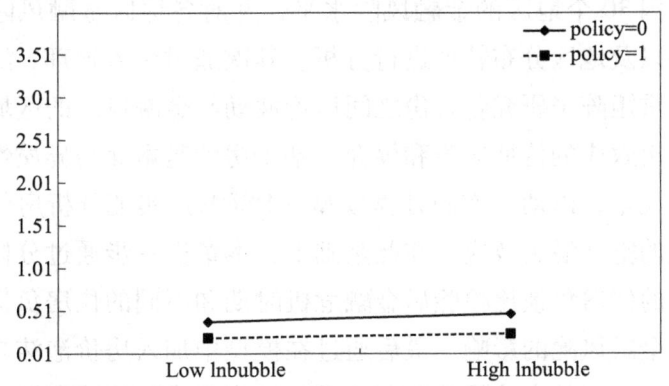

图6.6　政策变量调节效应图（直接影响效应）

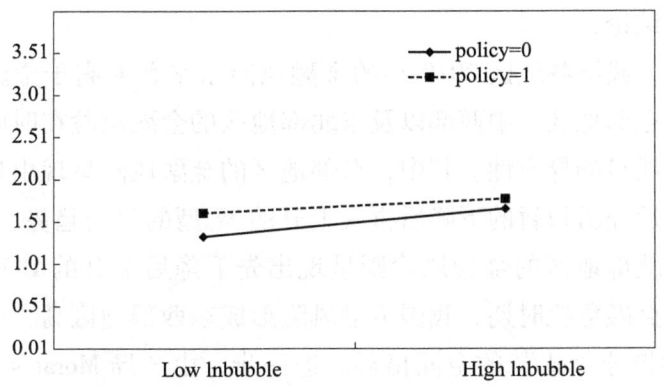

图6.7　政策变量调节效应图（空间溢出效应）

第六节 本章小结

本章在第四章房价泡沫对金融风险的空间溢出效应机制分析的基础上，以我国 30 个省、自治区和直辖市的面板数据为研究样本，首先测算我国 30 个地区的金融风险水平，并对各地区金融风险的时间变化趋势以及地区分布特征进行分析。其次通过引入地理、经济和金融空间权重矩阵来研究各省份之间房价波动与金融风险的区域联动以及空间溢出效应的传播渠道和媒介，基于房价基本面与异质性泡沫成分的分解视角，以动态空间杜宾模型（DSDM）实证分析房价波动对金融风险的空间溢出效应。在此基础上，本章进一步通过分样本以及设定不同的住房负债比检验后金融危机时期和不同的住房负债比下房价泡沫对金融风险的影响。最后通过在模型中加入房价泡沫与政策虚拟变量的交互项的方式检验 2017 年起（"膨胀式"泡沫期间）持续收紧的宏观调控政策是否抑制了房价泡沫对金融风险的影响。本章得出如下研究结论：

第一，我国各地区 2019 年的金融风险水平普遍高于金融危机时的水平，东部地区、中西部以及东北部地区的金融风险在时间变化趋势上存在明显的异质性。其中，东部地区的金融风险呈现出先下降后上升，之后经历短暂的下降后再次上升的 W 型的变动趋势，而中部、西部和东北部地区的金融风险则呈现出先下降后上升的 U 型变动趋势。且后金融危机时期，我国金融风险形成东西部地区高，中部地区低的"两极分化式"的空间格局。进一步，由全局 Moran's I 指数和实证分析可知，从全国层面来看，各地区的金融风险在空间上存在显著的正相关性，且具有明显的正向积累效应。

第二，由动态空间杜宾模型（DSDM）的回归结果可知，房价波动对金融风险的直接影响和空间溢出效应主要源于房价泡沫部分，房地产基本价值对金融风险的直接影响和空间溢出效应并不显著。本地区的房价泡沫可显著提升本地区的金融风险水平，在地理、经济和金融空间权重矩阵下，本地区的房价泡沫每增加 1 个百分点，可使本地区的金融风险分别提升 0.055 个、0.046 个和 0.044 个百分点；房价泡沫对金融风险的影响具有显著的正向空间溢出效应，即三种空间权重矩阵下，相邻地区的房价泡沫每增加 1 个百分点，可使本地区的金融风险分别提升 0.219 个、0.218 个和 0.336 个百分点。

第三，分样本以及不同的住房负债比下的回归结果显示，后金融危机时期以及不同的住房负债比下，房价泡沫对金融风险的直接影响和空间溢出效应回归结果依旧稳健，且相较于经济空间权重矩阵，房价泡沫的空间溢出效应在地理权重矩阵和金融空间权重矩阵下更稳健。

第四，加入政策调节变量后，房价泡沫对金融风险的直接影响斜率以及空间溢出效应的斜率相较于之前更趋于平缓。在"膨胀式"泡沫期间，2017 年起持续收紧的宏观调控政策不仅减弱了本地区房价泡沫对本地区金融风险的正向影响，同时也抑制了邻近地区房价泡沫对本地区金融风险的正向空间溢出效应。

第七章 结论与政策建议

第一节 研究结论

自1998年我国实行住房商品化制度以来,伴随着改革开放进程的深化,我国房地产业得到了空前的发展,资本的不断涌入让我国房地产业与金融业深度捆绑,金融业"脱实向虚"现象渐显。与此同时,过度的金融支持使得我国各地区的房价快速攀升。然而,2020年以来,在宏观经济形势变化、行业周期性调整和新冠疫情冲击等多重因素叠加影响下,房地产市场供求关系发生重大变化,各地房价出现不同幅度的下跌,房地产市场整体处于胶着状态。由房价波动引发的金融风险问题逐渐凸显。鉴于此,探讨由房价波动引发的金融风险问题已迫在眉睫,这对防范化解系统性金融风险、推动经济高质量发展以及调控我国房地产市场平稳运行具有重要的意义。在此背景下,本书基于房价基本面与异质性泡沫成分的分解视角从全国的宏观层面和局部的地区层面两个维度系统地研究了房价波动对金融风险的影响,基于我国房地产市场发展的历史事实,按照"梳理认识我国房地产市场发展的各个阶段—挖掘我国房价持续走高的内在原因—识别我国房价波动中的泡沫水平—探究我国房价泡沫产生机制—考察房价波动对金融风险的影响机制—实证分析房价波动对金融风险的影响"的脉络进行研究探索。本书的主要研究结论如下：

（1）伴随着改革开放，我国房地产业在中国特色社会主义市场化改革进程中发生了重大转变，并呈现出了复杂的演变过程。本书基于经济市场化整体进程的角度对我国房地产市场与政策的演变历程进行梳理，并将其划分成商品化的开启、拉动经济增长的产业化以及回归住房的居住本质三个历史时期，其发展历程凝缩了我国从"摸着石头过河"走向"顶层设计"的"中国经验"。同时，我国房地产市场与政策在改革初期忽视了多层次住房供应体系的构建，过急地推进了住房的全面商品化。"分税制"改革后地方财政收入相对积弱而地方财政支出相对增加，导致了地方政府对房地产业的高度依赖，也是中央房地产市场调控政策效果出现波动曲折的重要原因。具体来说，体现在以下三个方面：

第一，房地产政策出台受限于市场问题，政策目标缺乏前瞻性和长效性。自下而上的改革初期，房地产政策在外资进入和国企改革的倒逼机制下进行，导致房地产政策的出台往往落后于产业的发展，且政策的出台在不断地迎合住房资金短缺、经济发展过热等问题的出现，政策目标缺乏前瞻性和长效性，政策本身也未能形成规制经济主体行为模式的有效机制。进入拉动经济增长的产业化时期，房地产被视为拉动经济增长的工具，政策出台又受限于经济发展，未能形成长效的调控机制。近年来，中国经济进入结构性调整，在习近平新时代中国特色社会主义思想的指引下，房地产市场调控政策逐渐回归常态化，为构建市场长效调控机制打下坚实的基础，也将是未来房地产市场调控应坚持的方向。第二，过度强化住房的商品属性，未形成多层次多元化住房供应体系。住房拥有的"商品"属性，在资产市场机制不健全的状态下，屡屡成为投机的对象，而它所拥有的"居住"用途被轻视。同时，住房的全面商品化还忽视了改革开放带来的增量分配不均衡的问题，导致了"先富起来"的群体对住房的投机需求。因此，在不同收入人群对住宅（居住用途）具有统一需求但未形成多层次多元化的住房政策的前提下，住房的市场化改革势必使一部分"先富起来"的群体成为既得利益阶层，这正是导致中国新时代"人民日益增长的美好生活需求与不平衡不充分发展之间的矛盾"的主要原因之一。因此，过度强化住宅的商品属性，缺乏应对收入不均衡问题的多层次住房政策，而过急地推进房地产市场化，为我国房地产业的畸形发展埋下祸根。这也正是目前中国房地产政策必须回归住房居住本质的原因之所在。第三，地方政府过度依赖房地产业，房地产政策调控成效不显著。如果房地产政策执行不到位，就很难达成预期的调控效果。在把房地产业作为拉动经济增长手段的历史时期，地方政府对房地产市场的过度依赖和干预，致使1998年提出的"建立和完善以经济适用房为主的住房供应体系"的政策调控目标未能达成。可以说，这是"分税制"带来的后果之一，也是地方官员在"晋升锦标赛模式"中的必然选择。在中央与地方目标不一致的条件下，房地产政策难以收到预期的成效。因此，作为政策执行主体的地方政府，应逐渐摆脱地方经济发展对房地产业的高度依赖，避免过度干预房地产市场运行。

（2）基于房地产市场与政策发展的历史脉络，本书进一步从制度因素和市场因素的双重视角阐明我国房价泡沫的产生机制，研究发现在对内财税制度和土地制度改革以及外部环境冲击的背景下，土地财政和金融支持成为我国房价泡沫产生的关键因素，且二者在房价泡沫产生机制中存在相互促进作用。在上述理论分析的基础上，本书基于房地产市场局部均衡模型对我国各地区的房价波动中的泡沫水平进行测度，并进一步采用动态面板模型和面板门槛模型实证检验土地财政与金融支持对房价泡沫的影响特征和区域差异。实证分析结果表明：第一，2002年以来我国各地区房价泡沫水平呈波动上升趋势，具体可分为2008年之前的产生阶段、2008—2015年的缓慢积累阶段以及2016—2019年的快速积累阶段。此外，我国房价泡沫水平呈现出东部地区高于全国水平，东北部地区高于中部和西部地区的"阶梯式"的空间分布形态。且后金融危机时代房价泡沫具有显著的正向积累效应；第二，土地财政和金融支持对房价泡沫具有显著的正向影响，且二者在房价泡沫产生机制中具有显著的正向相互促进作用，过度的金融支持通过开发商和消费者两个渠道进入房地产业，对房价泡沫产生正向影响；第三，土地财政和金融支持对泡沫的影响均具有鲜明的基于房价水平的双重门槛特征，突破双重门槛值后，土地财政和金融支持的正向促进作用明显跃升。且突破土地财政对房价泡沫影响的双重门槛的省份主要集中在东部地区，大部分中西部地区仅突破了土地财政的第一重门槛值。

（3）金融机构对房地产业过度的金融支持使房价不断上涨并脱离其基本面，而失去经济基本面支撑的房价波动极易引发金融风险问题。因此，基于房价波动与金融风险的相关理论基础，本书进一步从特征事实和内在机制两个层面剖析了房价波动对金融风险的影响，研究表明：第一，我国房地产开发企业面临着过度依赖银行信贷，存在资金链断裂风险，以及企业资产负债率上升，信贷融资风险逐渐显现的风险现状；与此同时，我国购房者面临着过度依赖银行贷款，家庭部门负债风险持续升高，以及购房者偿还贷款能力不足，个人住房按揭不良贷款显著增加的风险现状。第二，房价波动主要通过房地产业贷款这一中介桥梁对金融风险产生影响。第三，房价波动可通过财富效应、抵押品效应对金融风险产生负向影响。其中，财富效应使房价波动通过资产负债渠道，改善住房所有者的资产状况，刺激居民消费，推动经济发展进而对金融风险产生负向影响。抵押品效应使房价波动通过信贷渠道缓解借款人的信贷约束，增加借款人的借款能力和偿债能力并提升银行抵押品价值，减少房地产业不良贷款的产生。同时也可通过信贷渠道增加银行的风险资产敞口，对金融风险产生正向影响；第四，房价波动可通过挤出效应、逆向选择与道德风险以及再融资棘轮效应对金融风险产生正向影响。其中，挤出效应显示房价波动泡沫可通过资金分配渠道影响实体经济投资，增加金融机构对房地产业的贷款投向，进而加大金融机构的风险敞口。逆向选择和道德风险显示房价波动通过信贷渠道影响金融机构的贷款决策，增加银行对低信用借款人的贷款投向。再融资的棘轮效应显示房价波动可促使借款人的再融资行为，通过杠杆率渠道提升借款人的杠杆率，增加金融体系内的风险；第五，在直接影响机制中，对金融风险产生负向影响的财富效应与抵押品效应和对金融风险产生正向影响的挤出效应、道德风险与逆向选择效应以及再融资的棘轮效应是同时存在的。但是，在我国房价波动的"膨胀式"泡沫时期，正向效应更可能占据主导地位，即房价泡沫的积累和扩张不利于金融风险的控制；第六，空间溢出效应机制显示房价波动可通过资本流动效应的跨区域关联渠道、金融机构网络关联效应的信贷关联渠道和债务关联渠道对邻近地区的房价波动和金融风险产生空间溢出，进而造成金融风险的传染。

（4）外部宏观调控政策环境以及经济结构变化对我国房地产市场的发展至关重要。因此，在不同特定的宏观调控政策背景下房价波动对金融风险的影响可能是时变的。本书基于房价波动对金融风险的直接影响机制，从全国的层面出发，通过构建金融风险综合指标体系，测度我国金融风险水平。在此基础上，基于房价基本面与异质性泡沫成分的分解视角，通过房地产市场局部均衡价格模型对房价基本面与泡沫成分进行分解，将房价波动分解为房价基本面、"膨胀式"泡沫和"衰退式"泡沫，通过构建 TVP-SV-VAR 模型，以金融支持为中介，分析不同宏观调控政策背景下房价波动的不同组成部分对金融风险的时变影响，研究表明：第一，自 2003 年以来，我国的金融风险水平呈先下降后波动上升的趋势，具体可分为三个阶段，分别为金融危机前的阶段（2009 年前）、后金融危机阶段（2009—2013 年）和金融业"脱实向虚"阶段（2014 年后）。伴随着不良贷款处置政策的实施，后金融危机时期，我国金融风险水平显著降低。但是随着房价的持续高涨，金融机构不断"脱实向虚"，房价泡沫膨胀，2020 年的金融风险水平显著高于 2008 年金融危机时的水平。此外，2023 年的金融风险水平有明显的趋高倾向。我国整体上依然面临着较大的金融风险问题；第二，金融支持是房价波动影响金融风险的重要渠道，房价波动的泡沫成分是引发金融风险的关键原因，而符合基本面的房地产基本价值部分则表现出"抵押品价值效应"，有利于降低金融体系内的风险；第三，异质性泡沫时点下，房价波动的泡沫成分对金融风险的影响具有明显的时变特征。具体而言，房价泡沫对金融风险的影响系数表现为先波动上升后波动下降的时变特性，且"膨胀式"泡沫对金融风险的影响要显著大于"衰退式"泡沫。在房价快速上涨波动阶段，其对金融风险的影响具有一定的隐匿性，较难被觉察，可以说房地产市场过度繁荣的假象掩盖了其带来的风险问题；第四，不同宏观调控政策时点下，房价波动的泡沫成分对金融风险的影响具有明显的异质性，在"膨胀式"泡沫时点，随着外部"房住不炒"调控政策的渐进收紧，房价泡沫对金融风险的正向冲击力度逐渐变小，但在"衰退式"泡沫时点，房价泡沫对金融风险的正向冲击力度则是随着外部宏观调控政策的渐进放松而逐渐变小。因此，在房地产市场繁荣时期，过度宽松的宏观调控政策会催生非理性投资行为，加剧房价泡沫带来的金融风险问题，而渐进式收紧的"房住不炒"调控政策一定程度上可改善房价泡沫带来的金融风险问题。而在房地产市场衰退时期，宽松的宏观调控政策有利于缓解房价泡沫带来的金融风险问题；第五，不同提前期下，房价波动的泡沫成分对金融风险的影响具有显著的差异特征，整体上呈现出先波动上升后波动下降的变化趋势，但随着提前期的延长，房价泡沫对金融风险的影响呈先渐强后渐弱的趋势特征。因此，短期内，由房价波动积累的金融风险问题被隐藏，较难被察觉，随着提前期的延长，房价泡沫对金融风险的冲击幅度逐渐变大，其引发的金融风险问题逐渐暴露。但随着提前期的持续延长，房价泡沫对金融风险的影响又渐弱，这说明外部宏观政策的持续干预，虽短期效果不理想，但随着政策持续时间的延长，会抑制非理性投资，削弱房价泡沫对金融风险的正向冲击。

（5）伴随着区域经济一体化以及金融市场交易壁垒的打破，各地区金融机构间的网络关联更加的紧密复杂化，区域间房价波动和金融风险的传染和扩散成为系统性金融风险爆发的重要诱因。本书基于房价波动对金融风险影响的空间溢出效应机制，以我国局部的地区层面为切入点，测度我国 30 个省、直辖市、自治区的金融风险水平，通过构建动态空间杜宾模型（DSDM）实证检验房价波动的不同组成部分（房地产基本价值和房价泡沫）对金融风险空间溢出效应，进一步通过设置政策调节变量来实证分析持续收紧的宏观调控政策是否有利于抑制房价泡沫对金融风险的空间溢出效应。研究表明：第一，我国各地区 2019 年的金融风险水平普遍高于 2008 年金融危机时的水平，东部地区、中西部以及东北部地区的金融风险在时间变化趋势上存在明显的异质性。且后金融危机时期，我国金融风险形成东西部地区高，中部地区低的"两极分化式"的空间格局。进一步，从全国层面来看，各地区的金融风险在空间上存在显著的正相关性，且具有明显的正向积累效应；第二，动态空间杜宾模型（DSDM）的回归结果显示，房价波动对金融风险的直接影响和空间溢出效应主要源于房价泡沫部分，房地产基本价值对金融风险的直接影响和空间溢出效应并不显著。在地理、经济和金融三种空间权重矩阵下，本地区的房价泡沫均可显著提升本地区的金融风险水平。与此同时，房价泡沫对金融风险的影响具有显著的正向空间溢出效应，即三种空间权重矩阵下，相邻地区的房价泡沫均可显著提升本地区的金融风险水平；第三，后金融危机时期以及不同的住房负债比下，房价泡沫对金融风险的直接影响和空间溢出效应回归结果依旧稳健，且相较于经济空间权重矩阵，房价泡沫的空间溢出效应在地理权重矩阵和金融空间权重矩阵下更稳健；第四，2017 年起的"膨胀式"泡沫期间，中央政府出台的持续收紧的宏观调控政策不仅减弱了本地区房价泡沫对本地区金融风险的正向影响，同时也抑制了邻近地区房价泡沫对本地区金融风险的正向空间溢出效应。

第二节　政策建议

过去 40 多年中国住房制度改革大大改善了人民的居住条件，但在改革的进程中，由于国际经济形势、地方政府财政状况等问题，打破了房地产市场调控的长效机制，导致房价不断升高。在中国经济高质量发展的关键时期，房地产作为国民经济发展中的重要一员，其健康发展既与经济发展息息相关，又涉及民生大计。现阶段，面临复杂多变的国际政治经济形势、接连不断的疫情冲击，党中央多次指出防控金融风险、维护金融安全关乎我国经济社会发展的全局。而现有的房价波动问题已严重影响我国经济的平稳运行，是隐藏在我国经济和金融体系中的"灰犀牛"。合理引导房地产市场预期，推动房地产市场止跌回稳，建立和完善房地产市场精准调控机制，保持房地产市场平稳健康运行已成为现阶段我国政府面临的重大课题之一。根据本书的研究结论，提出如下政策建议：

一、完善土地使用政策，构建多层次住房供应体系

土地供应结构与方式是房地产市场健康发展的重要前提，在供给端从不同的层面和渠道增加住房供应，这不但是落实"住有所居"的党中央号召，也能使房价泡沫软着陆，最大限度减小金融风险。为构建多层次多元化的住房供应体系，提出以下政策建议：

第一，针对中低收入群体的住房市场，应出台新的土地使用政策，鼓励有条件的企事业单位加入公租房屋建设队伍，解决部分企事业单位低收入员工住房问题。与此同时，盘活城市边缘农村闲散的宅基地进行租赁住房建设试点，缓解城镇化过程中外来人员大量的住房需求。

第二，在土地竞拍阶段，强制要求开发商配套一定比例的经济适用房供给，实现商品住房和经济适用房建设开发的联动运作，满足中低收入人群刚性购房需求。同时加强公租房、经适房市场准入条件的审批限制和政府监管，避免销售环节的暗箱操作、寻租腐败等行为的滋生。

第三，进一步推动土地制度改革，构建"人随地走"的土地供应体系，从供给端解决高房价问题。诸如北上广深等大城市，就业岗位和常住人口较多，但配置的建设用地指标较少，造成土地供不应求的局面。因此，土地制度的改革应紧随户籍制度，人口大规模流入大城市过程中，应增加相应的建设用地指标的配置，解决各地区人口与土地配置失衡问题。

二、推进房地产税收制度改革，抑制房地产市场投机行为

税收制度设计关乎产业健康发展。中国住房商品化时期忽视了改革开放带来的增量分配不均衡的问题，导致了部分高收入群体对住房的投机需求。因此，在税收制度设计时可从需求端限制住房市场的投机行为，防止过度的资金流入到房地产业，抑制房价过快上涨。对此，提出以下政策建议：

第一，加大房地产持有环节的税收成本，抑制消费性金融支持。目前我国房地产市场的税收特征是重流通轻保有，重流通导致房地产开发和经营环节的成本较高，而房地产开发企业会通过提高房价将这部分税收成本转移给购房者，推动房价的上涨。轻保有则大大降低了住房消费者的投机成本。对此，我国可借鉴部分发达国家的做法，建立房地产市场保有环节的税收制度，如房产税、个人固定资产税，来抑制房地产市场中的投机行为。

第二，对于面向高收入群体的普通商品房和高档住房市场，房地产市场与政策不但要围绕提高住房所有者的持有成本，更需要围绕资产的继承成本，如遗产税或者赠与税进行制度设计，提高高收入群体过多地持有和转让住房的成本，优化居民资产结构，充分发挥财政的自动稳定器功能使资源分配达到效率化、合理化，避免房地产成为高收入群体的投机对象。

第三，精准识别各类住房需求，实施差别化限购政策。针对住房消费的刚性需求、改善型需求以及投资和投机需求要精准识别，尤其是在东部发达地区，针对不同类型的住房消费者的限购政策要有的放矢，放宽刚性和改善型需求的贷款申请和首付款比例，严禁投资和投机需求的贷款申请。

三、理顺中央与地方关系，健全地方官员考核评价体系

地方政府对房地产市场与政策的过度依赖和干预，致使以往的调控政策难以达到预期的效果。因此，新时期理顺中央政府和地方政府关系成为房地产市场健康发展的关键。为此，提出以下政策建议：

第一，持续深化财税体制改革，理顺中央与地方财政关系，开源地方政府财政收入，赋予地方与其事权相匹配的财税权力。1994年的分税制改革造成地方政府财权与事权的不匹配是土地财政引发房价泡沫的内在根源。因此，只有通过持续深化财税体制改革，增加地方政府财政收入，平衡地方财权与事权，改变地方政府依赖土地谋求经济增长的动机，才能从根本上解决我国房价泡沫问题。

第二，中央政府应改变对地方官员在"晋升锦标赛"中的单一评价体系，不仅从经济发展层面（产业结构升级、房地产行业健康发展等），还要从社会发展层面（民生、公共服务等），多角度地对地方官员的业绩进行综合评判。与此同时，地方政府应主动调整地方经济发展结构，寻求经济高质量发展之路，绝不将房地产业作为短期刺激经济增长和彰显政绩的手段，努力构建房地产行业长效调控机制，虽任重道远但具有系统性解决地方经济发展问题的意义。

第三，破除地方政府与银行的利益耦合体，转变地方政府依靠土地财政的短视型增长思路。地方政府对银行资金配置的干预将严重阻碍我国产业结构升级的进程，应尊重市场机制，减少政府对优胜劣汰的市场机制的干预。且随着城市化进程的不断加快，地方政府可用于城市建设的土地越来越少，依赖土地财政释放财政压力和带动经济增长的模式将无法持续。因此，及时转变短视型的经济增长方式，充分发挥市场机制，是加快各地产业结构升级，实现我国经济高质量发展的必由之路。

四、保持宏观调控政策黏性，谋求不同层级政府间、不同区域间调控政策的协同联动

房地产市场的健康平稳发展离不开宏观调控政策的合理引导和有效调控。新时期应该坚守"房住不炒"的政策底线，促进房地产市场回归平稳。为此，提出以下政策建议：

第一，在不同的房地产市场环境下，应保持政策定力，避免政策取向陷入"紧缩→宽松→紧缩→宽松……"的循环中。根据房地产市场发展的新形势和新情况及时调整调控政策的针对性，在保持调控政

策稳定性和连续性的基础上进行适当的调整,以达到逐步建立起房地产行业精准且长效的调控机制的政策目的。

第二,多城协作实施"区区联动式"的宏观调控政策,深化城市间协同效应。在做到"因城施策"的同时,及时精准地考察邻近地区的调控政策对本地区房地产市场的影响,制定实行"区区联动式"的宏观调控政策机制,实现调控政策的联动效应,以回归住房居住属性,逐渐挤出房价泡沫,降低金融风险。比如在针对热点城市限购时,要坚决抑制投机需求向其周边城市扩散外溢,对热点城市的周边城市应同时实施联动式的调控政策,以实现同步调控,联动挤压房价泡沫,促进房地产市场回归平稳的总体调控目标。

第三,实施"央地一致、多部门协作"调控,发挥货币政策、财政政策以及土地税收政策的联动效应。厘清中央与地方在房地产市场调控中的责权与事权,充分发挥两级政府的协同作用,针对中央出台的调控政策,地方政府应出台针对性的调控细则,以实现央地联动式调控。与此同时,加强中央和地方政府各部门的协同调控工作,注重调控多目标的统筹与平衡,加强各项调控政策的前瞻性、精准性和有效性,以实现货币政策、财政政策、税收政策、土地政策等的联动调控效应。

五、构建金融风险监测预警机制,健全房地产金融风险处置机制

建立健全的风险监测预警机制是及时发现并正确处置房地产金融风险的前提,是阻止系统性金融风险爆发的关键所在,也是评判房地产业是否健康发展和实施宏观调控政策的依据。为此,提出以下政策建议:

第一,健全房地产风险预警指标体系,分别围绕房地产市场投资、房地产开发企业资产负债率、房地产开发企业利润率、房价与租价、房地产市场交易量等方面实施多指标化的预警措施,充分利用"大数据+互联网"等新兴的科技化手段,密切监测房地产市场交易及风险状况。

第二，完善房地产金融风险事前控制机制，严格房地产市场贷款审核机制，严查房地产开发企业自有资金和住房消费者首付款资金来源，加大信贷资金违规流入房地产市场的处罚力度，防范高风险类房地产开发和住房消费贷款，从源头上减少不良贷款的产生，防患于未然。同时与当地的工商行政管理部门、房地产管理部门、税收部门等共同建立信息共享互通查询机制，及时准确地了解房地产开发企业资质、征信和纳税以及住房消费者的收入、纳税及信用等信息，避免次级以下抵押贷款风险的发生。

第三，加大房地产不良贷款处置力度，完善房地产金融风险事后控制机制。及时灵活处置已有的房地产开发和按揭不良贷款，鼓励债务重组、资产转让和不良贷款证券化，充分利用贷款核销政策空间。与此同时，积极推进房地产不良贷款处置二级市场的健康有序发展，打破市场准入壁垒，鼓励民间资本进入二级处置市场，多措并举消化房地产市场不良贷款，避免金融风险累积，实现问题隐患的精准研判与治理。

六、推动金融机构的金融产品创新，完善其科技化监管体系建设

金融机构作为风险管理者，在阻止风险传染的过程中扮演着资金配置者、监管合作者、创新产品推动者和市场稳定器的多重角色。因此，金融机构需从金融产品创新、监管体系完善等方面增强自身的风险管理能力，以保障金融系统的稳定性。为此，提出以下政策建议：

第一，多元化融资产品，加强金融科技应用。金融机构应开发多样化的房地产融资产品，如房地产投资信托基金（REITs）、资产证券化（ABS）等，拓宽融资渠道，分散风险。这些创新产品不仅能为房地产市场提供新的资金来源，还能增强市场的透明度和流动性，促进风险的有效分散。同时，利用区块链、云计算等金融科技手段，提高贷款审批效率，降低运营成本，同时增强数据安全性。通过智能合约等技术，实现贷款条件的自动化执行，减少人为操作错误和道德风险，提升风险管理的智能化水平。

第二,积极参与监管政策制定,形成完整的行业监管链条。金融机构应主动与监管部门沟通,积极参与房地产金融相关政策的制定和修订过程,反映行业实际情况,提出建设性意见。这有助于确保监管政策的科学性、合理性和可操作性,减少政策不确定性带来的风险。

第三,提升风险评估技术,实施精细化风险管理。金融机构应不断升级和完善风险评估模型,采用大数据、人工智能等先进技术,对房地产市场的宏观环境、区域发展趋势、项目具体情况等进行深入分析。通过建立多维度、动态的风险评估体系,提高对潜在风险的敏感度,确保风险识别的准确性和时效性。同时,针对不同类型的房地产项目(如住宅、商业地产、工业地产等)和开发阶段(如土地获取、建设施工、销售运营等),深入行业调查,精准把握各环节的风险特性,以制定差异化的风险评估标准与监控措施以及灵活的风险管理策略。

第四,完善风险预警系统,制定应急预案。金融机构作为首先感知危机的经济主体之一,应当提升风险防范的主动性,加强风险防范的顶层设计。金融机构自身应构建涵盖宏观经济指标、房地产市场数据、金融机构内部运营等多源信息的风险预警系统,建立大数据预警平台,设定预警阈值,针对具有一定风险的潜在房地产开发企业和购房者开展实时监控,一旦触发预警阈值立即启动应急响应机制。通过实时监测市场动态,提前识别风险信号,为及时采取措施赢得时间。此外,针对不同级别的风险事件,可预先设计详尽的应急处理预案,包括风险隔离、资产保全、资本补充、客户沟通等多方面内容。定期组织模拟演练,确保在真实风险发生时能够迅速、有序地执行预案,有效控制风险扩散。

第五,完善金融机构内部管理体系,严格把关投融资领域。目前,金融机构内部管理体系普遍存在"重绩效、轻管理"的问题。部分金融机构为追求贷款业务收益,在内外部因素的综合影响下,将投融资业务倾向于能够为其带来高收益的房地产业,但一定程度上忽略了金融风险的防范。过度关注经济绩效的严峻后果就是只重点关注资金投放而忽视贷后管理,进而使得信贷业务成为金融机构尤其是商业银行的薄弱环节。因此，进一步矫正金融机构内部绩效考核体系与内部管理体系，对金融机构的投融资领域严格把关，在一定程度上有利于规范机构投资行为进而降低金融风险的发生概率。因此，金融机构在放贷时，应当严格审核信贷的准入门槛，保证贷款流程中的审批手续与审批程序的合理性与完整性，严格把控放贷质量。同时在放贷过程中注重监管贷款资金流向，时刻警惕不良贷款的形成风险。最后要注重贷后管理，采用大数据、云计算、人工智能等多种高新技术风险测度方法与风险监控手段对不良贷款的形成进行量化分析，进而做出风险预判。持续监控传统金融风险的表现形式与传染路径所发生的潜在的变化，及时采取纠正措施。

第三节 研究展望

本书从理论和实证层面对我国的房价波动和金融风险问题进行了研究，但由于房价波动和金融风险问题极易受到外部复杂多变的政治和经济环境影响，是一个面临着较大不确定性的复杂课题，学术界针对这一课题的理论研究也在不断地丰富和完善。本书在研究过程中囿于多种因素的制约，还存在一些不足之处，需要在未来的研究中进一步完善和深化。具体包括以下几个方面：

第一，本书采用我国 30 个省级层面的年度数据，通过设定地理空间权重矩阵、经济空间权重矩阵和金融空间权重矩阵的形式，基于房价基本面与泡沫成分的分解视角，研究了我国房价波动对金融风险的空间溢出效应。研究尺度相对较大，而根据地理学第一定律以及空间经济学的基本理论设定来看，较小的地理单元格更有利于空间计量模型的分析。因此，未来可进一步对更小尺度诸如城市层面或县域层面的房价波动与金融风险的空间溢出效应进行深入的研究。同时，在实际的房地产市场和金融市场中，各地区之间的房价波动和金融风险的空间溢出效应传播渠道和媒介可能还存在更多，如人口流动、互联网金融等。因此，未来有必要进一步探讨更多的空间权重矩阵，以探究各地区之间更多可能的传播媒介和方式。

第二，本书通过构建包含保险市场、股票市场、银行信贷市场以及房地产市场的金融风险综合指标测算体系，对我国各地区的金融风险水平进行测算。然而，随着金融市场的快速发展，特别是互联网金融、区块链数字金融等一系列新兴金融创新技术和产品不断涌现，金融风险的形态正在日益多样化，这给金融风险的测度带来了更多的挑战。因此，未来需紧跟金融市场的发展脚步，不断拓宽视野，积极探索并引入更多元化的金融风险测度指标，以期在复杂多变的金融环境中，进一步提升金融风险测度的精准度与实效性。

第三，本书基于房价基本面与泡沫成分的分解视角实证分析了房价波动对金融风险的空间溢出效应。但囿于数据获取的限制，仅着重探讨了房价波动中的泡沫成分在"膨胀式"泡沫期间对金融风险的空间溢出效应。但是同时我们关注到，近几年受新冠疫情冲击、国际经济形势和行业周期性调整等多重原因的叠加影响，多数地区的房地产市场交易活动放缓，房价出现下跌现象，房价泡沫被逐渐挤出，但并未破灭。在这一"衰退式"泡沫发生的过程中，房价泡沫对金融风险的空间溢出效应是否会有所不同，也有必要在未来的研究中进行深入的探讨，以完善房价波动对金融风险的影响机制研究。

参考文献

[1] 白鹤祥,刘社芳,罗小伟,等.基于房地产市场的我国系统性金融风险测度与预警研究[J].金融研究,2020(08):54-73.

[2] 张晓燕,李楚,龙亮.数字金融对系统性金融风险的影响——基于金融监管的调节效应分析[J].财经科学,2025,(02):1-15.

[3] 柏必成.改革开放以来我国住房政策变迁的动力分析——以多源流理论为视角[J].公共管理学报,2010,7(04):76-85+126.

[4] 蔡明超,黄徐星,赵戴怡.房地产市场反周期宏观调控政策绩效的微观分析[J].经济研究,2011,46(S1):80-89+126.

[5] 方意,王琦.数字金融影响商业银行信贷供给和风险的研究进展[J].财经问题研究,2025,(01):15-28.

[6] 刘宾.基于区块链技术的互联网金融风险防范探究[J].会计之友,2024,(19):155-161.

[7] 袁国方,宁薛平.系统性金融风险生成的机理与防范化解[J].甘肃社会科学,2024,(04):185-194.

[8] 蔡森.金融集聚风险传导机制及预防对策[J].金融理论与实践,2014(11):68-71.

[9] 宋寒凝,谭小芬,殷高峰.中国地方债务风险:特征事实、传递共振与防范化解[J].国际经济评论,2024,(06):44-67+5-6.

[10] 黎精明,李启玉,邬进兴.地方政府隐性债务风险对区域性金融风险影响的实证检验[J].统计与决策,2024,40(20):157-161.

[11] 王京滨,夏贝贝.中国房地产改革40年:市场与政策[J].宏观经济研究,2019,(10):25-34+168.

[12] 蔡真. 我国系统性金融风险与房地产市场的关联、传染途径及对策 [J]. 中国社会科学院研究生院学报, 2018 (05): 42-61.

[13] 李育, 刘凯. 房产财富与购房决策如何影响居民消费 [J]. 人文杂志, 2019, (06): 13-21.

[14] 谢文佳. 资产价格波动对我国居民消费升级的影响——来自房价和股价波动的经验证据 [J]. 商业经济研究, 2019, (20): 160-162.

[15] 曹琳, 原雪梅. 基于或有权益分析法的中国银行业系统性风险测度 [J]. 金融经济学研究, 2017, 32 (03): 75-84+116.

[16] 曹晓飞, 赵芬芬, 万月亮. 房地产价格波动与系统性金融风险 [J]. 技术经济与管理研究, 2020 (02): 71-76.

[17] 曹源芳, 蔡则祥. 基于VAR模型的区域金融风险传染效应与实证分析——以金融危机前后数据为例 [J]. 经济问题, 2013 (10): 59-64.

[18] 曹振良, 高晓慧. 中国房地产业发展与管理研究 [M]. 北京大学出版社, 2002.

[19] 曾诗鸿. 论西方金融体系脆弱性理论的逻辑联系 [J]. 西南民族学院学报 (哲学社会科学版), 2003 (02): 205-207+1.

[20] 曾五一, 李想. 中国房地产市场价格泡沫的检验与成因机理研究 [J]. 数量经济技术经济研究, 2011, 28 (01): 140-151.

[21] 陈华飞, 王秀兰. 住宅市场供求均衡研究——以武汉市为例 [J]. 中国土地科学, 2008 (10): 17-23.

[22] 陈华, 胡晓龙. 居民家庭对房地产资产的配置是否阻碍了我国股票市场的发展? [J]. 投资研究, 2020, 39 (03): 72-84.

[23] 陈建东, 程树磊, 姚涛. 住房供求、地方政府行为与房地产市场调控有效性研究 [J]. 经济理论与经济管理, 2014 (09): 72-84.

[24] 陈建青, 王擎, 许韶辉. 金融行业间的系统性金融风险溢出效应研究 [J]. 数量经济技术经济研究, 2015, 32 (09): 89-100.

[25] 陈守东, 李卓, 林思涵. 地方政府债务风险对区域性金融

风险的空间溢出效应［J］．西安交通大学学报（社会科学版），2020，40（06）：33-44．

［26］陈守东，王妍．我国金融机构的系统性金融风险评估——基于极端分位数回归技术的风险度量［J］．中国管理科学，2014，22（07）：10-17．

［27］陈伟，陈淮．基于生命周期理论的房地产财富效应之实证分析［J］．管理学报，2013，10（12）：1818-1822+1838．

［28］陈小亮，李诚浩．防范房价泡沫化风险的对策研究："疏堵结合"的新思路［J］．人文杂志，2022（02）：26-38．

［29］陈小亮，李三希，陈彦斌．地方政府激励机制重构与房价调控长效机制建设［J］．中国工业经济，2018（11）：79-97．

［30］陈彦斌，郭豫媚，陈伟泽．2008年金融危机后中国货币数量论失效研究［J］．经济研究，2015，50（04）：21-35．

［31］成立．基于新供给主义理论的房地产市场改革路径抉择［J］．现代管理科学，2016（08）：57-59．

［32］翟帅，殷宇飞，钱晨绯．关于我国房地产价格的稳定性研究——基于35个大中城市数据的实证分析［J］．价格理论与实践，2017（03）：151-154．

［33］翟帅，殷宇飞．房地产市场价格影响因素的蛛网模型分析——基于中部6省数据［J］．调研世界，2017（05）：11-17．

［34］刁伟涛．土地财政、地方债务与房价水平——基于省际面板数据的实证研究［J］．当代财经，2015（02）：34-42．

［35］丁杰，李仲飞，郑军．房地产调控政策的连续性与有效性——基于信贷资源再配置的视角［J］．经济评论，2015（04）：96-108．

［36］丁如曦，倪鹏飞．房地产市场调控优化及深化改革：目标原则与路径找寻［J］．改革，2018（10）：28-38．

［37］丁如曦，倪鹏飞．中国城市住房价格波动的区域空间关联与溢出效应——基于2005—2012年全国285个城市空间面板数据的研究［J］．财贸经济，2015（06）：136-150．

[38] 丁述军, 庄须娟, 李文君. 区域金融风险部门间传染机理与实证分析 [J]. 经济经纬, 2019, 36 (03): 1-8.

[39] 丁祖昱. 中国城市化进程中住房市场发展研究 [D]. 华东师范大学, 2013.

[40] 董加加, 纪晗. 我国城市间住宅价格溢出效应研究 [J]. 经济经纬, 2018, 35 (01): 8-13.

[41] 董兴, 刘冲, 平新乔. 调控目标、房地产调控政策对七种房价的影响研究 [J]. 经济纵横, 2021 (06): 73-86.

[42] 杜江. 中国房地产市场发展非均衡与商品房价格因素分析 [J]. 中国地质大学学报 (社会科学版), 2010, 10 (02): 93-97.

[43] 杜丽群, 张晓云. 新常态下中国房地产市场面临的问题与对策 [J]. 学习与探索, 2016 (06): 119-124.

[44] 范广垠. 我国房地产政策宏观分析的模型与方法——以1998—2009年房地产政策为例 [J]. 同济大学学报 (社会科学版), 2010, 21 (01): 118-124.

[45] 方兴. 中国房地产限购政策能够有效抑制房价上涨吗——基于70个大中城市的实证研究 [J]. 财经科学, 2018 (01): 41-53.

[46] 高波, 王辉龙, 李伟军. 预期、投机与中国城市房价泡沫 [J]. 金融研究, 2014 (02): 44-58.

[47] 高文涵, 童中文. 信贷扩张、房价波动与银行系统性风险——基于SVAR的实证分析 [J]. 金融与经济, 2015 (11): 14-19.

[48] 葛扬, 贾春梅. 关于中国房地产业发展路径的分析 [J]. 经济纵横, 2011 (10): 35-38.

[49] 官汝凯. 财政不平衡和房价上涨: 中国的证据 [J]. 金融研究, 2015 (04): 66-81.

[50] 官汝凯. 分税制改革与中国城镇房价水平——基于省级面板的经验证据 [J]. 金融研究, 2012 (08): 70-83.

[51] 龚金金, 郑挺国, 曹伟伟. 限购政策与城市房价溢出效应——基于70个大中城市准自然实验的研究 [J]. 管理现代化, 2024, 44 (05): 34-43.

[52] 郭珂. 土地财政依赖、财政缺口与房价——基于省际面板数据的研究 [J]. 经济评论, 2013 (02): 69-75.

[53] 郭克莎, 黄彦彦. 从国际比较看中国房地产市场发展的问题及出路 [J]. 财贸经济, 2018, 39 (01): 5-22.

[54] 郭娜, 梁琪. 我国房地产市场周期与金融稳定——基于随机游走滤波的分析 [J]. 南开经济研究, 2011 (04): 98-107.

[55] 郭娜, 彭玉婷, 冯立. 影子银行、金融风险与宏观审慎监管有效性 [J]. 当代经济科学, 2021, 43 (02): 16-26.

[56] 郭树清. 完善现代金融监管体系 [N]. 经济日报, 2020-12-17 (011).

[57] 郭文伟, 陈顺强. 珠三角区域城市房价泡沫时空传染效应及其防范研究 [J]. 经济经纬, 2018, 35 (06): 15-21.

[58] 郭文伟, 李嘉琪. 房价泡沫抑制了经济高质量增长吗?——基于13个经济圈的经验分析 [J]. 中国软科学, 2019 (08): 77-91.

[59] 郭文伟. 粤港澳大湾区房价泡沫空间溢出效应及传染网络特征研究 [J]. 河南科技学院学报, 2021, 41 (05): 1-10.

[60] 国务院发展研究中心"经济转型期的风险防范与应对"课题组, 李伟, 王一鸣, 张承惠, 高世楫, 陈昌盛, 吴振宇, 陈道富, 许伟, 何建武, 卓贤, 朱鸿鸣, 兰宗敏, 李承健. 打好防范化解重大风险攻坚战: 思路与对策 [J]. 管理世界, 2018, 34 (01): 1-15.

[61] 何德旭, 苗文龙, 闫娟娟, 等. 全球系统性金融风险跨市场传染效应分析 [J]. 经济研究, 2021, 56 (08): 4-21.

[62] 洪正, 张硕楠, 张琳. 经济结构、财政禀赋与地方政府控股城商行模式选择 [J]. 金融研究, 2017 (10): 83-98.

[63] 胡东婉, 袁尧, 杨刚. 金融支持对房地产市场发展的影响——基于中国经验的理论分析与实证检验 [J]. 金融与经济, 2016 (06): 66-74.

[64] 黄燕芬, 张超. "十二五"规划以来我国房地产调控的政策分析——兼论未来房地产调控应妥善处理的四大关系 [J]. 价格理

论与实践，2017（04）：25-28.

[65] 黄燕芬，张志开，唐将伟. 京津冀城市群住房价格波动溢出效应——基于单中心理论视角下的分析［J］. 价格理论与实践，2018，（11）：30-33.

[66] 贾庆英，高蕊. 房地产价格、经济杠杆与金融系统性风险［J］. 南京审计大学学报，2020，17（06）：69-78.

[67] 贾彦东. 金融机构的系统重要性分析——金融网络中的系统风险衡量与成本分担［J］. 金融研究，2011（10）：17-33.

[68] 姜春海. 中国房地产市场投机泡沫实证分析［J］. 管理世界，2005（12）：71-84+171-172.

[69] 姜金婵，巩云华. 我国资本跨区域流动效应分析［J］. 商业时代，2012（07）：66-67.

[70] 孔煜. 房价波动、银行信贷与经济增长［J］. 财经理论与实践，2009，30（05）：12-16.

[71] 况伟大，陈晶，葛玉好. 贫富差距、供求弹性与房价［J］. 经济理论与经济管理，2018（03）：5-15.

[72] 赖一飞，周雅，魏元欣. 基于基础价值的房地产泡沫测度研究——以深圳为例［J］. 武汉大学学报（哲学社会科学版），2012，65（04）：98-102.

[73] 李斌，和倩，张所地，武斌. 金融支持对房地产市场的时变影响机制研究——以山西省为例［J］. 经济问题，2017（07）：20-25.

[74] 李斌，卢明炜，张所地，等. 房地产业对中国城市金融稳定的影响研究——基于空间计量模型的比较分析［J］. 数理统计与管理，2019，38（02）：343-356.

[75] 李郇，洪国志，黄亮雄. 中国土地财政增长之谜——分税制改革、土地财政增长的策略性［J］. 经济学（季刊），2013，12（04）：1141-1160.

[76] 李江一. 高房价降低了人口出生率吗？——基于新家庭经济学理论的分析［J］. 南开经济研究，2019（04）：58-80.

[77] 李杰，沈良延，赵玉丹. 恶性房地产泡沫产生原因的经验

分析 [J]. 中央财经大学学报, 2016 (09): 101-111.

[78] 李莉, 付兵涛. 基于北京数据的我国房地产泡沫测度研究 [J]. 商业研究, 2011 (03): 61-67.

[79] 李玲, 朱道林, 胡克林. 基于PSR模型的房地产调控政策对房价影响的研究——以北京市为例 [J]. 资源科学, 2012, 34 (04): 787-793.

[80] 李伦一, 张翔. 中国房地产市场价格泡沫与空间传染效应 [J]. 金融研究, 2019 (12): 169-186.

[81] 李卓. 我国区域性金融风险的计量研究 [D]. 吉林大学, 2021.

[82] 梁云芳, 高铁梅. 中国房地产价格波动区域差异的实证分析 [J]. 经济研究, 2007 (08): 133-142.

[83] 铃木淑夫. 日本的金融政策 [M]. 中国发展出版社, 1995.

[84] 刘波, 刘亦文. 房价与供求关系的理论分析与中国经验的实证研究 [J]. 湘潭大学学报（哲学社会科学版）, 2010, 34 (06): 65-70.

[85] 刘海云, 吕龙. 城市房价泡沫及其传染的"波纹"效应 [J]. 中国工业经济, 2018 (12): 42-59.

[86] 刘洪玉, 郑思齐, 沈悦. 中国房地产市场中的"泡沫"与"过热"问题分析 [J]. 建筑经济, 2003 (02): 36-40.

[87] 刘佳丽, 马庆. 我国影子银行对系统性金融风险影响的实证研究——基于2013—2020年省际面板数据 [J]. 吉林大学社会科学学报, 2021, 61 (06): 107-115+232-233.

[88] 刘建江, 杨玉娟, 袁冬梅. 从消费函数理论看房地产财富效应的作用机制 [J]. 消费经济, 2005 (02): 93-96.

[89] 刘军. 区域性金融风险的形成、测度与影响机制研究 [D]. 西南财经大学, 2020.

[90] 刘铁军. 我国房地产市场非理性繁荣形成机制及其金融风险研究 [D]. 上海交通大学, 2007.

[91] 刘霆,谭晓萍.跨区域流动要素对区域经济发展的影响[J].经济地理,2009,29(04):595-600.

[92] 刘维新.房地产泡沫产生原因分析[J].中国土地,2003(02):3-4.

[93] 刘锡良,董青马.防范系统性和区域性金融风险研究[M].中国金融出版社,2018.

[94] 刘晓君,郭晓彤,李玲燕.我国住房租——买市场协调度评价与优化研究[J].华东经济管理,2019,33(05):98-107.

[95] 刘晓欣,雷霖,靳亚阁.货币供给、房地产价格与金融稳定性——基于SVAR模型的实证研究[J].上海经济研究,2017(07):31-41.

[96] 刘晓欣,雷霖.金融杠杆、房地产价格与金融稳定性——基于SVAR模型的实证研究[J].经济学家,2017(08):63-72.

[97] 刘莹.区域金融风险空间关联网络、传染效应与应对路径——以山东省为例[J].金融理论与实践,2021(06):55-63.

[98] 刘治松.我国房地产泡沫及泡沫测度的几个理论问题[J].经济纵横,2003(10):28-31.

[99] 娄文龙,张娟.中国房地产宏观调控政策变迁量化研究——基于共词和聚类分析的视角[J].上海经济研究,2018(08):63-72.

[100] 骆晓强,梁权琦,杨晓光.当前中国经济的"灰犀牛"和"黑天鹅"[J].中国科学院院刊,2017,32(12):1356-1370.

[101] 吕江林.我国城市住房市场泡沫水平的度量[J].经济研究,2010,45(06):28-41.

[102] 吕龙,刘海云.城市房价溢出效应的测度、网络结构及其影响因素研究[J].经济评论,2019,(02):125-139.

[103] 吕炜,刘晨晖.财政支出、土地财政与房地产投机泡沫——基于省际面板数据的测算与实证[J].财贸经济,2012(12):21-30.

[104] 马草原,李宇淼.宏观审慎政策工具LTV调控房地产市

场的有效性分析[J].南开经济研究,2020(06):122-141.

[105] 马君潞,范小云,曹元涛.中国银行间市场双边传染的风险估测及其系统性特征分析[J].经济研究,2007(01):68-78+142.

[106] 马树才,华夏,韩云虹.地方政府债务影响金融风险的传导机制——基于房地产市场和商业银行视角的研究[J].金融论坛,2020,25(04):70-80.

[107] 马亚明,邵士妍.资产价格波动、银行信贷与金融稳定[J].中央财经大学学报,2012(01):45-51.

[108] 毛丰付,倪鹏飞,卞加俊.金融约束与房地产市场发展:基于房企"股地互动"视角的研究[J].财贸经济,2014(03):124-134.

[109] 梅冬州,崔小勇,吴娱.房价变动、土地财政与中国经济波动[J].经济研究,2018,53(01):35-49.

[110] 牟玲玲.房地产市场非线性博弈模型及其内在复杂性研究[D].天津大学,2007.

[111] 倪俊雄.区域金融安全指数构建及其在浙江省的应用研究[D].浙江财经大学,2016.

[112] 聂梅生.当前我国房地产市场发展形势与趋势[J].经济研究参考,2012(07):62-64.

[113] 欧江波.城市房地产调控的理论与模拟实证研究[D].暨南大学,2012.

[114] 潘慧峰,刘曦彤.限购政策对房地产价格及供求的调控效果研究——以北京市为例[J].价格理论与实践,2017(08):48-51.

[115] 荣梦杰,李刚.区域金融风险的空间关联、传染效应与风险来源[J].统计与决策,2020,36(24):119-124.

[116] 阮加,刘延平.次贷危机的成因与房地产金融风险防范[J].管理世界,2009(05):166-167.

[117] 三木谷良一.日本泡沫经济的产生、崩溃与金融改革[J].金融研究,1998(6):1-4.

[118] 沈丽, 范文晓. 地方政府债务扩张对区域金融风险的溢出效应 [J]. 经济与管理评论, 2021, 37 (02): 51-63.

[119] 沈丽, 刘媛, 李文君. 中国地方金融风险空间关联网络及区域传染效应: 2009—2016 [J]. 管理评论, 2019b, 31 (08): 35-48.

[120] 沈丽, 张影, 李文君, 等. 我国区域金融风险的时空演化及驱动机制——基于经济四部门视角 [J]. 南方经济, 2019a (09): 1-18.

[121] 沈悦, 戴士伟, 陈锟. 房价过度波动的系统性风险溢出效应测度——基于 GARCH-Copula-CoVaR 模型 [J]. 中央财经大学学报, 2016 (03): 88-95.

[122] 沈悦, 李博阳, 张嘉望. 城市房价泡沫与金融稳定性——基于中国 35 个大中城市 PVAR 模型的实证研究 [J]. 当代财经, 2019 (04): 62-74.

[123] 沈悦, 李博阳, 张嘉望. 金融杠杆率、房价泡沫与金融稳定性 [J]. 大连理工大学学报 (社会科学版), 2020, 41 (03): 25-35.

[124] 沈悦, 李博阳, 张嘉望. 系统性金融风险: 测度与时空格局演化分析 [J]. 统计与信息论坛, 2017, 32 (12): 42-51.

[125] 石军, 庄新田, 庄霄威. 房地产市场系统性风险空间关联及溢出效应 [J]. 系统工程, 2023, 41 (03): 28-46.

[126] 石俊志. 金融危机生成机理与防范 [M]. 中国金融出版社, 2001.

[127] 司登奎, 葛新宇, 曾涛, 等. 房价波动、金融稳定与最优宏观审慎政策 [J]. 金融研究, 2019a (11): 38-56.

[128] 司登奎, 李小林, 葛新宇. 基于房价波动的银行风险承担: 理论分析与经验研究 [J]. 统计研究, 2019b, 36 (12): 27-39.

[129] 宋凌峰, 牛红燕, 刘志龙. 房价波动、隐含担保与银行系统性风险 [J]. 经济理论与经济管理, 2018 (03): 16-26.

[130] 宋玉臣, 吕静茹. 国际金融风险传染演化趋势与应对策略——来自股票市场的证据 [J]. 学习与探索, 2021 (09): 130-

138+192.

[131] 孙焱林, 张攀红. 房地产泡沫测度及区域间联动与传染 [J]. 金融学季刊, 2016, 10 (01): 1-19.

[132] 谭政勋, 陈铭. 房价波动与金融危机的国际经验证据: 抵押效应还是偏离效应 [J]. 世界经济, 2012, 35 (03): 146-159.

[133] 唐云锋, 马春华. 财政压力、土地财政与"房价棘轮效应" [J]. 财贸经济, 2017, 38 (11): 39-54+161.

[134] 唐志军, 谌莹, 刘友金. 影响中国房地产市场发展的主要制度安排研究 [J]. 湖南科技大学学报（社会科学版）, 2011, 14 (06): 102-107.

[135] 陶玲, 朱迎. 系统性金融风险的监测和度量——基于中国金融体系的研究 [J]. 金融研究, 2016 (06): 18-36.

[136] 王柏杰, 冯宗宪. 金融支持过度、房地产价格泡沫和货币政策有效性——以京、津、沪、渝为例 [J]. 山西财经大学学报, 2012, 34 (12): 48-57.

[137] 王辉, 梁俊豪. 基于动态因子Copula模型的我国银行系统性风险度量 [J]. 金融研究, 2020 (11): 58-75.

[138] 王火根, 沈利生. 中国经济增长与能源消费空间面板分析 [J]. 数量经济技术经济研究, 2007 (12): 98-107+149.

[139] 王金明, 高铁梅. 对我国房地产市场需求和供给函数的动态分析 [J]. 中国软科学, 2004 (04): 69-74.

[140] 王锦阳, 刘锡良. 住宅基本价值、泡沫成分与区域溢出效应 [J]. 经济学（季刊）, 2014, 13 (04): 1283-1302.

[141] 王京滨, 李博. 银行业务地理集中是否降低了金融风险?——基于中国城市商业银行微观数据的研究 [J]. 管理世界, 2021, 37 (05): 87-97+127+7.

[142] 王京滨. 李克强经济学形成的背景与本质 [C]. 大阪产业大学经济学论集, 2014 (01): 1-29.

[143] 王京滨. 全球金融危机与中国经济结构脆弱性 [A]. 河村哲二编. 全球金融危机的冲击与新兴经济的变化 [C]. 中西屋出版

社，2018.

[144] 王俊．对当前中国房地产泡沫的看法 [J]．宏观经济管理，2003（04）：25-26+46.

[145] 王利．北京房地产市场供求关系和价格机制作用的实证研究 [J]．经济与管理研究，2008（05）：61-66.

[146] 王擎，刘军，金致雯．区域性金融风险与区域经济增长的相关性分析 [J]．改革，2018（05）：66-75.

[147] 王擎，刘军，毛锐．杠杆率视角下的区域性金融风险防控 [J]．改革，2019（10）：75-84.

[148] 王全良．金融危机下我国房地产泡沫的成因分析及防范对策 [J]．金融理论与实践，2010（03）：113-115.

[149] 王文，芦哲．房地产泡沫与系统性金融风险防范——基于国际比较的视角 [J]．国际金融研究，2021（01）：26-34.

[150] 王学龙，杨文．中国的土地财政与房地产价格波动——基于国际比较的实证分析 [J]．经济评论，2012（04）：88-96+144.

[151] 王雪，韩永辉，赵贤，等．核心城市房地产市场的联动和溢出特征研究——基于中国"北上广深"样本的经验考察 [J]．运筹与管理，2021，30（07）：232-239.

[152] 王营，曹廷求．中国区域性金融风险的空间关联及其传染效应——基于社会网络分析法 [J]．金融经济学研究，2017，32（03）：46-55.

[153] 王志刚．现阶段我国房地产泡沫的综合测度及治理——基于中日两国历史数据的比较分析 [J]．当代经济研究，2017（12）：88-94.

[154] 王子明．泡沫与泡沫经济非均衡分析 [M]．北京大学出版社，2002.

[155] 韦汝虹，金李，方达．商品住宅价格空间溢出效应测度及其影响因素分析——来自长三角地区的证据 [J]．世界地理研究，2023，32（01）：117-129.

[156] 魏伟，陈骁，张明．中国金融系统性风险：主要来源、防

范路径与潜在影响 [J]. 国际经济评论, 2018 (03): 125-150+7.

[157] 温博慧, 柳欣. 金融系统性风险产生的原因与传导机制——基于资产价格波动的研究评述 [J]. 中南财经政法大学学报, 2009 (06): 76-81+144.

[158] 文凤华, 张阿兰, 戴志锋, 等. 房地产价格波动与金融脆弱性——基于中国的实证研究 [J]. 中国管理科学, 2012, 20 (02): 1-10.

[159] 文婕. 金融风险与金融监管研究 [M]. 吉林人民出版社, 2016.

[160] 邬丽萍. 房地产价格上涨的财富效应分析 [J]. 求索, 2006 (01): 27-29.

[161] 邬文康. 我国区域房地产业发展规律研究 [D]. 吉林大学, 2005.

[162] 吴宾, 杨彩宁. 住房制度、住有所居与历年调控: 自1978—2017年中央政府工作报告观察 [J]. 改革, 2018 (01): 74-85.

[163] 吴炳辉, 何建敏. 开放经济条件下金融风险国际传染的研究综述 [J]. 经济社会体制比较, 2014 (02): 87-96.

[164] 武康平, 胡谍. 房地产市场与货币政策传导机制 [J]. 中国软科学, 2010 (11): 32-43.

[165] 项卫星, 李宏瑾. 市场供求与房地产市场宏观调控效应——一个理论分析框架及经验分析 [J]. 经济评论, 2007 (03): 110-115+127.

[166] 项卫星, 王达, 李宏瑾. 金融支持与吉林省房地产市场的发展 [J]. 东北亚论坛, 2007 (02): 58-63.

[167] 谢波, 施建刚. 房地产市场非均衡度与政府干预时机——基于上海房地产市场非均衡模型与短边规则的实证研究 [J]. 上海经济研究, 2013, 25 (07): 138-146+156.

[168] 许多奇, 埃米利奥·阿福古利亚斯. 中国金融稳定性监管变革的法律框架 [J]. 法学论坛, 2017, 32 (05): 99-111.

[169] 杨帆, 卢周来. 中国的"特殊利益集团"如何影响地方

政府决策——以房地产利益集团为例 [J]. 管理世界, 2010 (06): 65 - 73 + 108.

[170] 杨海珍, 程相娟, 李妍, 等. 系统性金融风险关键成因及其演化机理分析——基于文献挖掘法 [J]. 管理评论, 2020, 32 (02): 18 - 28.

[171] 杨华. 金融风险预防与控制 [M]. 河南科学技术出版社, 2013.

[172] 杨建平, 韩冰, 朱宇. 房价宏观金融调控政策效果评价: 理论模型与实证分析 [J]. 统计与决策, 2008 (05): 138 - 140.

[173] 杨玉珍, 文林峰. 抑制房价过快上涨宏观调控政策实施效果评价及建议 [J]. 管理世界, 2005 (06): 153 - 154.

[174] 杨子晖, 陈里璇, 陈雨恬. 经济政策不确定性与系统性金融风险的跨市场传染——基于非线性网络关联的研究 [J]. 经济研究, 2020, 55 (01): 65 - 81.

[175] 杨子晖, 陈雨恬, 谢锐楷. 我国金融机构系统性金融风险度量与跨部门风险溢出效应研究 [J]. 金融研究, 2018 (10): 19 - 37.

[176] 杨子晖, 周颖刚. 全球系统性金融风险溢出与外部冲击 [J]. 中国社会科学, 2018 (12): 69 - 90 + 200 - 201.

[177] 易宪容. 改革开放以来中国房地产市场发展的金融分析 [J]. 人民论坛·学术前沿, 2018 (18): 102 - 111.

[178] 于衍淇. 金融冲击、短期跨境资本流动与风险传染 [D]. 济南大学, 2020.

[179] 余博. 资本账户开放、短期资本流动与系统性金融风险 [D]. 厦门大学, 2019.

[180] 余呈先. 我国房地产市场供给侧管理的动因与对策 [J]. 宏观经济研究, 2016 (05): 73 - 78.

[181] 余湄, 张堃, 汪寿阳, 等. 外汇储备与金融脆弱性关系研究——基于金砖五国的实证分析 [J]. 管理评论, 2020, 32 (01): 3 - 12.

[182] 俞海平. 住房市场的价格——租金模型分析 [J]. 企业研

究,2014(10):187-188.

[183] 袁冬梅,刘建江.房价上涨对居民消费的挤出效应研究[J].消费经济,2009,25(03):7-10+29.

[184] 袁韶华,施松,汪应宏,刘勤侠,翟鸣元.中国房地产市场调控效果分析及房地产健康发展的建议[J].现代城市研究,2014(02):72-79.

[185] 袁志刚,樊潇彦.房地产市场理性泡沫分析[J].经济研究,2003(03):34-43+90.

[186] 张宝林,潘焕学.影子银行与房地产泡沫:诱发系统性金融风险之源[J].现代财经(天津财经大学学报),2013,33(11):33-44.

[187] 张超.长三角城市群房价泡沫测度及空间传染效应[J].中南财经政法大学学报,2018(03):73-79+160.

[188] 张富田.利益博弈与房地产泡沫问题研究[J].经济体制改革,2011(02):146-149.

[189] 张红利.基于均衡价格理论的房地产泡沫形成机理研究[J].现代经济探讨,2013(06):49-52+57.

[190] 张华勇.金融市场联动性和风险传染的内在机制研究[J].云南社会科学,2014(04):81-84.

[191] 张亮.区域金融风险预警体系设计及应用分析——基于区域银行业视角[J].重庆科技学院学报(社会科学版),2013(06):93-95+132.

[192] 张攀红.中国房地产价格波动、泡沫测度及区域空间传染研究[D].华中科技大学,2016.

[193] 张帅.基于VARX模型的我国区域金融风险传染效应分析[J].金融发展研究,2020(10):29-35.

[194] 张双长,李稻葵."二次房改"的财政基础分析——基于土地财政与房地产价格关系的视角[J].财政研究,2010(07):5-11.

[195] 张同耀.房地产泡沫与金融危机的关联机制及对我国的启

示 [J]. 经济纵横, 2009 (06): 61-63+47.

[196] 张小宇, 刘金全. 货币政策、产出冲击对房地产市场影响机制——基于经济发展新常态时期的分析 [J]. 中国工业经济, 2015 (12): 20-35.

[197] 张馨月. 房地产市场非理性发展对国民经济的不良影响研究 [D]. 山东大学, 2019.

[198] 张雪涛. 当前房地产市场的发展定位及调控对策 [J]. 宏观经济研究, 2010 (06): 27-30.

[199] 张延群. 我国房地产投资是否具有挤出效应？——基于 I (2) VECM 的分析 [J]. 数理统计与管理, 2016, 35 (02): 329-340.

[200] 张跃庆, 杨小泽. 中国房地产市场 [M]. 中国经济出版社, 1991.

[201] 张占录, 张远索. 我国房地产市场现状与可持续发展研究 [J]. 经济问题探索, 2011 (08): 1-6.

[202] 张卓群, 张涛. 中国城市房地产价格关联与风险传染防范研究——基于 ARIMA-R-Vine Copula 模型的分析 [J]. 价格理论与实践, 2021, (07): 49-53+164.

[203] 赵丹丹. 中国银行业系统性风险的测度和预警研究 [D]. 对外经济贸易大学, 2019.

[204] 赵文举, 张曾莲. 地方政府债务风险会加剧区域性金融风险聚集吗 [J]. 当代财经, 2021 (06): 38-50.

[205] 赵雪瑾. 中国主要金融市场的风险测量、传染路径及预警研究 [D]. 华南理工大学, 2018.

[206] 赵洋. 我国房地产市场价格变动决定因素研究——基于局部均衡模型的分析 [J]. 价格理论与实践, 2017 (01): 165-168.

[207] 郑东雅, 皮建才, 刘志彪. 中国的房价上涨与实体经济投资: 拉动效应还是挤出效应？[J]. 金融评论, 2019, 11 (04): 1-13+124.

[208] 郑荣年. 中国城市商业银行的股权结构与政府控制 [J]. 金融经济学研究, 2013, 28 (03): 119-128.

[209] 郑挺国, 龚金金, 宋涛. 中国城市房价泡沫测度及其时变传染效应研究 [J]. 世界经济, 2021, 44 (04): 151-177.

[210] 中国城镇住房公共政策选择研究课题组. 寻求公平前提下的住房市场均衡模型 [J]. 财贸经济, 2001 (07): 54-58.

[211] 中国人民银行, 住建部, 日本国际协力事业团, 日本野村综合研究所. 中国住宅金融报告 [M]. 中信出版社, 2003.

[212] 中国银行国际金融研究所. 中国经济金融展望报告 [M]. 2016年9月29日.

[213] 钟腾. 房地产抵押品价值变动的实体经济效应 [J]. 财经研究, 2017, 43 (10): 55-66.

[214] 钟晓兵, 梁伟涛, 白雪菲. 21世纪以来我国房地产泡沫测度及生成机制研究 [J]. 学术交流, 2011 (01): 101-106.

[215] 仲彬, 刘念, 毕顺荣. 区域金融风险预警系统的理论与实践探讨 [J]. 金融研究, 2002 (07): 105-111.

[216] 仲伟周, 蔺建武. 全球金融危机对我国出口贸易的影响及应对策略研究 [J]. 国际贸易问题, 2012 (09): 161-168.

[217] 周彬, 杜两省. "土地财政"与房地产价格上涨: 理论分析和实证研究 [J]. 财贸经济, 2010 (08): 109-116.

[218] 周建军, 鞠方. 中国房地产价格波动财富效应的理论与实证研究 [J]. 财经理论与实践, 2009, 30 (05): 97-101.

[219] 周京奎. 房地产泡沫生成与演化——基于金融支持过度假说的一种解释 [J]. 财贸经济, 2006 (05): 3-10+96.

[220] 周京奎. 货币政策、银行贷款与住宅价格——对中国4个直辖市的实证研究 [J]. 财贸经济, 2005 (05): 22-27.

[221] 周黎安. 中国地方官员的晋升锦标赛模式研究 [J]. 经济研究, 2007 (07): 36-50.

[222] 周利, 易行健. 房价上涨、家庭债务与城镇居民消费: 贷款价值比的视角 [J]. 中国管理科学, 2020, 28 (11): 80-89.

[223] 周伟. 国际金融风险传递机制研究 [J]. 中南林业科技大学学报 (社会科学版), 2008, 2 (06): 80-82.

[224] 周文文,刘超,李佼. 房地产政策调控对房价影响研究——基于 ARDL 模型的分析 [J]. 价格理论与实践, 2017 (11): 70-73.

[225] 朱晓明,童小龙. 中国房地产投资的挤出效应 [J]. 上海金融, 2021 (10): 2-11.

[226] 祝梓翔,邓翔,杜海韬. 房价波动、住房自有率和房地产挤出效应 [J]. 经济评论, 2016 (05): 52-67.

[227] 左正龙. 金融脆弱性引致系统性金融风险研究 [J]. 现代经济信息, 2018 (14): 321.

[228] Adrian T, Shin H S. Liquidity and leverage [J]. Journal of financial intermediation, 2010, 19 (3): 418-437.

[229] Ahuja M A, Cheung L, Han G, et al. Are house prices rising too fast in China? [M]. International Monetary Fund, 2010.

[230] Allen F, Carletti E. What is systemic risk? [J]. Journal of Money, Credit and Banking, 2013, 45 (s1): 121-127.

[231] Allen F, Gale D. Financial contagion [J]. Journal of political economy, 2000, 108 (1): 1-33.

[232] Anselin L. Spatial econometrics: methods and models [M]. Springer Science & Business Media, 1988.

[233] Aoki K, Proudman J, Vlieghe G. House prices, consumption, and monetary policy: A financial accelerator approach [J]. Journal of financial intermediation, 2004, 13 (4): 414-435.

[234] Babus A. Contagion risk in financial networks [J]. Financial Development, Integration and Stability, Cheltenham, UK: Edward Elgar, 2005: 423-440.

[235] Bernanke B S, Gertler M, Gilchrist S. The financial accelerator in a quantitative business cycle framework [J]. Handbook of macroeconomics, 1999, 1: 1341-1393.

[236] Bester H. Screening vs. rationing in credit markets with imperfect information [J]. The American economic review, 1985, 75 (4):

850-855.

[237] Brunnermeier M, Rother S, Schnabel I. Asset price bubbles and systemic risk [J]. The Review of Financial Studies, 2020, 33 (9): 4272-4317.

[238] Calomiris C W, Ramirez C D. The role of financial relationships in the history of American corporate finance [J]. Journal of Applied Corporate Finance, 1996, 9 (2): 52-73.

[239] Case K E, Quigley J M, Shiller R J. Comparing wealth effects: The stock market versus the housing market [J]. Advances in macroeconomics, 2005, 5 (1).

[240] Case K E, Shiller R J. Is there a bubble in the housing market? [J]. Brookings papers on economic activity, 2003, 2003 (2): 299-362.

[241] Cerutti E, Dagher J, Dell'Ariccia G. Housing finance and real-estate booms: A cross-country perspective [J]. Journal of Housing Economics, 2017, 38: 1-13.

[242] Chen T, Liu L X, Zhou L A. The crowding-out effects of real estate shocks-evidence from china [J]. Available at SSRN 2584302, 2015.

[243] Clayton J. Rational expectations, market fundamentals and housing price volatility [J]. Real Estate Economics, 1996, 24 (4): 441-470.

[244] Corradin S, Popov A. House prices, home equity borrowing, and entrepreneurship [J]. The Review of Financial Studies, 2015, 28 (8): 2399-2428.

[245] Costello G, Fraser P, Groenewold N. House prices, non-fundamental components and interstate spillovers: The Australian experience [J]. Journal of Banking & Finance, 2011, 35 (3): 653-669.

[246] Crowe C, Dell'Ariccia G, Igan D, et al. How to deal with real estate booms: Lessons from country experiences [J]. Journal of Financial Stability, 2013, 9 (3): 300-319.

[247] Cvijanović D. Real estate prices and firm capital structure [J].

The Review of Financial Studies, 2014, 27 (9): 2690 -2735.

[248] Daglish T. What motivates a subprime borrower to default? [J]. Journal of Banking & Finance, 2009, 33 (4): 681 -693.

[249] De Bandt O, Hartmann P. Systemic risk: A survey [J]. Available at SSRN 258430, 2000.

[250] Degryse H, Elahi M A, Penas M F. Cross-border exposures and financial contagion [J]. International Review of Finance, 2010, 10 (2): 209 -240.

[251] Dell'Ariccia G, Marquez R. Lending booms and lending standards [J]. The journal of finance, 2006, 61 (5): 2511 -2546.

[252] Deng Y, Girardin E, Joyeux R. Fundamentals and the volatility of real estate prices in China: A sequential modelling strategy [J]. China Economic Review, 2018, 48: 205 -222.

[253] Deng Y, Morck R, Wu J, et al. China's pseudo-monetary policy [J]. Review of Finance, 2015, 19 (1): 55 -93.

[254] Deng Y, Zeng Y, Li Z. Real estate prices and systemic banking crises [J]. Economic Modelling, 2019, 80: 111 -120.

[255] Diba B T, Grossman H I. Explosive rational bubbles in stock prices? [J]. The American Economic Review, 1988, 78 (3): 520 -530.

[256] Diebold F X, Yılmaz K. On the network topology of variance decompositions: Measuring the connectedness of financial firms [J]. Journal of econometrics, 2014, 182 (1): 119 -134.

[257] Drehmann M, Tarashev N. Measuring the systemic importance of interconnected banks [J]. Journal of Financial Intermediation, 2013, 22 (4): 586 -607.

[258] Fry J M. Bubbles and contagion in English house prices [J]. The University of Manchester, Manchester, UK, 2009.

[259] Füss R, Zhu B, Zietz J. US regional housing bubbles, their co-movements and spillovers [J]. Available at SSRN 1882284, 2011.

[260] Gale A D. Bubbles and Crises. [J]. Economic Journal,

2000, 110 (460): 236-255.

[261] Gan J. Collateral, debt capacity, and corporate investment: Evidence from a natural experiment [J]. Journal of Financial Economics, 2007, 85 (3): 709-734.

[262] Garber P M. Famous first bubbles: The fundamentals of early manias [M]. The MIT Press, 2001.

[263] Gertler B M. The Credit Channel of Monetary Policy Transmission [J]. Mark Gertler, 1995, 9 (4): 27-48.

[264] Gertler M, Kiyotaki N. Financial intermediation and credit policy in business cycle analysis [M]. Handbook of monetary economics. Elsevier, 2010, 3: 547-599.

[265] Gkillas K, Tsagkanos A, Vortelinos D I. Integration and risk contagion in financial crises: Evidence from international stock markets [J]. Journal of Business Research, 2019, 104: 350-365.

[266] Glaeser E, Huang W, Ma Y, et al. A real estate boom with Chinese characteristics [J]. Journal of Economic Perspectives, 2017, 31 (1): 93-116.

[267] Goetzmann W N, Peng L, Yen J. The subprime crisis and house price appreciation [J]. The Journal of Real Estate Finance and Economics, 2012, 44 (1): 36-66.

[268] Gomez-Gonzalez J E, Sanin-Restrepo S. The maple bubble: A history of migration among Canadian provinces [J]. Journal of Housing Economics, 2018, 41: 57-71.

[269] Goodhart C A E, Tsomocos D P, Vardoulakis A P. Modeling a housing and mortgage crisis [J]. Series on Central Banking, Analysis, and Economic Policies, no. 15, 2010.

[270] Gürkaynak R S. Econometric tests of asset price bubbles: Taking stock [J]. Journal of Economic surveys, 2008, 22 (1): 166-186.

[271] Hamilton J D. On testing for self-fulfilling speculative price bubbles [J]. International Economic Review, 1986: 545-552.

[272] Hart O, Zingales L. How to avoid a new financial crisis [R]. Working paper, 2009.

[273] Haurin D R, Rosenthal S S. House price appreciation, savings, and consumer expenditures [J]. Department of Housing and Urban Development (HUD), 2006, 5: 1-45.

[274] Holland J H. Hidden order: How adaptation builds complexity [M]. Addison Wesley Longman Publishing Co., Inc., 1996.

[275] Houben M. International crisis management: The approach of European states [M]. Routledge, 2004.

[276] Huang D J, Leung C K, Qu B. Do bank loans and local amenities explain Chinese urban house prices? [J]. China Economic Review, 2015, 34: 19-38.

[277] Huang J, Rong Z. Housing boom, real estate diversification, and capital structure: Evidence from China [J]. Emerging Markets Review, 2017, 32: 74-95.

[278] Jordà Ò, Schularick M, Taylor A M. The great mortgaging: Housing finance, crises and business cycles [J]. Economic policy, 2016, 31 (85): 107-152.

[279] Joyeux R, Milunovich G. Speculative bubbles, financial crises and convergence in global real estate investment trusts [J]. Applied Economics, 2015, 47 (27): 2878-2898.

[280] Khandani A E, Lo A W, Merton R C. Systemic risk and the refinancing ratchet effect [J]. Journal of Financial Economics, 2013, 108 (1): 29-45.

[281] Kindleberger C P. Manias, panics, and crashes: A history of financial crises [M]. Basic books, 1978.

[282] Kiyotaki N, Moore J. Credit cycles [J]. Journal of political economy, 1997, 105 (2): 211-248.

[283] Koetter M, Poghosyan T. Real estate prices and bank stability [J]. Journal of Banking & Finance, 2010, 34 (6): 1129-1138.

[284] Krugman P R. A model of balance-of-payments crises [J]. Journal of money, credit and banking, 1979, 11 (3): 311 – 325.

[285] Krugman P R. Development, geography, and economic theory [M]. MIT press, 1997.

[286] Krugman P R. The return of depression economics [M]. WW Norton & Company, 2000.

[287] Kupiec P, Nickerson D. Assessing systemic risk exposure from banks and GSEs under alternative approaches to capital regulation [J]. The Journal of Real Estate Finance and Economics, 2004, 28 (2): 123 – 145.

[288] Li J, Ji J, Guo H, et al. Research on the influence of real estate development on private investment: A case study of China [J]. Sustainability, 2018, 10 (8): 2659.

[289] Li P, Song S. What pushes up China's urban housing price so high? [J]. The Chinese Economy, 2016, 49 (2): 128 – 141.

[290] Liang Q, Cao H. Property prices and bank lending in China [J]. Journal of Asian Economics, 2007, 18 (1): 63 – 75.

[291] Liu F, Liu D, Malekian R, et al. A measurement model for real estate bubble size based on the panel data analysis: An empirical case study [J]. PloS one, 2017, 12 (3): e0173287.

[292] Liu T Y, Chang H L, Su C W, et al. China's housing bubble burst? [J]. Economics of Transition, 2016, 24 (2): 361 – 389.

[293] Mao G, Shen Y. Bubbles or fundamentals? Modeling provincial house prices in China allowing for cross-sectional dependence [J]. China Economic Review, 2019, 53: 53 – 64.

[294] Mian A, Sufi A. House prices, home equity-based borrowing, and the US household leverage crisis [J]. American Economic Review, 2011, 101 (5): 2132 – 56.

[295] Minsky H P. Los procesos financieros capitalistas y la inestabilidad del capitalismo [J]. Investigación Económica, 1984, 43 (167): 199 – 218.

[296] Mishkin F S. Financial consolidation: Dangers and opportunities [J]. Journal of Banking & Finance, 1999, 23 (2-4): 675-691.

[297] Moscone F, Tosetti E, Canepa A. Real estate market and financial stability in US metropolitan areas: A dynamic model with spatial effects [J]. Regional Science & Urban Economics, 2014, 49: 129-146.

[298] Muñoz S F, Cueto L C. What has happened in Spain? The real estate bubble, corruption and housing development: A view from the local level [J]. Geoforum, 2017, 85: 206-213.

[299] Nakajima J. Time-Varying Parameter VAR Model with Stochastic Volatility: An Overview of Methodology and Empirical Applications [J]. Monetary and Economic Studies, 2011, 29: 107-142.

[300] Ng E C Y. Housing market dynamics in China: Findings from an estimated DSGE model [J]. Journal of Housing Economics, 2015, 29: 26-40.

[301] Niinimäki J P. Does collateral fuel moral hazard in banking? [J]. Journal of Banking & Finance, 2009, 33 (3): 514-521.

[302] Nneji O, Brooks C, Ward C W R. Speculative bubble spillovers across regional housing markets [J]. Land Economics, 2015, 91 (3): 516-535.

[303] Obstfeld M. Models of currency crises with self-fulfilling features [J]. European economic review, 1996, 40 (3-5): 1037-1047.

[304] Otto G. The growth of house prices in Australian capital cities: What do economic fundamentals explain? [J]. Australian Economic Review, 2007, 40 (3): 225-238.

[305] Paltalidis N, Gounopoulos D, Kizys R, et al. Transmission channels of systemic risk and contagion in the European financial network [J]. Journal of Banking & Finance, 2015, 61: S36-S52.

[306] Pan H, Wang C. House prices, bank instability, and economic growth: Evidence from the threshold model [J]. Journal of Banking & Finance, 2013, 37 (5): 1720-1732.

[307] Phillips P C B, Shi S, Yu J. Testing for multiple bubbles: Historical episodes of exuberance and collapse in the S&P 500 [J]. International economic review, 2015, 56 (4): 1043 – 1078.

[308] Phillips P C B, Yu J. Dating the timeline of financial bubbles during the subprime crisis [J]. Quantitative Economics, 2011, 2 (3): 455 – 491.

[309] Porteous D J. The geography of finance: Spatial dimensions of intermediary behaviour [M]. Avebury, 1995.

[310] Primiceri G E. Time Varying Structural Vector Autoregressions and Monetary Policy [J]. The Review of Economic Studies, 2005, 72 (03): 821 – 852.

[311] Reinhart C M, Rogoff K S. Banking Crises: An Equal Opportunity Menace [J]. Journal of Banking & Finance, 2013, 37 (11): 4557 – 4573.

[312] Ren Y, Xiong C, Yuan Y. House price bubbles in China [J]. China Economic Review, 2012, 23 (4): 786 – 800.

[313] Riddel M. Are housing bubbles contagious? A case study of Las Vegas and Los Angeles home prices [J]. Land Economics, 2011, 87 (1): 126 – 144.

[314] Rosser J B. From Catastrophe to Chaos: A General Theory of Economic Discontinuities: Mathematics, Microeconomics and Finance [M]. Springer Science & Business Media, 2000.

[315] Samuelson P A. Indeterminacy of development in a heterogeneous capital model with constant saving propensity [J]. Essays on the theory of optimal economic growth, 1967: 219 – 231.

[316] Sheiner L. Housing prices and the savings of renters [J]. Journal of Urban Economics, 1995, 38 (1): 94 – 125.

[317] Shell K, Stiglitz J E. The allocation of investment in a dynamic economy [J]. The Quarterly Journal of Economics, 1967, 81 (4): 592 – 609.

[318] Shin H S. Risk and liquidity in a system context [J]. Journal of Financial Intermediation, 2008, 17 (3): 315-329.

[319] Shleifer A, Vishny R W. The politics of market socialism [J]. Journal of Economic Perspectives, 1994, 8 (2): 165-176.

[320] Silva T C, da Silva M A, Tabak B M. Systemic risk in financial systems: A feedback approach [J]. Journal of Economic Behavior & Organization, 2017, 144: 97-120.

[321] Skinner J. Housing wealth and aggregate saving [J]. Regional Science and Urban Economics, 1989, 19 (2): 305-324.

[322] Stiglitz J E. Symposium on bubbles [J]. Journal of economic perspectives, 1990, 4 (2): 13-18.

[323] Su C W, Wang X Q, Tao R, et al. Does money supply drive housing prices in China? [J]. International Review of Economics & Finance, 2019, 60: 85-94.

[324] Summer M. Banking regulation and systemic risk [J]. open economies review, 2003, 14 (1): 43-70.

[325] Tajik M, Aliakbari S, Ghalia T, et al. House prices and credit risk: Evidence from the United States [J]. Economic Modelling, 2015, 51: 123-135.

[326] Von Bertalanffy L. An outline of general system theory [J]. British Journal for the Philosophy of science, 1950.

[327] Wang L, Li S, Wang J, et al. Real estate bubbles in a bank-real estate loan network model integrating economic cycle and macro-prudential stress testing [J]. Physica A: Statistical Mechanics and its Applications, 2020, 542: 122576.

[328] Wood R. The information content of regional house prices: Can they be used to improve national house price forecasts? [J]. Bank of England. Quarterly Bulletin, 2003, 43 (3): 304.

[329] Xu X E, Chen T. The effect of monetary policy on real estate price growth in China [J]. Pacific-Basin Finance Journal, 2012, 20

(1): 62-77.

[330] Zhang D, Cai J, Liu J, et al. Real estate investments and financial stability: Evidence from regional commercial banks in China [J]. The European Journal of Finance, 2018, 24 (16): 1388-1408.

[331] Zhang H, Meng X. The crowding out channel: Housing boom and investment in China [J]. Finance Research Letters, 2021, 43: 101959.

[332] Zhang H, Zhang Y, Chen T, Land remise income and remise price during China's transitional period from the perspective of fiscal decentralization and economic assessment [J]. Land Use Policy, 2016, (50): 293-300.

[333] Zhang L, Hui E C, Wen H. The regional house prices in China: Ripple effect or differentiation [J]. Habitat International, 2017, 67: 118-128.

[334] Zhao S X B, Zhan H, Jiang Y, et al. How big is China's real estate bubble and why hasn't it burst yet? [J]. Land Use Policy, 2017, 64: 153-162.

[335] Zhi T, Li Z, Jiang Z, et al. Is there a housing bubble in China? [J]. Emerging Markets Review, 2019, 39: 120-132.

[336] Zhu B, Betzinger M, Sebastian S. Housing market stability, mortgage market structure, and monetary policy: Evidence from the euro area [J]. Journal of Housing Economics, 2017, 37: 1-21.

[337] Zigrand J P. Systems and systemic risk in finance and economics [J]. SRC Special Paper, 2014.